코로나, 변화의
방아쇠를 당기다

코로나, 변화의 방아쇠를 당기다

—

2021년 1월 15일 1판 1쇄 인쇄
2021년 1월 22일 1판 1쇄 발행

—

지은이 박연미
펴낸이 이상훈
펴낸곳 책밥
주소 03986 서울시 마포구 동교로23길 116 3층
전화 번호 02-582-6707
팩스 번호 02-335-6702
홈페이지 www.bookisbab.co.kr
등록 2007.1.31. 제313-2007-126호

—

기획·진행 권장미
디자인 디자인허브

—

ISBN 979-11-90641-33-3(03320)
정가 15,000원

—

책밥은 (주)오렌지페이퍼의 출판 브랜드입니다.

세계 트렌드를 바꾼 코로나19와 경제전망

코로나, 변화의 방아쇠를 당기다

| 박연미 지음 |

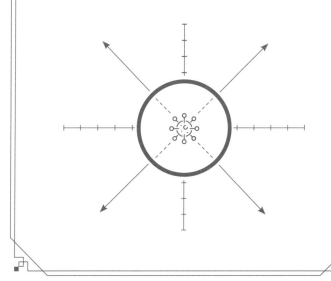

책밥

우리,
총 맞았다

역사책에 기록될 한 해였다. 봄엔 벚꽃 구경이 금지되었고, 여름 해
수욕장은 조기에 폐장했다. 추석엔 고향 가지 말자고 캠페인을 했
으며, 국무총리가 TV에 나와 할로윈 파티 자제를 요청했다. 카페에
선 말소리가 멈췄고, 식당에선 식사만 한다. 교문은 수시로 잠겼고,
소풍, 운동회, 축제와 콘서트는 옛날 얘기가 됐다.

　　2020년은 이렇게 총 맞은 한 해였다. 누군가는 직격탄, 누군가는
유탄을 맞았고, 곳곳에 사상자가 생겼다. 드문 생존자도 있었지만,
소수의 부자가 웃었다. 이 살벌한 코로나19 시대의 한복판에서 나
는 KF94 마스크를 쓰고 이 글을 쓰고 있다.

　　그러는 당신에게 2020년은? 누가 묻는다면, 난 관통상 입은 '빨간
색(Immediate)' 환자라 답하겠다. 응급환자 분류표 '트리아제(Triage)'

순서 상 위에서 두 번째. 당장 치료하지 않으면 목숨이 위태로운 시급성 1순위 중상자쯤 된다. 어김없이 출퇴근은 반복되는데, 열 살 아들은 반년 넘게 학교를 가다 말다 하고 있다. 코로나 특집이 정규 편성을 대신해 방송 수입도 줄었다. 대학과 기업 강의실은 굳게 닫혔으며, 사람 만나기가 어려워졌다.

이 책을 집어든 독자들 또한 저마다의 응급상황을 견디고 있으리라 짐작한다. 가게를 잃거나 직장을 잃거나 건강을 잃거나, 드물게 사람을 잃은 누군가도 있을 것이다.

이 모든 상실의 최대공약수는 '제한'이다. 함께 모여 배우고 먹고 마시고 여행할 자유가 시스템으로 통제되고 있다. 민주화 이후 국가의 힘은 어느 때보다 강해졌고, '방역'이라는 명분은 개인에 대한 규제와 감시를 일상화했다. 각국은 오직 자국 중심으로 움직이며, 백신 주권 앞에 패권국들이 각축을 벌인다. 개방과 교류로 일어섰던 세계는 다시 낯선 것들을 배척하며 익숙하고 검증된 것으로 시야를 좁혀간다. 확장되는 건 오직 온라인 세상뿐이다.

이처럼 처음이자 예측 불가능한 방향으로 전개되는 코로나19발 변화 속에서 개인과 사회, 기업과 국가는 급류 위 고무보트처럼 흔들린다. 줄잡아 수십 년은 걸릴 변화가 하루아침에 일어나고, 완고하던 기득권이 처참히 부서지는 중이다.

그래서 이 엄혹한 코로나19의 시대는 기회와 상실이 공존하는 시대다. 15세기 대성당의 시대, 유리와 돌에 역사를 써내려가던 인간들이 1000년 뒤 이교도에게 성문을 열고 성당의 쇠락을 목격했듯, 우린 이제 완전히 새로운 세계로 등 떠밀렸다.

계측 불가능한 속도의 시대, 가깝고도 먼 미래를 누가 장담할까. 이 책은 그래서 장담하고 단언하는 대신 충실한 내비게이션이 되려 한다. 개인과 기업, 국가에게 현재를 진단하고 가장 가까운 미래를 대비하는 지도가 되기를 바란다. 특히 더 이상 '욜로'나 '소확행'을 말할 수 없는 2030에게 이 책이 '꼬리칸의 반역'을 꿈꾸는 작은 희망이 되기를 소망한다.

나를 포함한 수많은 이들이 '완전히 새로운 불행'을 느끼는 2020년에도 가을은 여전히 아름답다. 이교도에게 성문을 연 뒤에도 삶은 이어지고, 문화는 융합됐으며, 새 역사의 장이 열렸음에 위안을 얻는다. 코로나19가 당긴 방아쇠가 여기, 지금, 우리에게 어떤 고민을 남겼으며, 어떻게 대비해나가야 할지 정리해본다.

4장

사회 구조와 기업의 변화

5장

요동치는 우리 경제

6장

큰 정부와 온라인 국회

'큰 정부'의 재림

7장

코로노믹스(Coronomics) 시대의 미래는

미국의 새 정부, 희망이 될까

2021년 경제는

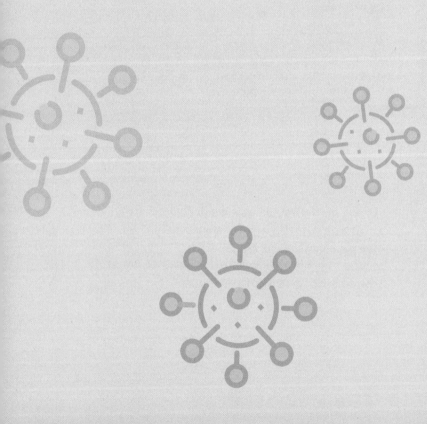

1장

닫힌 교문, 랜선 병원, 쌓이는 쓰레기

교문이 닫혔다

#09210852_닫힌 교문

"아직 이른 시간이라 학생들의 모습이 보이지 않지만 곧 등교를 시작할 것으로 보입니다. 곳곳에 가방을 멘 학생들이 보이고 있습니다." 학생이 학교 간다고 보도채널 기자가 중계차를 끌고 현장에 나왔다. 2020년 9월 21일 8시 52분.

학생이 학교에 간다, 실화일까. 초등학교 3학년 아들이 등교하는 모습이 신기하고 반가워 사진을 몇 장이나 찍었다. 초등학교 1학년 시절 아기와 어린이 경계에 선 꼬마가 책가방 메고 학교를 가는게 신통할 때는 한참 지났고, 학생이 학교 가는 게 생경해서 한참 생각에 잠겼다. 수십년 간의 일상을 한 방에 바꿔놓았다. 코로나19가.

우리의 일상이 가장 상징적으로 무너진 곳은 바로 학교다. 전쟁

통에도 천막 학교를 이고 지고 피란을 다니던 우리가, 수험생 듣기 평가 볼 시간에는 비행기도 안 띄우는 우리가, 교문을 걸어 잠갔다.

코로나19 이후 나를 포함한 수많은 일하는 엄마들에게 치명상을 입힌 것도 바로 닫힌 학교였다. 그나마 학교에 가기에 유지되던 모든 균형이 와장창 깨져버렸다. 있는 휴가 없는 휴가 다 끌어다 쓰고 엄마 아빠가 교대로 쉬어가며 버틴다 해도 반년은 너무 긴 시간이다. 나는 열 살 아들을 데리고 반년 동안 출근했다. 이렇게 아이와 출근이 가능한 특수한 고용형태가 아니라면, 사실상 답이 없는 가정이 한둘이 아닐 것이라 짐작한다. 일부는 긴급 돌봄의 수혜를 입지만, 인력과 공간의 한계가 있어 추첨이나 선착순의 행운에 기대야 한다. 보호자가 일하면서 재택이나 단축 근무가 가능한 경우는 기실 많지 않다. 아이가 남아 홀로 온라인 교육을 받아야 하는 경우가 상당수다. 이때 몇 가지 심각한 문제가 발생한다.

보육 공백

화재로 참변을 당한 인천의 초등학생 형제 사건, 앞서 발생한 계모의 트렁크 살인사건은 한계 상황의 아이들에게 학교가 얼마나 중요한 '보육 기관'인지 여실히 보여준다. 인천 라면 형제 가운데 동생은 결국 상태가 악화돼 안타깝게 목숨을 잃었다. 규칙적으로 아이들을 관찰하는 기관에 매일 가는 것만으로도 아이의 건강과 심리 상태가 관찰되고, 아이에 대한 학대나 방임이 감지되고, 적어도 한 끼는 균형 잡힌 식사를 할 수 있다는 게 얼마나 큰 의미인지 깨닫는다. 학교가 학습 이전에 어린이들의 기본권을 지키는 '워치도그(Watchdog, 감시단체) 역할을 하고 있다는 증거다.

실제로 가족이나 도우미의 지원 없이 직장에 나가야 하는 맞벌이, 외벌이 가정의 경우 학교가 문을 닫고 긴급 보육이 제공되지 않을 경우 생계와 보육에 심각한 지장을 빚게 된다. 코로나19에 따른 휴교 초기 전면적으로 어린이집과 학교가 휴원, 휴교를 하게 되면서 막막한 상황을 경험하는 부모들이 늘자 정부는 불가피한 경우 등원, 등교가 가능하도록 긴급 돌봄 서비스를 늘렸지만, 여전히 충분치 않은 실정이다.

돌봄교실이라는 이름으로 운영되는 방과 후 학교의 법적 근거와 운영 방식을 두고도 근본적인 문제가 제기되고 있다. 방과 후 교내에서 부모가 퇴근할 때까지 아이들을 돌보는 돌봄교실 제도는 지난 2017년 학부모가 선정한 '가장 잘한 국가 정책 1위'에 오를 정도로 수요가 높은 사업이다. 지난 2004년부터 시행돼 올해로 16년째 교내 보육 기능을 담당하고 있다. 교육부 통계를 보면, 초등학생 10명 중 7명이 초등 돌봄교실을 이용한 경험이 있다.

하지만 코로나19 이후 돌봄교실의 기능과 법적 근거를 두고 다양한 문제점이 대두되고 있다. 기존의 돌봄교실은 대안이 없는 경우 맞벌이 가정이 선택할 수 있는 최후의 선택지였으나, 제공자의 낮은 임금과 과중한 노동, 제공받는 자의 품질에 대한 불만 등 여러 가지 문제가 누적돼온 게 사실이다. 코로나19 사태로 이렇게 수면 아래 도사리고 있던 문제들이 단번에 떠오르게 됐다. 흔히 돌봄선생님이라 불리는 돌봄전담사와 교원들, 그리고 학부모 모두 돌봄교실의 질적인 수준을 높이고, 안전사고 등을 예방해야 한다는 데에는 이견이 없지만, 모두 각자의 입장에서 다른 목소리를 내고 있는 게 현실이다.

돌봄전담사들은 온종일돌봄법의 입법 철회와 시간제 고용 제도를 폐지해야 한다고 주장한다. 온종일돌봄법이라 불리는 '온종일돌봄체계 운영 및 지원에 관한 특별법'은 범정부 통합 돌봄 체계를 만들고 관리하며 각 지방자치단체가 주축이 돼 지역별 여건에 맞는 돌봄서비스를 제공한다는 내용을 담고 있다. 하지만, 돌봄전담사들은 돌봄교실 운영을 학교가 아닌 각 지방자치단체로 이관하겠다는 계획에 강력히 반대한다. 지자체 재정자립도가 평균 50%를 밑도는 지금, 돌봄교실을 지자체로 이관하면 돌봄전담사들의 처우가 더욱 나빠지고 그에 따라 제공하는 서비스의 품질도 낮아질 것이라는 주장이다. 이들은 대신 돌봄전담사들의 과중한 노동 대비 낮은 임금과 취약한 고용 상태를 개선하기 위해 8시간 전일제로 채용을 요구하는 중이다. 교육부가 보육 공백을 호소하는 학부모들의 의견을 수렴해 방과 후 학교와 초등 돌봄교실을 초중등 교육법에 포함하려 했으나, 교원단체들의 반발로 실현되지 않았다. 최근 10여 년 동안 관련 입법 시도가 있었지만 교원단체들의 입장이 반영돼 국회의 문턱을 넘지 못했다. 기저에는 돌봄교실 관련 법적 근거를 교육법에 담을 경우 돌봄전담사들이 정규 교사에 준하는 자격을 가지게 될까 하는 우려도 깔려 있다고 본다. 교사들은 따라서 돌봄교실의 운영과 관리에 반드시 지자체가 간여해야 한다고 말한다. 돌봄 관련 업무 일부를 담당하는 교사들이 안전 관리 등까지 신경 쓸 여력이 없다는 입장이다. 엄밀히 따져 돌봄은 교육부 소관의 교육 서비스가 아닌 보건복지부 산하의 보육이므로 학교가 아닌, 지자체가 나서야 한다는 주장도 편다.

하지만 나를 포함해 아이들의 교육뿐 아니라 보육을 상당 부분 학교에 기대고 있는 대다수 맞벌이 가정에서는 돌봄교실의 운영 주체를 학교에서 지자체로 이관하는 데에 상당한 우려를 가지고 있다. 학교를 운영 주체로 하는 현재도 자율학습이나 간식 제공에 등 곳곳에서 문제점을 드러내고 있는 상황에서 지자체로 운영 책임이 완전히 넘어갈 경우 지자체는 자연스럽게 민간 위탁 기관을 찾을 가능성이 높다. 여러 방과 후 교실이나 급식 납품 업체 선정과정처럼 최저가 입찰 방식을 택한다면, 교육의 특성을 등한시한 채 질보다 양, 품질보다 가성비를 선택하는 오류를 범할 수 있다는 우려 때문이다. 코로나19는 이처럼 존재하지만 드러나지 않았던 오랜 문제들을 단번에 수면위로 올려놓았다. 학교가 비단 교육뿐 아니라 사회화의 첫 걸음을 떼고 안전하게 교육받을 권리를 지켜주는 보육 기관이라는 점을 이번 기회에 반드시 법적으로 명시해 아이들의 기본권을 보장했으면 하는 바람이다.

커지는 교육 격차

어린 아이들의 생존과 인권의 문제가 보장된다고 해도 고민은 남는다. 코로나19 확산의 정도에 따라 학교를 벗어나 스스로 공부하도록 등 떠밀린 아이들은 '학습할 수 있는 환경만큼만' 배운다. 학교에 정상적으로(이젠 온라인 학습이 정상으로 불리는 시대가 될지 모르겠지만) 다닐 때에도 거주지나 부모의 경제력에 크게 좌우되던 학습 능력이 환경에 따라 극단적으로 갈리고 있다.

단적인 예로 사립학교와 공립학교의 차이점이 드러난다. 대부분의 사립학교는 코로나19에 따른 등교 중단 즉시 온라인 미팅앱 'Zoom'을 사용해 모든 아이들이 같은 시간에 소통하고 학습하도록 해왔다. 아이들은 집에서도 교복을 입고 카메라 앞에 앉아 선생님께 인사를 하고 규칙적으로 생활한다. 40분 수업 10분 휴식. 점심시간에도 컴퓨터 앞에 모여 앉아 함께 밥을 먹었고, 체육 시간에는 집에서 체육복을 입고 다 함께 체육을 했다. 일부 사립학교는 화상 수업에 집중하지 못하는 아이들을 관리하기 위해 화면만 모니터하는 보조 교사를 추가 채용하기도 했다. 등교 수업에 비하기야 어렵겠지만, 사립학교 학생들은 적어도 생활리듬은 유지하면서 반년을 보낼 수 있었다. 아이들이 적어도 온라인 미팅앱을 통해 고립감을 줄이고, 선생님이나 친구들과의 유대감을 유지할 수 있다는 것도 무시할 수 없는 장점이다.

반면 공립학교의 온라인 교육 상황은 지역과 환경에 따라 천차만별이다. 초기부터 온라인 쌍방향 교육을 진행한 학교들도 있지만, 우리 아이가 다니는 학교를 포함한 대다수 공립학교들이 코로나19 확산 이후 6개월이 지난 시기에 쌍방향 교육의 플랫폼을 마련하는 중이다. 줌을 사용할 수 있는지 묻는 여론조사가 시작되었고, 9월 23일 미팅앱을 시범 사용한다는 공지가 나왔다. 공립학교에선 아침 9시에 온라인에 모여 선생님과 인사 한 번 나누자는 시도조차 여건에 따라 이뤄진다. 일단 이 간단한 기술적 작업에서만 사립학교에 반년을 뒤처졌다. 혼자, 집에서, 정해진 시간에 온라인 학습을 하며 꼼꼼하게 교과서 필기를 하고 숙제를 해내는 초등학생이 얼마나 될 것인가. 멀리 갈 것도 없이 우리 아이가 3학년을 마무리해가는 시점에, 학습 진도를 얼마나 이해하고 있을지 자신이 없다. 여기서 시작된 아주 기본적인 학습의 격차가 사교육을 통해 더 커진다면 사립학교 학생과 공립학교 학생들의 격차는 걷잡을 수 없이 벌어질 수 있다.

같은 공립학교 안으로 시야를 좁혀도 문제는 복잡하다. 여러 학원에서 보습할 형편이 되느냐 여부에 따라 잃어버린 1년의 학습 능력은 극복하기 어려울 만큼 벌어질 것이다. 그나마 학원도 수업 중단이 빈번하지만, 많은 학원들이 온라인 학습 시스템을 갖추고 수강생들을 잃지 않기 위해 애쓰고 있다. 여기서도 차이가 발생한다. 중산층 이하 학생들이 주로 다니는 학원은 온라인 시스템을 구축하기 어렵다. 행정명령으로 학원이 문을 닫으면 마땅한 보충 수단이 없다. 반면 분기 수강료가 수백만 원에 이르는 학원들의 경우 시스템 전환이 빠르다. 공교육을 보충하는 사교육 시장에서조차 격차가 커진다. 코로나19가 부모들의 경제력에 따라 아이들의 학습 가능성을 철저히 차별하는 트리거가 된 것만은 분명해 보인다.

#20201019_다시 열린 교문

이처럼 학력 격차가 벌어지고 특히 초등학교 저학년 학생들의 학교 부적응을 우려하는 목소리가 높아지자 정부는 2020년 10월 19일부터 사회적 거리두기를 1단계로 하향 조정 이후 처음 초등학교 1학년부터 전일 등교를 재개했다. 코로나19 창궐 이후 반년여 만이다. 이날 아침 주요 보도 채널은 서둘러 초등학교 앞에 자리를 잡고 "지금 1학년 아이들이 막 등교하는 모습이 보입니다. 오늘부터 매일 학교에 갑니다. 전체 재학생의 3분의 2가 함께 등교하는 모습을 보고 계십니다"*라며 현장 중계에 나섰다. 학생이 학교 간다고 현장

---

* YTN, 2020년 10월 19일

중계를 하던 한 달 전 모습 만큼이나 낯선 풍경이다. 유치원 졸업식과 초등학교 입학식을 모두 건너뛴 첫 세대의 매일 등교가 시작된 날, 감회가 새로웠다. 초봄에 사둔 때때옷을 늦가을이 돼서야 꺼내 입은 1학년 아이들이 설레는 표정으로 등교하는 모습을 오래 잊지 못할 것이다. 주 3회 학교에 가게 되었던 3학년 아들을 바래다 주고 출근하던 길에 학년별로 동선을 갈라주던 학교 보안관 아저씨들이 한 말을 기억한다. '학생이 학교 간다고 사진들을 찍고 있네. 거 참.'

역대 첫 코로나 수능

코로나19의 창궐 속에 혹독한 한 해를 보낸 또 하나의 그룹은 아마도 수험생들일 것이다. 초등학생들이 유치원 졸업식, 초등학교 입학식을 거르고 9월이 되어서야 정상 등교를 하게 된 것만큼이나 참 '이상한' 학사 스케줄을 견디면서 대입을 준비해야 했다. 교육과 사회 제도의 거의 모든 것을 수험생에게 맞추고 있는 우리나라이지만, 때때로 닫힌 교문을 지켜봐야 했고, 수능 시험이 코 앞에 다가온 11월 현재는 학원발, 학교발 집단 감염을 우려하면서 숨죽이고 있는 게 현실이다. 3차 대유행에 준하는 상황이 연일 이어지면서 수험생들은 집 말고 갈 곳을 잃었다. 답답한 마음에 책가방을 싸들고 찾던 스터디 카페나 대형 커피 체인은 사실상 출입이 어려운 상황이 됐다.

교육 당국도 일찌감치 온라인 수업 전환을 지시했다. 교육부는 수능 일주일 전부터 모든 학년을 온라인 수업으로 전환하라는 지침을 내렸고, 상당수 고등학교들은 전국적 산발 감염 확산세 속에서 일찌감치 고3 학생들의 등교를 중단했다. 수능 직전에 날마다 수능 일정에 따라 모의고사를 보고 여러 상황을 상정해보던 일정이 불가능해졌다. 수능 특별방역 기간과 수도권 거리두기 1.5단계의 시작점이 겹치면서 수험생들이 학교 대신 찾던 학원도 방역 비상이 걸렸다. 교실 내 인원을 4㎡당 1명으로 줄여야 해 수업을 늘리고 공간당 수용 인원을 줄이고 있지만, 수요에 맞춰 대응하는데에 한계가 있다고 말한다. 수능 일주일 전부터는 학원에서도 대면 수업을 자제하라는 교육부 권고가 내려왔지만, 수험생들은 마지막까지 수업과 조력을 원하는 상황이어서 당국도 난감하기는 마찬가지다.

재수생들은 상황이 더 복잡하다. 대입에 한 번 더 도전하는 지인의 자녀는 기숙형 대형 입시 학원이 집합 금지 명령에 따라 문을 닫은 이후 집으로 돌아와 적응하는 데 상당한 어려움을 겪었다. 굳은 마음을 먹고 한 해 더 공부하기로 했는데, 1년의 계획이 틀어지면서 마음을 다잡는 데 긴 시간이 필요했다고 말한다. 일부는 고3 학생들의 학습 스케줄이 꼬인 점을 들어 재수생들에게 절대적으로 유리한 입시가 될 거라는 전망도 내놓고 있지만, 결과를 예단하긴 어렵다. 학원에서 숙식을 하며 공부하거나, 집과 학원을 오가며 하루의 대부분을 학원에 머물던 재수생들은 시험을 앞두고 갈피를 잡지 못하고 있다고 말한다.

상황과 장소를 떠나 자기주도학습이 가능하거나, 소수의 학생들만 따로 가르치는 과외 선생님의 가정방문 서비스를 받기 어려운 수험생들의 시험 성적은 어떻게 나올지 도무지 가늠하기 어려운 시점이라는 의미다. 이미 수행 평가 등이 사실상 불가능한 한 해를 보낸 만큼 어느 해보다 수능시험 성적이 중요한 마당이어서 2021학년도 수학능력시험의 결과는 재난 상황에 준하는 돌림병이 돌았을 때, 우리 사회의 보편적 공교육이 얼마나 힘을 쓸 수 있을지 보여주는 바로미터 역할을 할 것이다.

나 군대간다, 새내긴데

졸업 입학식을 건너뛰고 학사 일정이 꼬이고, 같은 반, 같은 과 친구들 얼굴도 잘 모르게 된 건 대학생들도 마찬가지다. 인생에 길이 남을 졸업식 입학식을 건너뛰었고 시작도 끝도 뭉뚱그려진 채 의지와 무관하게 온라인 학습을 했고, 친구들과 사귈 기회가 박탈됐다. 대학 1학년들은 지긋지긋한 입시 지옥에서 벗어나 막 성인으로, 주체적인 대학생으로 거듭나려던 그 순간 코로나19가 발목을 잡았다고 말한다.

일명 '코로나 학번'으로 불리는 20학번 대학 신입생들은 스스로를 '저주받은 학번'으로 부른다. IMF세대였던 나만큼이나 불운한 시대를 지나고 있다. 드라마같은 새내기 시절을 꿈꿨던 대학 신입생들을 기다린 건 비싼 온라인 학습이었다. 그렇게 1학기가 지나갔고, 2학기도 온라인 수업. 타지로 대학에 간 학생들은 오프라인 등록금을 내고 온라인 수업을 들으며, 1년치 방세를 고스란히 낭비하는 형국으로 지나갔다. 반년치를 돌려받을 수 있는 친구들은 휴학하고 고향으로 내려가기도 하고, 남학생들은 입대를 택하는 경우도 적지 않았다. 어차피 코로나19 사태가 하루 이틀에 마무리될 것 같지도 않은 상황에 수백만 원 짜리 '인강'을 들으며 생활비를 쓸 이유가 없다는 얘기다.

온라인 강의, 교육 품평의 도화선

온라인 강의의 품질도 도마위에 올랐다. 모든 수업의 품질이 수평 비교되는 온라인 강의의 시대엔 누구도 품평의 대상에서 자유로울 수 없다. 수십 년 된 강의 노트가 닳아 없어질 때까지 활용하던 일부 학자들의 게으름은 학생들을 실망시켰고, 콘텐츠 있는 학자들도 온라인 플랫폼으로 강의하고 시험 성적을 매기는 데 애를 먹었다. 시스템은 불안했고, 강의 품질은 하락했다. 학생들은 강의의 품질을 냉정하게 평가하면서 기대에 미치지 못하는 상품에 디스카운트를 요구하기 시작했다. 수십 년간 유지되던 교수들의 권위를, 누구도 하지 못했던 대학 교육의 개혁을 코로나19가 시작했다. 학생들은 등록금 환불 투쟁으로 품질 좋은 강의를 요구하고 있다. 닫힌 캠퍼스는 학생들을 본전 생각하는 합리적인 소비자로 만들었다.

교수들의 스트레스는 가중될 것이다. 돌아보면 20년 전에도 강의 품질은 극과 극이었다. 경탄하며 들었던 명강의도 있었지만, 학부생과의 토론에서도 논리의 바닥을 보이던 실망스러운 교수도 있었다. 우리끼리만, 전공자끼리만, 같은 교양을 듣는 사람들끼리만 칭찬하고 실망했던 모든 강의의 수준이 실시간으로 모든 학생에게 공개되는 시대에 교수들은 더 이상 학위에만 기댈 수 없다는 실존적 고민을 시작하게 됐다. 마치 여름처럼, 모든 살아 있지 않은 것들은 썩어버리라고 말하는 냉정한 계절이 왔다.

'랜선 병원'의 태동

'온라인 병원'의 등장

지난 여름 역대 최장 기간의 장마는 코로나19로 무너진 일상에 더욱 짙은 그림자를 드러웠다. 곳곳에서 인명과 재산 피해가 발생했고, 도로가 끊겨 마을 전체가 고립되는 경우도 적지 않았다. 특히 국도변 산을 끼고 자리 잡은 작은 마을 등의 피해가 컸는데, 대개 고령의 노인들만 남은 마을들이어서 우회로를 찾거나 길을 복구하는 작업에도 상당한 시간이 걸렸다.

가뜩이나 코로나19 창궐로 병원 문턱 넘는 게 부담스러웠던 고령 기저질환 환자들은 길고 매서운 장마에 완전히 발이 묶여버렸다. 한 주에 한 번씩은 들르던 보건소나 읍내 병원을 한 달에 한두 번 가도록 횟수를 줄이며 버텨왔지만, 긴 장마가 이런 패턴마저 완전히 무너뜨려버렸다. 70세 이상 고령 인구가 주를 이루는 농어촌, 산촌의 경우 고혈압 당뇨 관절염 등 기저질환으로 고생하는 노인들이 많지만, 사상 유래없는 장마에 통행로가 완전히 차단된 경우 의사의 처방, 진단, 투약 전 과정에 어려움을 겪게 됐다.

이런 현실적인 어려움 속에서 정부가 궁여지책으로 내놓은 것이 바로 전화 진단, 원격 진료 방식이다. 원격 진료란, 환자가 병원에 직접 가지 않고 컴퓨터나 스마트폰 등으로 의사의 진찰을 받아 약을 처방받는 것을 말한다. 한시적으로 코로나19에 취약한 노약자들이 기저질환이나 가벼운 질환의 약을 대면 진료 없이도 처방받을 수 있도록 한 것인데, 코로나19 대확산기 서울 대형 병원을 중심으로 이 비대면 진료 서비스를 이용하는 사람이 급증했다. 대전, 광주, 부산 등에 살면서 굳이 서울 큰 병원에 처방전 받으러 상경하는 일이 줄었고, 비호흡기 환자들의 코로나19 감염 우려를 줄이면서 대형 병원 외래의 혼잡도나 의료진의 피로도도 줄일 수 있었다.

의료계가 울며 겨자 먹기로 받아들이면서도 상당한 우려의 시선을 내놓았던 '오진' 문제는 발생하지 않았다. 초진 환자를 제외하고 장기간 같은 질환의 관리약을 복용해온 고령환자를 중심으로 원격 진료가 이뤄진 점 등이 주효했다. 의약품 배달부의 역할도 컸다. 처방을 받아도 홍수로 길이 끊기거나 수해 복구가 미진해 약을 타러 가기 어려운 경우, 물길이 나쁘면 뭍으로 나오기 어려워 섬에 발이 묶인 경우 드론이 인명 구조와 의약품 배달에 쓰인 경우가 적지 않

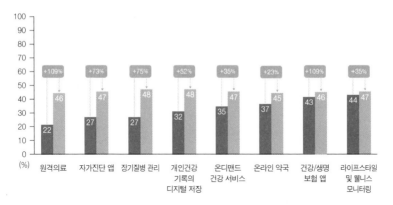

았다.

지난 8월 장마가 한창이던 당시 충북 영동군에서는 천식을 앓아 온 어린이가 마을에 고립돼 호흡에 반드시 필요한 약품을 구하지 못하는 상황이 발생한다. 그러자 영동 소방서는 호흡기 치료제를 드론에 실어 급격히 불어난 금감 너머 1.5km 마을로 전달했다. 강원도 인제의 산간 마을에서도 비슷한 상황이 벌어졌다. 이른바 골든타임을 놓치면 생사의 갈림길에 서게 되는 심근경색 환자가 발생하자 의사의 원격진료를 통해 진단이 이뤄졌고, 드론으로 비상약품이 전달됐다.

세계는 이미 원격진료 시대

우리의 사례를 봐도 알 수 있지만, 코로나19는 서서히 열려온 원격진료 시대를 성큼 앞당겼다. 지난 1993년 지역별 의료편차 해소를 위해 원격 진료를 허용한 미국에서는 최근 5년 동안 이 시장이 연평균 34.7% 성장했다. 2019년 기준으로 미국의 원격 진료 시장규모는 24억 달러, 우리돈 약 2조 5000억 원에 이른다.* 시장규모는 코로나19 확산 이후 훨씬 더 커졌을 것으로 짐작된다.

세계에서 코로나19 확진자 수가 가장 많은 미국은 올해 원격진료 건수가 10억 건에 이른다는 게 시장조사 업체들의 추산이다.** 감당할 수 없는 속도로 코로나19가 확산되면서 사실상 의료 자원이 고갈됐고, 코로나19 이외의 질환으로 병원에 들르기가 현실적으로 불가능한 상황인 만큼 원격 진료의 수요가 단기간에 크게 늘어난 것으로 분석된다. 시장조사 기관들은 올해 미국의 원격 진료 건수가 대면 진료 건수를 뛰어 넘을 것으로 보고 있다. 2018년만 해도 미국의 원격 진료 비중은 전체 진료 건수 가운데 2.4%에 그쳤으나, 올해는 줄잡아 60%, 많게는 70% 정도가 원격 진료를 통해 처방전을 받았을 것이라는 게 현지 기관들의 전망이다. 실제로 미국의 원격 진료 서비스는 신속한 진료와 처방으로 의료 소비자들의 만족도가 상당히 높은 편이다. 미국 원격 진료 시장의 약 70%를 차지하고

---

* IBIS WORLD
** 미국 시장조사업체 포레스터 리서치

있는 '텔라닥(TELADOC)'은 스마트폰이나 PC로 연결하면 10분 안에 의사와 영상 통화가 가능하고, 처방전은 약국으로 바로 전송된다. 환자는 우버 등 배달앱을 사용해 처방약을 집으로 받아볼 수 있다. 또 다른 원격 진료 서비스 업체인 '아메리칸 웰(AMERICAN WELL)'도 미국 내 첫 코로나19 사망자가 발생한 이후 11% 이상 사용자가 늘었다. 이런 원격 진료 서비스 이용자의 95% 이상은 당뇨와 만성 폐질환, 고혈압, 심부전증 등 만성 질환을 앓고 있는 환자들이다. 기저질환을 앓고 있는 이들은 진료부터 처방과 투약에 이르기까지 코로나19 감염 가능성이 있는 장소에 한 번도 들를 필요가 없다. 무너진 미국 의료 체계의 대안으로 떠오른 원격 진료 서비스 텔라닥의 시가 총액은 1년 만에 2배나 불어나 137억 달러, 우리돈 약 17조 원에 이를 정도로 성장했다.

중국도 2014년부터 원격 진료 서비스를 허용해 시장을 키워가는 중이다. 중국에서는 3억 명 이상이 이용하는 포털사이트형 원격 진료 서비스인 '핑안굿닥터'가 시장을 주도하고 있다. 우한에서 코로나19 확진자가 폭증하던 2020년 2월 기준으로 핑안굿닥터 누적 이용자 수는 11억 1000만 명을 돌파했다. 경증 환자가 아니더라도 환자가 환부를 찍어서 의사에게 보내면 20분 안에 진단이 가능하다. 환부 사진에 대한 진찰 서비스 요금은 1위안, 우리돈 약 170원에 그친다. 그 밖에도 텐센트가 운영하는 '위닥터'와 온라인 쇼핑몰 알리바바가 운영하는 '알리헬스' 등이 IT 기술을 바탕으로 중국을 비롯한 전 세계 원격 진료 시장을 선점하기 위해 치열하게 경쟁 중이다. 텐센트의 '위닥터'는 중국어 뿐 아니라 영어와 이탈리아어, 프랑스어, 인도네시아어 등 5개 국어로 서비스되고 있다. 현재는 코로나19 관련 진료만 하고 있지만, 머잖아 프랑스에서 중국 의사의 원격 진료를 받고 파리 약국에서 약을 처방받는 시대가 올 것이다. 중국 정부는 원격 진료 서비스에도 의료보험을 적용한다. 부족한 의사 수를 원격 진료로 보충하겠다는 심산이다.

공공의료체계가 무너진 영국도 원격 진료 서비스에 박차를 가하고 있다. 인공지능(AI)을 활용한 원격 진료 서비스 '바빌론'이 등장한 뒤 벌써 누적 이용자가 500만 명에 이른다. 의사와 AI는 환자의 증상에 따라 업무를 나눈다. 가벼운 증상을 보이는 환자는 AI가 진찰하고, 중증 의심 환자는 의사가 진료하는 방식이다. 영국 국민의 료제도 NHS 역시 중국처럼 원격 진료를 의료 보험 대상으로 지정했다.

2015년 원격 진료를 도입한 이웃나라 일본은 재진에 한해서 원격 진료를 허락해왔으나 코로나19 환자가 무섭게 늘어나던 2020년 4월 초진 환자에게도 원격 진료가 가능하도록 규정을 완화했다. 지리적 특성상 도서 산간 지역이 많고, 고령 인구 비중이 높은데 코로나19 확산세 속에 고령층이 병원을 방문하는 데에 상당한 위험이 있다고 판단해서다. 육지로 나와야 상급 병원 접근이 가능한 작은 섬이 많다는 점도 원격 진료 관련 규정을 완화하는 한 가지 요인이 됐다. 일본도 2018년부터 원격 진료에 의료 보험을 적용하고 있다.

의료계, 국민과 등지다

전 세계가 코로나19 확산 이후 IT와 손잡고 원격 진료 시장을 향해 달려가는 지금도 국내 의료계는 국민들과 대치 중이다. 사상 유례 없는 긴 장마에 코로나19까지 겪은 국민들에게 의료계의 파업 소식은 충격적이었다. 2020년 3월 본격적인 코로나19 사태 이후 의료 일선에서 목숨을 걸고 국민들을 지켜주었던 '의료 영웅'들이 한 순간에 국민들과 척을 지는 사이가 됐다.

의료계는 표면적으로 정부의 4대 의료 정책에 문제를 제기했다. 가장 반발이 컸던 건 의대 정원을 늘리겠다는 내용이었다. 그 밖에 여러 선진국들이 이미 도입한 비대면 진료의 제한적 도입과 비 수도권 의료 인력을 키우기 위한 공공 의대의 설립, 한방 첩약에 의료 보험 적용을 허락하는 일부 첩약 급여화 등 4가지 정책을 절대 수용할 수 없다는 입장이다.

정부와 국민들은 코로나19 와중 의료계의 파업에 심각한 우려를 전하며 거듭 사회적 타협의 장으로 나오길 권유했다. 아울러 몇 가지 상식적인 의문을 제기했다. 첫째, TV 드라마를 봐도, 현실 속 의사들을 봐도 레지던트의 밤샘과 중노동이 없으면 대형 병원은 도무지 돌아갈 수가 없는 시스템인데, 왜 그들은 의대 정원을 늘리는 데 반대할까. 단순히 생각해도 일감을 덜기 위해서는 일이 줄든지, 일할 사람이 늘어야 한다. 그런데 정체 불명의 역병이 돌고, 점차 고령화되어 만성 질환자는 늘어만 가는 이 사회에서 의사들은 왜 사람을 더 뽑아주겠다는 배려를 위협으로 느끼는 걸까. 이 부분에 대한 질문에 의료계는 제대로 답하지 못했다. 사람이 없어서 힘들다면서 왜 정원을 늘리는 데 반대하는지, 혹여 대형 병원을 거치는 개업의가 늘어서 장기적으로 개인병원 시장의 경쟁이 치열해질까 꺼리는 것은 아닌지 국민들은 의아해 하고 있다.

두 번째 의문은 왜 지역 의료인력 양성을 위한 공공의대 설립에 반대하는가였다. 국비로 학비를 지원하는 공공의대 설립은 성적이 우수하지만 비싼 의대 학비를 감당하기 어려운 학생들에게 기회를 열어줄 수 있다는 점에서 기회의 공정을 보장한다. 우수한 교수진이 지역에서 학생들을 가르치고, 시설 좋은 의료 시설이 갖춰진다는 전제가 필요하겠지만, 시쳇말로 '서울 큰 병원'으로만 몰려드는 전국의 환자를 분산할 수 있게 된다면, 지역과 수도권의 병원 모두 의료 품질을 훨씬 높일 수 있을 것이다. 수도권 병원에서 다들 한 번쯤 경험했겠지만, 지금처럼 환자가 몇 군데 큰 병원으로만 모여드는 현상을 깨뜨릴 수 있다면, 소위 '3분컷'으로 몇 달 전부터 기다려 대학병원을 찾은 환자 얼굴도 쳐다보지 않는 속도전 진료 행위나, 암 치료를 위해 꼬박 하루가 필요한 서울행을 감당해야 하는 지방 환자들의 고단함을 사전에 막을 수 있는 길이 열릴 것이라 생각한다. 단순히 본인의 의료기록만 복사해 가는 데에도 반드시 의사를 만나도록 해 진료비를 청구하는 건 왜인지, 특급호텔 1박 이상의 요금을 청구하면서 중고로도 안 팔릴 침대와 침구를 제공하는 대학병원의 1인실 요금은 정당한지 국민들은 궁금하다.

물론 의료계의 누군가는 이 대목에서 '의료계의 현실을 몰라서 하는 한가한 소리'라 반박할 지도 모르겠다. '사실 현재의 낮은 보험수가로는 병원 운영이 어려워서 환자들에게 좀 비싼 값을 치르게 해야 한다'거나 '지역에는 후학을 양성할 훌륭한 의료인이 존재하지 않는다'거나, '시설과 장비를 제대로 갖춘 병원을 짓기 어렵다'는 반론이 나올지도 모르겠다.

하지만 적어도 광역 지자체 단위의 지역 의료 거점을 확보하는 사업에는 건강보험재정이나 복지재정을 활용하는 데에 충분히 사회적 합의를 이뤄낼 수 있으리라 생각한다. 각 지역 정치인들의 이해관계나 내년 서울시와 부산시 재보궐 선거, 다가올 차기 대선 등 대형 정치이벤트를 앞둔 여야의 정치 지형을 고려할 때 정치적 합의점을 찾는 일은 생각보다 수월할 수 있다. 코로나19 사태를 겪으며 깨달은 지역 거점 의료 기관의 중요성은 전 국민이 기억하는 실례다. 코로나19 확산 초기 대구 신천지 교회를 중심으로 대구 경북 지역 환자가 기하급수적으로 늘어나자 정부는 모자란 병상을 확보하기 위해서 인근 지역뿐 아니라 수도권으로도 환자를 분산시키는 고육책을 썼다. 환자를 받아들여야 하는 타 시도 주민들의 반대가 있었지만, 현실적으로 특정 지역의 의료 자원이 감당할 수 없는 수준으로 폭증하면 전국 어떤 지자체라도 의료 지원이 가능한 플랜B를 갖추고 있어야 한다는 점을 여실히 보여준 사례였다. 나아가 지역 의료인 양성을 위해 고향에 터를 잡는 뜻있는 교수들, 실력 있는 의사들이 부재하리라는 가정은 서울 중심, 수도권 중심의 사고에 매몰돼 있는 현재 의사협회, 전공의협회 관계자들의 단견이라 판단한다.

지역에는 의사도 없지만, 환자도 없다는 게 의료계의 주장인데, 반대로 경험이 축적돼 의사들이 수도권에만 있으니 중환자들까지 수도권으로만 몰려가는 것은 아닌지 건강보험 재정 통계를 밝혀서 논리적으로 입증할 필요가 있다. 어디에나, 누구에게나 의미 있는 첫 걸음은 쉽지 않고, 그 시작이 없다면 상황은 영원히 달라지지 않는다. 정부의 이런 시도에 대해 의사협회와 전공의협회는 '수련시킬 병원도, 교수도 없다', '전교 1등만 해온 의사에게 진료받을 것이냐, 실력 없는 공공의대 출신에게 진료받을 것이냐'를 운운하는 SNS 마케팅으로 거센 비판을 받기도 했다.

셋째, 비대면 진료에 대한 무조건적인 반대 역시 납득하기 어렵다. 의료계는 비대면 진료에 따른 오진과 의약품 남용 가능성을 근거로 들지만, 코로나19가 한창 확산하던 지난 봄, 일시적으로 고령의 고혈압, 당뇨 등 만성질환 환자들과 산간 도서지역 환자들에게 전화와 영상으로 비대면 진료를 진행한 이후 오진이나 약물 오남용에 따른 부작용 사례는 보고된 일이 없다. 포털사이트를 중심으로 온라인 닥터가 활발하게 활동하고 있는 중국이나, 재진 환자를 중심으로 비대면 진료를 허용하고 있는 일본 사례를 봐도 중증 응급 환자를 제외한 경증, 만성질환자에 대한 비대면 진료를 무조건 반대하는 건 합리적인 대응 방식이 아니다. 극단적으로 코로나19 사태와 같은 패닉 상황이 재연되었을 때 특정 환자들을 지원하기 위해 의료 자원이 집중된다면, 소수의 의사가 원거리의 여러 환자를 진료할 수 있는 비대면 진료 시스템은 상당히 효과적인 대안이 될 수 있다.

넷째, 의료 첩약 급여화 문제는 질환이 아니라 건강 증진을 위한 첩약 수요가 대중적으로 존재하는 만큼 재고의 여지는 있어 보이지만, 이미 복지부를 중심으로 한 사회적 논의 기구에서 합의된 사안이었던 만큼 우선 국민들을 충분히 납득시키고 설명하는 작업이 전제돼야 한다고 본다. 더불어 의료계가 말하는 의료수가의 현실화, 즉 건강보험 보조 금액이 지나치게 낮다는 문제는 국내외 사례와 전공 과목별 업무 강도, 위험도 등을 고려해 조정하는 작업도 필요하다고 본다.

예비 의사들의 국시 거부

근본적으로 의사는 환자의 생명을 담보로 협상해서는 안 된다는 대

원칙을 저버리지 말았어야 한다. 의료 소비자인 국민들의 의견은 묻지 않은 채 의료계의 집단 행동이 시작되면서 처음에는 우려였던 국민 정서가 점차 변해갔다. 특히 부산에서 40대 응급환자가 전공의 파업으로 치료받을 병원을 찾지 못해 3시간 만에 숨지는 인명 사고가 발생하면서 여론은 빠르게 악화되기 시작했다.

2020년 8월 6일 복지부 차관과 전공의협의회의 간담회가 있었지만, 이튿날 전공의들이 집단 휴진과 여의도 집회를 강행했고, 한 주 뒤인 14일에는 전국 의사들이 1차 총파업에 돌입한다. 일부 개업의도 동참해 문 닫은 동네 병원들이 눈에 띄기도 했지만, 개업의들의 참가율은 높지 않았다. 닷새 뒤인 19일에는 복지부 장관이 나서 의사협회장, 전공의협회장과 간담회를 진행했으나 이견을 좁히지 못하고 21일 인턴과 레지던트의 무기한 파업이 시작됐다. 단계적으로 레지던트 1년차들까지 무기한 파업에 가담하자 국무총리가 나서 이들과 대화했지만, 24일이 되면 사실상 대형 병원의 중추인 전임의들까지 파업 전선에 동참하고 나선다. 이어 26일 전국 의사들은 2차 총파업에 들어갔고, 설득하며 기다렸던 정부는 결국 전국 의사들에게 업무개시 행정 명령을 내리기에 이른다. 의사들의 파업할 권리보다 중환자들의 생명권이 우선한다는 여론이 우세했다. 문재인 대통령 역시 "의료계의 파업에 원칙적인 법집행으로 강력히 대응하라"고 지시한다. 그러자 27일 전공의들은 집단 사직서 제출로 맞섰고, 의대생들은 의사면허 취득을 위한 국가고시를 거부하는 단체 행동을 시작했다. 정부도 물러서지 않았다. 28일 정부는 현장 복귀를 거부한 수도권 응급실 근무 전공의 10명을 형사 고발했고, 30일에는 전공의 협회가 다시 한 번 투표를 통해 집단 휴진을 강행하기로 결정한다. 그 사이 정부는 의대생들의 단체 국가고시 거부 사태에도 국가 시험일을 하루 앞둔 31일, 시험 일정을 일주일 미뤄주지만, 9월 3일 의사협회와 전공의 협회가 복지부와 함께 논의를 계속한다는 의료계 단일안을 채택한 뒤에도 사태는 좀처럼 수습되지 않는 모양새다. 의대 교수들은 국민들의 마음을 잃은 제자들의 사과는 건너뛴 채 "제자들에게 불이익이 돌아가서는 안 된다"는 성명을 냈고, 싸늘한 국민들의 시선 속에서 의료계의 단체 행동은 결국 여론전으로 변질됐다. 청와대 국민 청원에는 '환자를 거부한 예비 의사들의 국시 구제를 반대한다'는 청원글이 올라와 수십만 명의 동의를 얻었다. 의료계의 파업이 철회되면서 국민들의 관심이 의료계 파업에서 멀어진 사이 최대집 의사협회 회장은 탄핵의 위기를 면하기도 했고, 전공의와 개업의, 의료계의 선후배 사이는 돌이킬 수 없을 만큼 멀어져버렸다. 차가운 민심에 고려대병원장 등 주요 의과대학 병원장들이 기자회견을 열고 국민들에게 고개를 숙였지만, 코로나19 방역의 최전선에 섰던 의료인들이 남긴 뒷맛은 씁쓸했다. 결국 국시 접수 기간을 추가로 주었는데도 국시 응시를 거부한 의대생들에게 두 번째 관용은 주어지지 않았다.

배달의 시대,
늘어가는 쓰레기

쌓이는 쓰레기 산

택배와 배달 노동자들의 격무는 택배량이 얼마나 늘어나고 있는지 방증하는 사례다. 내가 사는 아파트 8층에도 공용 공간에 재활용 쓰레기 분류장이 있는데, 체감하기론 어림잡아도 세 배 이상 재활용 쓰레기가 늘어난 것 같다. 매주 각 가정에서 배출되는 재활용 쓰레기는 버리는 패턴이 비슷해서 자루에 쌓이는 양도 얼추 가늠이 되는데 관리소장의 말로는 종전대비 세 배 전후로 배출량이 늘어서 분류하는 분들도 불만, 수거하는 업체도 난색이라고 했다.

실제로 코로나19 이후 외식과 회식이 줄고, 재택근무와 온라인 학습이 늘어나면서 음식 배달 수요가 폭증했는데, 2020년 1월부터 7월 사이 온라인 음식배달 수요는 이전해 같은 기간과 비교해 무려

74%나 늘어났다. 같은 시기 택배 물량 역시 20% 증가한 것으로 집계됐다. 종류별로 비닐류가 11%, 플라스틱류가 16% 증가했고, 각종 일회용 용기와 재활용 포장재는 쓰레기 산을 이루는 중이다.*

이 와중에 각종 경제활동이 줄면서 재활용 쓰레기를 이용해 또 다른 재생 원료를 만드는 작업도 주춤하다. 쌓여가는 쓰레기를 줄일 퇴로가 보이지 않는다. 2018년 중국이 한국산 재활용 쓰레기 수입을 중단하면서 쓰레기 수거 작업이 완전히 중단됐던 일명 '쓰레기 대란' 사태가 오버랩된다. 전국에 1000개 이상의 재활용 쓰레기 처리 업체들이 운영되고 있지만, 이들이 처리할 수 있는 쓰레기의 양도 조만간 포화상태에 이를 거라는 암울한 전망이 나온다.

플라스틱으로 만드는 일회용 마스크도 골칫거리다. 코로나19 이후 국내에서 생산된 마스크가 대략 50억 장. 통상 플라스틱이 썩는 데 500년이 걸린다고 하니 4000만 인구가 매일 쓰고 버리는 마스크 양을 생각하면 정신이 아득해진다. 어쩔 수 없는 선택이지만, 이런 마스크들이 환경을 해치고 다시 우리가 미세플라스틱의 역습을 받는 악순환을 고려하면 장기적인 대책 마련을 해야 할 시점이다. 쓰레기 홍수 속에서 몰래 갖다 버리다 산이 되었다는 의성산의 사례 등 전국의 불법 투척 쓰레기 양이 120만 톤에 이른다고 하니 신고와 시민의식, 일단은 여기에 기대보는 수밖에 없는 상황이다.

---

* 환경부

인천, 각 지자체 자체 처리 요청

코로나19는 이처럼 비대면 상거래의 수많은 부산물을 어떻게 처리할 것인지 우리 사회에 되묻고 있다. 이미 수도권 폐기물 매립장은 포화상태에 이르렀다. 일산 서구 백석동에 수도권의 쓰레기를 받아 매립해온 인천광역시는 2025년 수도권 쓰레기 매립지 사용이 끝나는 데에 대비해 각 지방자치단체들이 쓰레기를 어떻게 처리할 것인지 자구책을 마련하라는 공문을 서울과 경기 등 64개 수도권 지자체에 내려보냈다.

인천시의 수도권 매립지 3-1 공구가 닫히고 나면 건설과 사업장 폐기물은 친환경 자체매립지 반입, 처리가 불가능해진다. 인천 매립장이 곧 닫힌다는 점을 염두에 두고 수도권이 머리를 맞대야 하는 상황이다. 2019년 기준으로 수도권 매립지 반입 폐기물 77%는 건설, 사업장 폐기물인데 인천 매립이 불가능해지면 앞으로는 민간 사업자들이 폐기물을 자체 처리해야 한다. 지역별로는 2019년 기준, 폐기물의 42%를 내다버린 서울과 37%를 차지한 경기 지역의 고민이 가장 클 것이고, 인천의 폐기물 비중도 21%에 이른다. 이전 해까지는 사업장 폐기물이 57%로 가장 큰 비중을 차지했지만, 코로나19 사태 장기화 이후에는 이전 해 23%에 그쳤던 생활 폐기물 비중이 눈에 띄게 늘어나고 있다는 게 인천시의 설명이다.

이에 따라 내년 수도권 쓰레기매립지의 생활폐기물 총반입량은 2018년 반입량의 85% 수준으로 줄어들 전망이다. 코로나19 상황

이후 각종 포장용기 등 생활쓰레기 폐기량은 급증하고 있지만, 내년부터는 2018년 대비 90%였던 올해보다 강화된 기준의 적용을 받게 된다. 2020년만 해도 이미 20곳에 가까운 지자체가 폭증하는 쓰레기량을 감당하지 못하고 기준 반입량을 위반해 쓰레기를 매립했다. 반입 총량제는 올해 처음 도입됐지만, 비대면 경제의 활성화로 배달과 포장이 급증하면서 발생하는 쓰레기 문제 해결을 위해서라도 대책을 찾아야 한다는 목소리가 높다.

쓰레기, 시멘트가 되다

아직은 갈 길이 멀지만, 이렇게 쌓여가는 쓰레기를 줄이기 위한 아이디어도 속속 현실화되고 있다. 경북 의성의 쓰레기산 해체 사례를 보자. 경북 의성 단밀면은 50여 가구가 모여 사는 작은 마을이다. 이들은 인근의 산을 가릴만큼 쌓인 쓰레기산 옆에서 4년여를 냄새와 오염 속에 신음하며 살았다. 이곳에 쌓인 쓰레기는 폐플라스틱과 고무, 폐섬유와 못쓰게 된 목재를 포함해 무려 19만 2천 톤에 이르렀다. 축구경기장의 2배가 넘는 면적에 3층 건물 높이로 쌓인 쓰레기 더미는 미국의 보도채널 CNN이 다룰 정도로 심각했다. 한 폐기물 재활용 업자가 최근 4년 동안 허용량의 190배에 가까운 폐기물을 무단 방치하며 벌어진 일이었다.

　2020년 2월까지도 높이 쌓여만 가던 쓰레기는 추석 무렵 대부분

사라졌다. 코로나19로 재활용 쓰레기가 쏟아져 나오고 전국 매립장, 소각장이 포화상태를 이룬 와중 어떻게 이런 일이 가능했을까? 답은 말 그대로 재활용에서 찾을 수 있다. 환경부가 쓰레기를 보조연료로 사용하는 시멘트업계에 도움을 청했고, 작년 9월 이 마을을 뒤덮고 있던 쓰레기의 약 80%인 14만 8000톤이 재활용되거나 처리됐다. 시멘트 업체들은 버려진 페트병, 폐타이어 등을 시멘트를 만드는 과정에 연료로 활용한다. 쌍용양회를 중심으로 한일시멘트, 현대시멘트, 아세아시멘트, 삼표시멘트, 한라시멘트, 성신양회 7개 회사가 5만 7000여 톤의 쓰레기를 재활용했다. 특히 쌍용양회는 국내 최대 규모의 폐합성수지 재활용 시설을 갖춰 업계 전체 재활용 물량 중 91%를 처리했다. 2000℃의 초고온으로 폐기물을 녹여 재사용하는 방식이다. 850℃ 수준에서 쓰레기를 태우는 소각로보다 유해물질 배출이 적다는 주장과 시멘트 제조 과정 혹은 완성품의 오염물질 발생이 우려된다는 목소리가 엇갈리지만, 현재로서는 시멘트 제조를 뛰어넘을 재활용 쓰레기 처리 방법을 찾기 어려운 것도 사실이다. 시멘트 제조 과정의 중금속 검출량 시험 등은 그래서 환경단체와 연구 기관, 정부가 협의해 이어나가야 할 과제다.

Made by '버려진 마스크' 방역 용품

재활용 쓰레기가 폭증하는 것만큼이나 걱정스러운 건 일상 필수품이 되버린 마스크가 매일 쓰레기로 버려진다는 점이다. 이제 다중이 모이는 곳에선 마스크를 쓰지 않는 사람을 찾아보기 어렵고, 대중교통을 이용할 때 마스크를 착용하지 않으면 벌금도 물어야 하는 시대가 됐다. 백신과 치료제가 충분히 자리잡지 못한 상황에서 최선의 방역은 마스크를 사용하는 일이지만, 한 달 동안 전 세계에서 1290억 개의 마스크가 버려진다고 한다.*

코로나 시대의 마스크는 최선의 방역이자 최악의 환경 오염 물질인 셈이다. 실제로 가까운 중국에서는 하루 평균 2억 장의 마스크가 생산되고, 국내에서는 10월 셋째 주에만 1억 9442만 장의 마스크를 생산했다.**

마스크는 플라스틱 덩어리라 해도 과언이 아니다. 플라스틱 부직포 안에 플라스틱 섬유로 만든 필터를 넣어야 침방울을 막을 수 있다. 문제는 일회용 마스크의 재활용이 어렵다는 점이다. 수많은 마스크 소각 시 발생하는 오염 물질도 걱정스럽긴 마찬가지다.

이에 따라 버려지는 마스크를 재활용하자는 움직임이 일고 있다. 프랑스 기업 '플락스틸'은 약국이나 공공기관, 마트에 폐마스크 수거함을 설치해 버려지는 마스크를 모으고 있다. 여기서 나흘 동안 수거된 마스크를 보관해 혹시 남아 있을지 모를 코로나19 바이러스가 사멸하도록 시간을 둔다. 이후 마스크를 아주 잘게 자른 뒤

---

* 포르투갈 연구팀 6월 기준
** 식품의약품안전처

자외선으로 소독해 오염물질을 제거한다. 이렇게 처리한 소재들을 특정 성분과 함께 고열에 녹여 다시 플라스틱 덩어리로 만들어 활용한다. 프랑스의 스타트업인 이 회사는 재생산된 플라스틱으로 얼굴 가리개 등 방역 용품을 만든다. 2020년 하반기에만 10만여 개의 폐 마스크를 재활용해 1만여 개의 방역 용품으로 재탄생시켰다. 바다나 강으로 흘러가면 미세 플라스틱으로 분해돼 물을 오염시키고, 소각하면 공기를 더럽힐 물질을 재활용하기 위해서다.

마스크에 이어 뷔페나 병원 등에서 널리 쓰이고 있는 일회용 장갑을 재활용하기 위한 연구도 활발하다. 인도의 석유 및 에너지연구대학 연구팀은 전 세계적으로 월 650억 개에 이르는 일회용 장갑이 버려진다는 데 착안, 장갑을 포함한 비닐 가운과 안면 보호대 등을 모아 재활용하는 기술을 연구하고 있다. 이들은 국제학술지 〈바이오퓨얼〉에 열분해 반응기를 이용해 개인 보호 장구를 녹여 액체 바이오 연료로 재활용할 수 있다는 내용의 보고서를 게재했다.

국내에서도 관련 연구가 한창이다. 한국과학기술연구원(KIST) 청정에너지연구센터 이선미 책임연구원팀은 코로나19 이후 쌓여 가는 택배 박스를 이용해 바이오디젤 원료를 생산할 수 있도록 돕는 미생물을 개발했다고 국제학술지 '글로벌 체인지 바이올로지 바이오 에너지'에 발표했다. 코로나19는 또 다른 의미에서 쓰레기와의 전쟁이지만, 인간의 의지는 쓰레기 산을 다시 재사용 가능한 원료와 에너지로 바꾸고 있다.

학교도 작게
버스도 작게

작은 건축의 시대

코로나19 이후 닫힌 교문을 여는 것이 얼마나 힘들고 감동적인 일인지 경험하면서 이젠 정말 중후장대의 시대가 지나가고 있다는 걸 깨닫는다. 베이비붐 시대의 방식으로 효율적인 수용과 교육을 최우선에 둔 기존의 대규모 학교 시스템에서 벗어나냐 하는 시점이 강제로 가까워졌다. 열 살 아들이 다니는 학교는 요즘 초등학교 치고 제법 규모가 큰 편이다. 한 반에 평균 27명씩 8반에서 9반까지 있는 대형 학교다. X세대인 내가 학교에 다니던 시절과 비교하면 학급당 학생 수가 절반 수준에 그치지만, 이 정도면 인근에서 뿐 아니라 서울 전체에서도 손꼽히는 과밀 학급 축에 든다고 한다.

코로나19 상황이 아주 조금 잦아들어 일주일에 한 번씩 학교에 갔을 때 아들 학교에선 반마다 7명에서 8명씩만 등교하도록 주 4회 등교 시스템을 짰다. 안전을 보장하면서 수업할 수 있는 학급당 인원의 마지노선을 그 정도로 보고 있다는 얘기다. 그렇다면 앞으로의 학교, 공공시설 건축은 효율성을 최우선으로 둔 중후장대형 근사한 집짓기가 아니라, 작고 안전한 방식의 촘촘한 집짓기로 달라져야 하지 않을까. 환경은 점점 더 파괴되고, 유전자 조작 식물과 동물이 흔해지고, 이상 기후가 반복된다면 코로나19와 같은 역병은 언제든 우리를 위협할 수 있다.

　그때마다 반 아이들의 4분의 1만 등교하는 일이 반복된다면 최소한의 사회화 기능과 보육 기능을 맡아야 할 학교가 그저 온라인 학습을 돕는 시스템의 하나로 전락하기 쉽다. 코로나19의 확산을 계기로 그래서 작은 건축의 시작을 제안해본다. 작은 학교, 작은 체육시설, 작은 도서관. 효율성을 넘어 안전과 공존을 생각할 수 있는 건축과 이용방식이 필요한 시대가 왔다. 이는 댐 짓고 도로 닦아 성장률 높이지 않겠다는 생활SOC 사업을 표방하는 문재인 정부의 정책 방향과도 들어맞는다. 작은 걸 여러 개 짓는 데에는 그만큼 비용이 수반되겠지만, 어차피 경기 부양을 위해 쓰도록 설계된 SOC 예산이라면, 앞으로의 예기치 않은 상황에 대비할 수 있는 건축을 위해 사용했으면 한다. 이는 동네의 작은 건축업자, 일용직 일자리를 늘리고 작은 공공일자리를 만들어낸다는 측면에서도 권장할 만하다. 이런 일자리들이 모두 정규직일 필요는 없다. 앞으로의 공공일자리는 동일 노동에 동일 처우를 보장하되 여러 사람에게 기회가 돌아갈 수 있는 순환형 일자리여야 한다. 그게 경력단절 여성이나 건강한 노인들, 저렴한 방과 후 교실의 확대, 기간제 교사 채용에도 새로운 물꼬를 터줄 수 있다고 본다.

작은 버스의 시대

대중 교통에 대한 시선도 달리할 시점이 됐다. 코로나19 사회적 거리두기 단계가 변화할 때마다 올림픽 대로와 강변북로의 출퇴근 길은 몸살을 앓는다. 코로나19 초기, 약 없는 역병에 대한 충격으로 사회 활동이 사실상 중단되었을 때에는 상습 정체구간도 눈에 띄게 교통량이 줄었지만, 근 1년 코로나19 시대에 적응한 사람들은 너 나할 것 없이 자가용을 끌고 도로로 쏟아져 나온다. 개인 입장에선 감염 위험을 줄이면서 이동할 수 있는 가장 합리적인 방법이지만, 통행량이 늘면서 함께 소비되는 시간과 배출되는 미세먼지, 교통비 부담 등은 보이지 않는 기회 비용이 된다.

결국 이동의 용이성과 개인 방역, 사회적 비용 사이에서 우리는 접점을 찾아야 하는데 그 대안 중 하나로 꼽을 만한 것이 바로 작은 전기 버스라고 생각한다. 방역을 위해 덜 모이고, 덜 접촉하면서 환경까지 생각하고, 경제활동에도 지장을 받지 않으려면, 사회 제도의 분화가 필요하다. 앞서 언급한 작은 학교, 작은 도서관, 작은 문화

체육시설의 필요성과 맥이 닿는 이야기다. 중소형 대중교통의 확대는 줄어드는 일자리의 일부를 완충할 수 있고, 밀집을 줄이면서도 사회적 비용과 환경 오염을 감소시킬 수 있는 대안이다. 특히 다중이 긴 시간을 밀집해 이동하고, 자가용 외엔 딱히 대안이 없는 수도권과 서울 도심 간 교통망부터 바꿀 필요가 있다. 기사를 더 많이 고용하고, 운수업체들이 새로운 전기 버스를 들여와야겠으나, 이 방식으로 줄일 수 있는 감염의 위험이 현재의 대중교통 체제를 유지하면서 감수하는 사회적 비용보다 적지 않을 것이라고 본다.

마스크가 연 시장

패션계에도 2020년은 암흑기였다. 재택근무와 원격학습이 일상화되면서 일명 '파자마 룩'으로 거실 회사, 내방 학교에 가는 사람들이 늘면서 구매 수요가 급격히 위축됐다. 이는 외출복과 신발 등 준내구재와 색조 화장품 판매급감으로 이어졌다. 보여줄 장소도, 사람도 없으니 굳이 비싸고 불편한 외출복을 구매할 동기가 사라진 것이다. 화장품 시장의 판도도 달라졌다. 얼굴의 대부분을 마스크로 가리고 다니다보니, 아이메이크업을 제외한 베이스 제품과 립 제품 판매량이 급격히 줄었다. 홈쇼핑이나 온라인 쇼핑 매출은 급증한다고 해도 의류나 화장품 소비는 눈에띄게 줄었다. 필요성과 의욕, 어떤 면에서도 수요를 자극할 요인이 사라진 것이다.

뷰티 유튜버들은 일찌감치 코로나19 시대의 뷰티 컨셉을 '눈에만 힘 팍!'으로 잡아놓았다. 내로라하는 인플루언서들이 마스크 속에서 곤죽이 될 피부와 립 화장은 생략하고, 눈 하나만 제대로 메이크업해 승부를 보는 메이크업을 내놓는 것이다.

반면 플라스틱 원료로 만든 마스크를 제2의 피부처럼 사용하면서 피부 트러블이 급증해 항알러지 상품이나 약품, 피부 트러블 치료를 위한 피부과 이용 등은 꾸준히 늘어나는 추세다. 코로나19가 만들어낸 '마스크 트러블' 시장이다. 피부과와 성형외과는 일명 '마스크 특수'를 맞았다. 한 축은 필터에 문제가 있는 마스크를 사용해 트러블이 나는 경우인데, 접촉성 피부염이 늘어나면서 상담과 내원 환자도 꾸준히 늘어나는 추세다. 이제는 마스크 수급 상황이 나아졌지만, 한때 마스크 총량이 달리면서 일부 부직포 소재 제조공정 중 유해물질이 사용되거나, pH 기준치(4.0~7.5)를 초과한 제품이 유통되기도 했는데 이런 제품을 사용한 경우 상태가 더 나빠질 수 있다. 나아가 마스크 자체의 품질에는 문제가 없는 경우라도 1년여 가까이 학교나 직장에서 돌아올 때까지 내내 마스크를 사용해야 하는 상황에 놓이면서 마스크와 접촉 시간이 늘고, 비말 등이 닿으면서 심각한 트러블이 나타나는 경우도 증가하고 있다.

재택근무나 온라인 학습에 따른 성형 수요도 늘어났다. 일부 유명 성형외과의 경우 수개월분 예약이 끝난 곳도 있을 정도다. 종전 같으면 마스크로 가린 얼굴이 더 도드라졌겠지만, 모두가 마스크를 일상적으로 사용하는 만큼 수술 후의 붓기나 어색한 얼굴을 충분히 감출 수 있다는 점도 영향을 미쳤다. 이는 통계로도 입증되는데, 하나금융경영연구소의 2019년, 2020년 하나카드 매출데이터 분석 결과를 보면 코로나19 확산 초기였던 2020년 3월, 성형외과의 매출은 되려 1년 전 같은 달보다 9% 늘었다. 소아과 매출이 절반 수준으로 줄고(-46%), 호흡기 질환자와 마주칠 것을 우려해 이비인후과(-42%)나 한의원(-27%)을 찾는 환자들도 급격히 감소했지만, 성형외과만은 코로나19 사태 속에서도 매출 신장세를 보였다.

'마스크 맨'의 탄생

다만 한국의 뛰어난 IT 기술과 아이디어는 새로운 시장도 발굴해냈다. 2021년 S/S 시즌을 다룬 올해의 서울 패션위크는 2020년 10월 20일부터 사상 첫 '디지털 런웨이'로 진행됐다. 오프닝 무대를 맡은 지춘희 디자이너의 무대를 제외하곤 모든 디자이너의 무대가 사전 녹화된 런웨이를 정해진 편성 시간에 따라 온라인 송출하는 방식으로 이뤄졌다. 특히 올해는 중국에도 서울 패션위크 영상을 온라인으로 동시 송출해 당일 런웨이에서 모델이 입은 의상을 중국 현지에서 바로 구매할 수 있는 시스템을 갖췄다. 코로나19 사태로 모델과 셀러브리티들이 현장에 오지 못하는 상황을 역이용해 중국의 B2C(기업과 고객을 잇는 상거래 서비스) 시장을 공략하는 전략이다. 올해 서울 패션위크에서는 국내 최정상 브랜드 34개의 디지털 런웨이와 신진 디자이너 브랜드 9곳의 '제너레이션 넥스트' 무대를 선보였다. 이 영상들은 위쳇을 비롯해 웨이보와 타오바오 등 중국의 주요 SNS채널에 동시에 노출돼 6800만 명이 시청한 것으로 집계됐다. 오프라인이 닫히면 타격을 받을 것으로 예상했던 중국 패션 마켓의 수주전도 온라인으로 고스란히 옮겨가 비대면 거래가 이뤄졌다.

가욋 이야기지만, 글로벌 명품 브랜드들은 아예 자사의 시그니처 로고가 들어간 마스크를 제작해 판매하면서 코로나19 시대 외출 필수품이 된 마스크를 패션의 영역으로 끌어들이고 있다. 선명한 체크 무늬나 로고 플레이가 된 고가 마스크는 해당 브랜드의 가방이나 의류 등 고가품을 사기에 주머니가 얇은 젊은 고객들에게 키링이나 카드 지갑처럼 입문 상품으로서의 역할을 톡톡히 하고 있다.

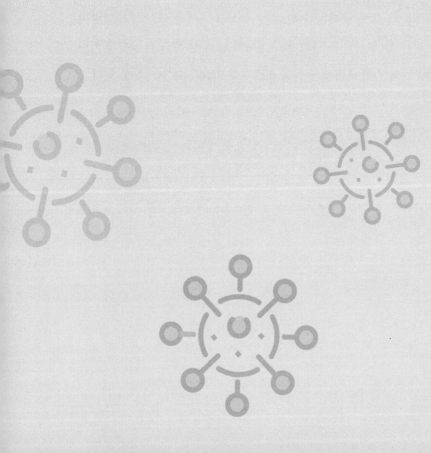

2장

집콕 놀이의 시대

스포츠도 콘서트도
방구석 1열

관중 없는 프로 야구

메이저리그에서 한국 출신 선수들이 각기 다른 팀에서 선발 등판해 만나는 일을 종전엔 상상하기 어려웠다. 물론 코리안 특급 박찬호도 있었고, 추추트레인 추신수도 있었지만, 투수 게임인 야구에서 메이저리그 팀 선발을 둘이나 낼 수 있는 날은 생각보다 빨리왔다. 여기에도 코로나19가 개입한다.

류현진 선수의 경우 새 팀 템파베이로 이적한 뒤 코로나19 창궐로 홈구장을 이용할 수 없게 됐다. 결국 남의 구장에 세 들어 연습을 하느라 기량을 마음껏 발휘하지 못했다는 아쉬움이 있었고, 카디널스의 김광현 선수는 스프링캠프에서 제대로 몸을 풀었다는 소식이 간간히 전해졌지만 코로나19의 창궐로 시즌 개막이 미뤄졌다. 마무리 투수로 꼽히던 그에게 기회를 준 것도 역시 코로나19였다. 팀 내 선발 투수 등이 잇따라 코로나19 확진을 받으면서 후순위였던 김광현 선수에게 선발의 기회가 왔다. 아쉽게도 다른 팀의 두 한국 선수 모두 큰 성과를 내진 못했지만, 코로나19가 아니었다면 보기 어려웠을 일이다.

미국의 글로벌 스포츠 채널 ESPN이 한국 야구를 중계하기 시작한 것도 기록적인 사건이다. 초기 방역에 성공한 한국에서 프로 스포츠를 먼저 시작하자 자국 내 경기 개막을 기다리던 ESPN은 한국으로 눈을 돌린다. 이어 중계된 한국 야구에 미국 팬들은 '지금까지 이런 야구는 없었다'며 열광했다. 조용히 앉아 개별 응원을 하던 미국 팬들과 달리 연고지 중심으로 뜨거운 응원전과 응원가 영상 등을 돌려 보며 한국야구의 열기를 체감하게 된 미국팬이 급증했다. 노스캐롤라이나와 NC다이노스의 흥미로운 공생 관계도 재미난 얘깃거리가 됐다. 노스캐롤라이나 팬들은 NC의 경기를 보며, "우리 동네가 바로 공룡 유적이 많이 나온 그 마을"이라면서 NC는 노스캐롤라이나의 준말과 같다고 신기해 했다. 아직은 한국 야구가 무관중으로 경기 중이지만, 관중 입장이 정상적으로 이뤄지고 응원도 재개되는 그 날이 온다면, 전 세계 팬들에게 한국 야구와 야구 응원 문화의 진가를 알릴 날이 머지 않았다고 본다. 그리고 이 어려운 환경 속에서도 우리는 불펜에서 마스크를 쓰고, 전광판으로 방구석 응원 장면을 멀티 생중계하는 방식으로 대안을 찾아나가고 있다.

아울러 이런 방식으로 전 세계에 전파를 다고 나가는 한국 야구 경기는 진흙 속의 진주와 같은 무명 선수들에게 세계적인 무대로 진출할 수 있는 공개 오디션의 기회를 줄 수도 있고, BTS가 올려놓은 한국 문화, 한국 콘텐츠에 대한 관심을 긍정적으로 이어가는 계기가 될 수도 있다.

K리그도 특수

코로나 특수를 맞은 건 야구뿐이 아니다. 한국 프로축구 K리그도 코로나19 상황 속에 톡톡히 해외 특수를 누렸다. '하나원큐 K리그1 2020 시즌'의 해외 중계 시청자가 5800만 명을 넘어섰다는 조사 결과가 나왔다. 한국프로축구연맹은 2020년 11월 1일 마감된 K리그 1부 경기의 해외 누적 시청자 수가 온라인 스트리밍 중계와 해외 TV 채널을 합쳐 5818만 명에 이른다고 발표했다. K리그 중계권 판매를 대행하는 스포츠레이더가 집계해 내놓은 수치다. 전 세계 43개 국이 중계권을 사들여 방송했고, 유료 스트리밍 플랫폼 '코파90(COPA90)'을 통해서도 엄청난 시청자가 유입됐다.

국가별로는 특히 중국과 마카오에서 K리그 169경기를 중계해 두 곳에서만도 1973만 명이 한국 축구를 봤다. 인도와 파키스탄 등 8개 국에서도 스포츠 채널 '판코드(FANCODE)'를 통해 62경기가 중계됐으며, 1113만 명이 시청한 것으로 나타났다. 프랑스와 이탈리아, 스페인, 영국, 브라질 등에서는 온라인 플랫폼 '원풋볼'을 통해 783만 명이 한국 축구 경기를 시청했고, 미국에서도 '포더팬스'라는 플랫폼을 통해 324만 명이 한국 축구를 봤다. K리그 유튜브 채널 구독자도 눈에 띄게 늘었다. 2020년 1월 4만 6000명에 그치던 구독자 수는 코로나19 팬데믹 사태 이후 약 열 달만에 10만 명을 웃도는 수준으로 늘어났다. 주 시청층은 90%가 남성이었고, 연령층은 18세부터 44세 사이가 전체의 73.4%를 차지했다. 프로축구연맹은 올해 한국 축구의 경기력이 예상을 뛰어넘는다는 평가를 받았다면서 언택트 환경에 맞는 콘텐츠를 꾸준히 만들어 전 세계 팬들과 소통하겠다고 강조했다.

아, 테스형!

오랫동안 함께 일한 메이크업 아티스트가 있다. 2년여 진행을 했던 KTV 프로그램 앵커 시절 만난 인연인데, 웬만한 일에는 안색도 변하지 않는 초 대인배다. 그런 김 선생님이 지난해 어느 날 분장실에서 '광클'을 하고 있었다. 지진이 났다고 해도 "피하지요"하고 말 큰 사람을 이렇게 긴장시키는 대상이 뭘까. 들여다보니 김 선생님을 고민에 빠뜨린 건 매년 예매에 실패하는 '나훈아 콘서트'였다.

지방에 계신 김 선생님의 모친은 평생 소박하게 살림을 꾸려온 분이신데, 유일한 낙이 젊은 시절부터 선망해온 가수 나훈아의 콘서트를 직접 보는 일이라고 했다. 어쩌다 고향 쪽으로 나훈아 콘서트가 잡히면 그걸 한 번 보고 싶어서 잔뜩 기대를 하시는데, 표 구해 드리는 게 하늘의 별따기라는 게 김 선생님의 말이었다. 좀 과장하면 번번이 티켓 예매 사이트가 열릴 때마다 1분이면 표가 동난다고 했다.

김 선생님은 결국 작년 나훈아 콘서트 표를 다른 사람에게 웃돈 주고 사서 구했다. 얹은 돈이 티켓값 못지 않았으니 고령층의 나훈아 사랑이 어느 정도인지 짐작할 만하다.

그런데 올해는 '그 귀한' 나훈아 콘서트 표를 구할 필요 없게 됐다. 2020년 9월 30일 추석 연휴 시청률을 싹쓸이 한 나훈아 온라인 콘서트, '2020 한가위 대기획 대한민국 어게인'이 KBS를 통해 중계됐기 때문이다. 코로나19의 1차 대유행 시기부터 전사 인력이 달려들어 기획했다는 나훈아 콘서트는 가황의 면모를 제대로 보여주었다. 무대 전면에 깔린 스크린으로 사전 섭외한 1000명의 온라인 초대 손님들이 방구석 콘서트를 즐겼고, 그 화면마저 하나의 무대 장치로 장식돼 시청자들에게 감동을 전했다. '고향가는 배'로 시작해서 '고향역', 신곡 '테스형'에 이르기까지 고향, 사랑, 인생을 주제로 총 3부에 걸쳐 구성됐다. 2시간 30분 동안 논스톱으로 진행된 공연에서 나훈아는 70대의 나이가 무색할 만큼 열정적인 무대를 선보였고, 온라인 스트리밍 전성 시대에 본방송 공중파 시청률 29%(닐슨코리아)라는 대기록을 만들어냈다. 이후 10월 3일 재방송 또한 18.7%

의 높은 시청률을 보였다. '15년만의 외출'이라는 부제처럼 높은 팬덤에도 방송 출연을 멀리해온 데다 워낙 콘서트 표 구하기가 어렵던 톱스타의 무료 공연이라는 점이 시청자들의 이목을 집중시켰다. 나훈아는 5억 원에 이르는 개런티를 받지 않는 대신 중간광고 등을 넣지 말고 시청자들에게 공연의 감동을 그대로 전할 수 있도록 해달라는 조건을 걸었다고 한다.

BTS의 방방콘

이런 형식의 일명 '방구석 콘서트'를 진행한 건 세계적인 스타가 된 아이돌그룹 방탄소년단(BTS)도 마찬가지다. 방탄소년단은 2020년 6월 첫 실시간 라이브 공연 '방방콘 더 라이브'를 통해 동시접속자 최대 75만 6600여 명의 놀라운 기록을 쓰면서 언택트 시대의 '온택트'(On-Contact) 공연이라는 새 장을 열었다. 미국의 팝스타를 비롯해 전 세계 문화콘텐츠업계가 온라인 공연과 쇼케이스 등을 선보였지만, 방탄소년단의 6월 콘서트는 전 세계에서 진행된 유료 온라인 콘서트 가운데 가장 큰 규모를 자랑한다. 물론 방탄소년단이었기에 가능했을테지만, 6월 공연으로 얻은 수익만 260억 원에 이르니, 코로나19로 닫힌 공연장과 무대를 온라인에서도 얼마든지 효과적으로 열 수 있다는 전범을 보여준 셈이다. 공연장 객석 수의 한계를 극복하고, 각국을 일일이 장비 들고 도는 번거로움을 뛰어넘는다는 이점도 있었다.

이들은 10월 10일과 11일에도 두 차례에 걸쳐 다시 온라인 콘서트 'BTS 맵 오브 더 소울 원'(Map of the soul one)을 라이브 스트리밍으로 생중계할 예정이다. 단 하나뿐인 온라인 버전 공연이라는 의미를 담은 것으로, 관객들은 방구석 1열에서 오프라인 못지않은 규모의 방탄소년단 콘서트를 즐길 수 있다. 소속사 빅히트 엔터테인먼트는 콘서트의 가장 큰 장점인 현장감을 얻기 어려운 만큼 증강현실(AR)과 확장현실(XR) 기술을 적극 활용해 4K나 HD급의 고화질 콘텐츠를 선보이겠다고 설명했다. 좋아하는 멤버를 골라서 집중해 볼 수 있는 화면도 등장한다. 빅히트 엔터테인먼트 측은 콘서트 무대를 6개의 앵글로 잡아 관객이 원하는 장면을 선택해 볼 수 있는 '멀티뷰 라이브 스트리밍' 서비스도 제공한다. 종전까지는 현장에서 관객들이 일명 '최애 멤버'만 당겨 찍고 소장하는 '직찍'을 직접 해야 했지만, 이제는 그 작업까지 온라인으로 대신 해주겠다는 얘기다.

'뽕필'에 취하다

성인가요, 트로트, 속칭 '뽕짝'. 이름도 다양한 트로트 음악은 우리네 삶의 희로애락을 솔직하게 담고 베이비붐 세대까지의 인생 역정과 시대상을 담아 큰 사랑을 받아왔다. 하지만 세대별로 선호도가 극명히 갈렸고, X세대에겐 올드한 옛 것의 상징처럼 느껴지기도 했던 장르다. 그랬던 트로트에 대한 인식이 확 달라진 건 한 종편 프로그램의 트로트 가수 랭킹 프로그램이 크게 흥행한 뒤부터다. 임영웅을 비롯해 영탁, 장민호, 이찬원, 정동원, 김수찬 등의 스타가 다수 발굴됐고 뜨거운 열기는 1년여 가까이 이어지고 있다.

　이들의 인기가 어느 정도인지는 현장에서 실감할 수 있었는데, 지난 7월 TBS 라디오 프로그램 〈최일구의 허리케인 라디오〉에서 임영웅, 장민호, 이찬원 이 세 명의 스타를 한 번에 섭외하는 큰 일을 해냈다. 내가 출연한 바로 다음 코너에 출연한 길이었는데 웬만한 스타를 봐도 시큰둥한 방송국 직원들이 출입구 현관부터 도열해 사인을 받고, 심한 경우 부모, 형제까지 모셔와 사진을 찍어주기도 했다. 심지어 생방송 도중 쉬는 시간에 잠입(?)해 기념촬영을 감행하는 모험까지 하기도 했으니 이들의 인기가 어느 정도인지 짐작이 가능하다. 당일 상암동 일대의 교통정체가 더해지고, 내 눈으로만 줄잡아 수백 명의 어머님 팬들을 목격했으니 코로나19가 없었다면, 실제로 현장 행사에서 느낄 수 있는 열기는 더 뜨겁지 않았을까 짐작해본다.

　그런데 전혀 다른 의견을 내놓는 전문가들도 있다. SBS 〈시사특공대〉 진행자이자 라디오 PD인 이재익 PD의 경우 코로나19가 외려 이들의 인기를 연장하는 요인이 됐다고 분석한다. 이 PD는 "봄에 꽃놀이 할 때, 가을 단풍놀이 할 때 전국 행사에서 트로트 스타들을 만날 수가 없으니 TV 시청으로, 라디오 청취로만 이들을 소비하는 소비자들이 오랜 갈증을 해소하는 것처럼 더 오래, 더 길게 이들을 사랑하게 됐다"고 말한다. 즉, 전통적으로 트로트 가수들이 인기를 얻고 유지하는 방식인 현장 스킨십이 줄어든 만큼 한계효용체감 법칙의 적용 시점이 늦춰지고 있다는 분석이다. 대중의 목마름이 트로트 스타들의 인기를 유지하는 데 더 도움을 주고 있다는 의견은 일견 타당하다.

이렇게 관객과 시청자들이 점점 방구석 1열로 모여드는 시대에 국경 없는 온라인 스트리밍 서비스 수요는 폭발적으로 늘어나고 있다. 최대 네 사람까지 계정 하나를 공유할 수 있는 넷플릭스의 경우 막강한 콘텐츠 라인업을 통해 전 세계 안방극장에 깃발을 꽂는 중이다. 코로나19 확진 여부와 무관하게 사실상 모두가 재택근무와 원격 학습으로 집에 격리된 지 어언 1년여. 유럽 일부 국가에서는 넷플릭스로 몰리는 인터넷 인프라 이용량 때문에 국가망이 위협을 받는다며 전송되는 콘텐츠의 화질을 낮추고 스트리밍 속도를 느리게 해달라는 요청을 했을 정도다.

넷플릭스가 업계 최강자이긴 하지만, 일종의 경쟁업체라 볼 수 있는 디즈니 채널의 경우 미국 시장에서 일찌감치 딴 채널을 차렸다. 넷플릭스의 인기 콘텐츠 상위권에 죄다 자사 프로그램이 들어 있는 걸 보고 재주만 넘는 곰이 되지 않기로 했다. 픽사와 마블을 잇따라 인수해 라인업을 대폭 확장했고, 그간 축적해온 기라성같은 대표 콘텐츠들을 돌려 큰 수익을 얻고 있다. 주연배우 유역비의 홍콩 시위 비난으로 일부 비토가 있기는 했으나, 코로나19로 개봉을 미뤘던 기대작 영화 뮬란 등도 디즈니 채널을 통해 먼저 공개됐다. 코로나19 백신으로 언제 안정을 찾을지, 언제 완전히 종식될지 모르겠으나 멀티플렉스에서 모르는 사람들과 다닥다닥 붙어 앉아 팝콘과 콜라를 손에 들고 영화 보던 습관은 점차 우리 일상에서 사라지는 분위기다. 방구석 1열로 모여드는 사람들의 구미를 당길 콘텐츠로 무장한 온라인 스트리밍 서비스는 코로나19 시대에 쌓인 관람 데이터를 바탕으로 보다 개인적으로 취향을 저격하는 콘텐츠들을 전면에 내세워 영화관으로 가는 발걸음을 거실에 묶어두려 할 것이다. 기실 그게 안전하고 가성비가 좋기도 하니 말이다.

※

'앱(App)'으로
논다

앱 시장 빅뱅

코로나19는 모바일 소비자의 행동 양식도 완전히 바꿔놓고 있다. 2000년대 후반 전 세계에 스마트폰이 보급된 이후 모바일 앱 시장은 꾸준히 성장해왔지만, 코로나19 이후 사실상 전 세계 모든 지역의 비확진자들도 통행과 외출에 제한을 받는 상태가 되면서 집에서 스마트폰을 이용해 시간을 보내는 소비자들이 급증한 까닭이다. 앱 시장조사업체 앱애니 조사 결과를 보면, 2020년 상반기 앱과 게임 다운로드 수는 2019년 하반기 대비 약 10% 늘어난 640억 회에 이른다. 구체적인 소비 행태를 담은 '2020년 양대 마켓의 모바일 앱, 게임에 대한 소비자 행동 보고서'를 보면, 2분기 기준으로 모바일 앱과 게임에 대한 전 세계 유저들의 지출 규모는 약 500억 달러, 우리

돈 약 59조 원에 이른다. 지난해 하반기와 비교하면 10% 이상 상승한 규모다. 앱애니 측은 보고서에서 "사람들이 코로나19의 확산 뒤 스마트폰을 보다 많이 이용하고 있다"면서 주요국의 스마트폰 이용 시간이 대폭 늘었다고 밝혔다. 예를 들어 한국의 삼성전자 휴대폰 시장점유율 1위를 기록하고 있는 인도의 경우 2분기 평균 스마트폰 사용 시간은 안드로이드 기준으로 37% 늘었고, 캐나다 역시 39%나 증가했다. 러시아의 경우에도 종전 평균치의 40%에 이르는 증가폭을 보여 유저들이 하루 평균 3시간 30분 정도를 스마트폰 사용에 할애하는 것으로 나타났다.

게임 구매에 아낌없이 썼다

애플의 iOS와 구글의 안드로이드를 합쳐 매월 글로벌 유저들이 모바일 앱과 게임 구매에 사용하는 금액은 코로나19 창궐 이후 3월부터 꾸준히 증가하는 추세다. 2020년 들어 양대 운영체제에서 글로벌 유저들이 매월 지출하는 금액은 전 세계 코로나19의 확산 상황에 비례해 늘어났다. 당해 1월 글로벌 유저들이 앱과 모바일 게임 다운로드에 지불한 금액은 앱 2.2빌리언 달러(2조 4000억 원), 게임 5.6빌리언 달러(5조 8000억 원) 수준이었다가 2월에는 각각 2.1빌리언 달러(2조 3000억 원), 5.2빌리언 달러(5조 4000억 원)로 소폭 줄어든다. 하지만, 세계보건기구(WHO)가 글로벌 코로나19 팬데믹, 즉 세계적 대유행을 선언한 3월 11일 이후(스위스 현지시간) 각국의 방역 강화조치가 시행되면서 집에 머무는 시간이 획기적으로 늘었고, 3월을 기점으로 지출 규모는 눈에 띄게 늘어난다.

　3월 글로벌 유저들의 앱과 모바일 게임 다운로드 관련 지출은 각각 2.3빌리언(2조 5000억 원), 5.7빌리언(5조 9000억 원)으로 늘고, 4월에는 2.4빌리언 달러(2조 6000억 원)와 6.2빌리언 달러(6조 2000억 원)로 증가한다. 그러다 5월이 되어 전 세계 코로나19 확산세가 절정에 이르고 각국이 병상 부족으로 셧다운 조치에 나서면서 앱 지출은 2.6빌리언 달러(2조 8000억 원), 게임 지출은 6.8빌리언 달러(7조 원)로 급증한다. 학교와 회사와 공공기관들이 문을 닫고, 여행과 교류, 집합이 사실상 전면 금지되면서 집에 머무는 동안 즐길 수 있는 대안이 필요했던 셈이다. 이런 흐름은 6월에도 이어져 앱 지출은 전월과 같은 2.6빌리언 달러(2조 8000억 원)를 유지했고, 게임 다운로드에 쓴 돈은 6.4빌리언 달러(6조 6000억 원)로 소폭 감소했다. 게임 인프라를 갖추고 등급을 유지하기 위한 초기 비용이 상대적으로 높은 PC 게임과 달리 쉽게 설치와 제거를 반복하는 모바일 게임 이용 특성과 코로나19 이후 새로운 생활 적응에 도움이 되는 건강 관리나 화상회의, 지역별 밀집도 분석 앱 등의 수요를 고려하면, 향후에도 모바일 앱과 게임에 대한 소비는 꾸준한 증가세를 보일 가능성이 크다.

'링피트'가 퍼스널트레이너

사회적 거리두기 단계가 조정될 때마다 가장 먼저 문을 닫은 곳이 바로 운동 시설이다. 밀접하게 모여 가쁜 숨을 몰아쉬고, 마스크 착용이 불가능한 샤워 시설을 공유하는 탓이다. 결국 필라테스이건 헬스 클럽이건 어떤 실내 운동도 불가능해진 시대, 거실은 이제 또 하나의 헬스 클럽이 되었다. 재택근무로 집에서 삼시 세끼를 챙겨 먹으며 출퇴근에 쓰는 에너지는 줄고, 야외 활동은 급격히 감소해 어느덧 후덕해진 스스로를 발견한 사람들은 킬링 타임과 건강 증진을 한 번에 노릴 수 있는 피트니스 게임에 열광하고 있다.

이 가운데 가장 인기를 끈 상품이 바로 일본 닌텐도 사의 스위치 피트니스 게임류다. 대표적인 게 '링피트 어드벤처'인데, 게임 본체와 TV를 연결한 뒤 다리에 '레그 스트랩'을 감고, '링콘'이라는 핸들을 이용해 걷기와 뛰기, 스트레칭 등 다양한 자세로 운동을 하면서 게임 레벨을 높여가는 피트니스 게임이다. 이용자는 게임 속 주인공이 되어 미션을 수행하면서 목소리로 응원하거나 자세를 교정해주는 '게임 속 PT 선생님'의 코치에 따라 다양한 지형지물과 몬스터들의 방해 공작을 피해나간다. 흥겨운 음악 속에 '드래고'라는 몬스터 최종 보스가 등장하고, 게임 스토리가 재미있게 설계돼 있어 운동을 계속하고 싶게 만드는 동기 유발이 이뤄진다. 또 운동을 마무리할 때 심박수를 측정해 게임에서 했던 운동이 '적당한 유산소' 수준인지 '지방 연소를 위해 충분한' 운동인지 진단해주는 기능이 있어 PT 선생님 없이도 진단과 처방이 가능하다는 장점이 있다.

체험담을 공개하자면, 사용 후 불과 며칠만에 레벨을 20까지 올린 열 살 아들은 매번 얼굴이 새빨개지고 땀이 뻘뻘 흐르도록 링피트 어드벤처에 몰두한 뒤에, 호빵맨처럼 부풀었던 볼살이 빠졌다. 실제로 한 유튜버는 2020년 1월 초 130kg에 이르던 몸무게가 링피트를 매일 2시간 씩 사용한 이후 1년 만에 70kg으로 줄었다고 공개해 화제가 되기도 했다. 이처럼 링피트 어드벤처는 게임을 즐기는 기분으로 시간 가는 줄 모르고 운동을 하다보면 유산소와 근력 운동이 되는 데다, 지루하지 않게 시간도 보낼 수 있어 전 세세석으로 큰 인기를 끌었다. 이에 따라 팬데믹 초기 중국 공장들이 문을 닫으면서 운동 필수 도구인 '링콘'의 공급이 달릴 때는 원가의 최대 5배에 거래가 이뤄질 정도로 인기가 높았다. 이외에도 수급량이 달리고 가격이 비싼 '링콘' 없이 즐길 수 있는 댄스 커버 게임 '저스트 댄스 2021'과 '피트니스 복싱2'가 출시되면서 역시 집에 닌텐도 피트니스 프로그램을 들여놓는 사람이 크게 증가했다.

게임에서 찾는 일상 '동물의 숲'

닌텐도 사의 '모여봐요 동물의 숲' 역시 일본산 제품에 대한 불편한 시선 속에서도 국내 유저들이 주요 전자상가에서 밤을 새워 줄을 서서 구매할 정도로 인기가 높았다. 비교적 높은 가격에도 불구하고 5배에서 10배까지 올려 받는 재판매조차 물량이 달릴 정도였고, 온라인 쇼핑몰 티몬의 경우 2020년 5월 진행한 ARS 할인 행사 당시 1초당 156콜이 몰리는 진기록을 세우기도 했다.

동물의 숲은 일종의 '육성 게임'으로, 유저가 무인도에서 마을 주민과 자연스럽게 만나면서 스스로의 노력에 따라 섬이 발전하는 성취감을 느낄 수 있다. 마을 주민들과 힘을 합쳐 상점을 만들고, 공공시설도 세우면서 주민이 늘어나고, 서로 선물을 교환하거나 안부를 물을 수도 있다. 흥미로운 건 며칠만 플레이를 쉬어도 게임 속 캐릭터들이 "무슨 일이 있느냐?"고 걱정을 해주거나 아파보이면 약을 챙겨주기도 하고, 서로 별명을 지어주기도 하면서 오프라인 못지 않은 따뜻한 감성을 교환할 수 있다는 점이다. 또 게임 속 친구의 섬에 놀러 갈 수도 있고, 낚시 같은 여가 활동을 함께하거나 자신이 꾸민 집을 공개하는 게임 속 '랜선 집들이'도 가능하다. 봄에는 꽃을 보고, 여름에는 함께 수영을 하고, 가을에는 낙엽을 보고, 겨울에는 불꽃 축제를 하는 등 오프라인에서는 한동안 불가능해진 모든 계절의 변화상을 간접적으로 체험하게 해준다는 점도 코로나19 이전 상황을 그리는 유저들의 노스탤지어를 자극한다. 어린이부터 중년층에 이르기까지 폭넓은 연령층의 사랑을 받고 있지만, 특히 가족과 떨어져 생활하는 1인 가구나, 장기간 이어지는 재택근무, 오랫동안 취업을 준비하고 있는 구직 희망자들이 작은 위안을 느끼기 위해 구매한다는 후기도 적지 않다. 그 밖에 소니의 플레이스테이션5나 마이크로소프트의 XBOX 등 실사에 가까운 그래픽을 구현한 게임들도 오랜 집콕을 견디게 하는 하나의 버팀목으로 인기를 끄는 중이다.

스마트폰 제너레이션

보다 흥미로운 사실은 이런 생활 패턴이 코로나19 백신 개발 이후에도 크게 달라지지 않을 것이라는 점이다. 앞서 언급한 앱 시장조사 사업체 앱애니는 주요 심리학자들의 말을 인용해 "사람들이 일정한 패턴을 가지는 습관을 만들어내는 데 평균 66일이 걸린다"면서 "코로나19가 2020년 초 전 세계로 확산됐고, 백신 개발 등으로 해결하지 못하는 기간이 장기화된다면 새로운 모바일 습관이 일상화될 수 있다"고 전망한다. 실제로 많은 사회심리학자들은 코로나19를 완벽히 치료할 수 있는 백신이 개발되고 효과와 안정성 또한 입증된다고 해도 밀집 시설을 기피하고, 낯선 사람과의 접촉을 회피하는 성향은 습관처럼 체득될 것으로 내다보고 있다.

개인적으로 특별히 주목하는 건 코로나19의 창궐 속에서 단체생활을 시작한 어린이들이다. 성인에 비해 규칙을 잘 지키고, 어린 시절부터 3밀을 피하도록 교육받은 어린이들의 경우 향후 등교와 등원이 완전히 정상화된 이후에도 일상적으로 마스크를 착용하고 개인 위생을 관리하며 개인 사이의 거리를 일정 수준 이상으로 유지하는 것이 자연스러운 세대가 될 것이다. MZ세대 가운데는 이미 성인이 된 밀레니얼보다 Z세대가 이런 분위기를 자연스럽게 받아들일 가능성이 크다. 마스크 없이는 등원도 등교도 친구와의 교류도 허용되지 않는 '마스크세대', M세대의 등장이다. 수시로 예고 없이 유치원과 교문이 닫히는 상황을 경험한 만큼 동창은 있는데 친구는 없는 '코로나세대'로 분류하기도 한다.

진지한
집밥 차리기

홈쿡 원년

식당도 일찍 문닫고, 배달음식도 불안하고. 코로나19 시대는 확진자가 아닌 이들도 사실상 준 자가격리 상태를 견디게 한다. 사회적 거리두기 단계에 따라 음식점의 영업이 제한되거나 카페에서 커피 마시는 일이 금지되면서 종전에는 잠만 자는 공간이었던 집이 레스토랑이자 카페가 됐다.

이런 흐름을 반영한 대표적인 TV 프로그램이 MBC의 〈백파더: 요리를 멈추지 마!〉이다. 주말 오후 방송되는 이 프로그램은 2020년 6월 20일 첫 방송 당시 3.0%의 시청률로 시작해 줄곧 상승세를 타며 5.0% 전후의 높은 시청률을 유지하고 있다. 국내뿐 아니라 전 세계가 함께 겪고 있는 코로나19 팬데믹 상황 속에서 전 세계 시청자들을 화상 통화로 연결해 스튜디오의 레시피를 공유하고, 요리법도 가르쳐 준다. 어쩔 수 없이 집밥을 먹어야 하는 모두를 위해 좀 더 나은 집밥을 만드는 법을 알려주면서 고립감을 떨치고, 형편없는 요리 실력도 나아지게 도와주는 일종의 재난 탈출 프로그램인 셈이다. 그 와중에도 재미 요소는 있다. 도무지 부엌에 한 번도 들어가 보지 않았을 것 같은 70대 시골 아버지가 부엌칼을 들고 헤매는 모습이 낯설고, 다 된 밥만 사먹던 밀레니얼은 양파망에 뻔히 들어 있는 양파를 보면서, 양파가 들어 있지 않다고 우는 소리를 한다. 주황색 껍질 속에 늘 보던 하얀 양파가 있다는 사실조차 모르는 생 초짜 요리사를 보면서 함께 요리하는 사람들이나 시청자나 한마음으로 배꼽을 잡는다. 멀리 타국에선 새벽 5시에 졸면서 요리를 하고, 어린이와 함께 요리하는 엄마의 옥신각신이나, 잘 듣고 거꾸로 하는 신혼부부의 모습은 따로 같이 사는 코로나19 시대의 자화상이기도 하다.

실제로 아이들이 학교에 가지 않고, 재택근무가 늘어나면서 가정 내 식재료 수요는 크게 늘었다. 사회활동이 급격히 줄고 소득이 감소한 가계가 늘어나면서 전반적인 소비 심리는 위축됐지만, 집 밥 수요가 급증해 소비자 물가 가운데 농축수산물 가격은 눈에 띄게 오른 것으로 나타났다.

2020년 9월 소비자물가 상승률은 1년 전 같은 달보다 1.0%로 올라 지난 3월 이후 반년만에 1%대 상승률을 보였다. 사상 최장 기간의 장마가 농축수산물 가격을 올려놓은 데다 집밥 재료를 구입하는 가정이 늘고, 추석까지 긴 탓이다. 소비자물가 상승률은 올해 1분기 1% 대를 보이다 코로나19가 급격히 확산된 4월 0.1%에서 지난 5월에는 -0.3%까지 떨어졌다. 이른바 황금연휴 클럽발 연쇄 감염 사태가 벌어졌던 시기다. 이후 6월부터 확산세가 다소 진정되면서 7월에는 0.3%, 8월에는 0.7% 등 물가가 다시 오르는 추세다.

특히 9월 기준 농축수산물 물가는 1년 사이 13.5% 상승하며 2011년 3월 14.6% 오른 이후 9년 6개월 만에 최대 상승폭을 기록했다. 푸성귀 가격이 34.7% 급등하며 전반적인 농산물(19.0%) 가격이 크게 오른 것으로 나타났다. 품목별로 배추(67.3%)는 금추라 불릴 정도로 값이 뛰었고, 무(89.8%) 가격도 급등했다. 가을철 대표 과일인 사과(21.8%) 값도 큰 폭으로 올랐다. 축산물(7.3%) 가격과 수산물(6.0%) 가격 오름폭도 컸다.

2020년 한 해 내내 이어진 홈쿡의 일상화를 고려하면 이처럼 전반적인 소비자 물가의 하향 안정세 속에서도 식품 물가의 상승세는 계속될 것으로 보인다.

밀키트, 도와줘

이처럼 집밥이 코로나19 시대의 새 표준이 되면서, 간단한 조리만으로 훌륭한 한 상 차림이 가능한 밀키트(Meal Kit, 반조리 음식) 시장이 급성장하고 있다. 종전에도 밀키트 수요는 꾸준히 늘어왔지만, 재택근무와 온라인 비대면 학습이 늘어 집밥 수요가 증가한 게 직접적인 원인이 됐다. 인스턴트 우동이나 라면, 찌개나 장류 외에도 빠에야, 스테이크 등 외식해야 먹을 수 있다고 생각했던 품목에 이르기까지 종류도 다양해졌다.

식품 업계 통계를 보면, CJ제일제당의 밀키트 '쿡킷'은 2020년 하반기 판매량이 1년 전 같은 기간보다 2.5배 이상 늘었다. 판매량은 1월부터 월평균 20%씩 증가하는 추세다. 1년 전 비슷한 시기와 비교한 프레시지의 판매량도 1월부터 9월 사이 118% 늘어났다. 한국야쿠르트의 밀키트 '잇츠온' 역시 2020년 상반기 매출이 이전 해 같은 시기보다 20.5%나 증가했다.

소비자들이 밀키트를 선호하는 건 강제로 집밥 대열에 들어선 '요린이'(요리 초보자)들의 대안이 될 뿐 아니라, 일일이 재료를 사서 조리하는 것보다 가성비가 좋아서다. 일반적인 밀키트는 한 끼 분량으로 포장돼 손질을 마친 식재료를 포장만 뜯어 가열하면 되는 상태로 배송된다. 레시피에 따라 물이나 동봉된 소스, 육수 등을 넣고 짧게는 몇 분, 길어도 30분 안에 대개 조리가 끝난다. 사실상 반은 가공된 형태로 배달된 음식이지만, 요린이들이 '내가 만든 근사한 요리로 밥상을 차렸다'는 만족감을 느낄 수 있게 해준다. 지단까지 배송받았지만, 마는 건 내가 한 '공장 반, 손맛 반' 김밥 같은 음식들은 이렇게 탄생한다. 전자레인지 등으로 데우는 일반 가정간편식(HMR)과 달리 식재료가 냉장 상태로 배송되기 때문에 상대적으로 신선도 파악이 쉽고, 보다 건강한 느낌을 충족시킨다는 장점이 있다. 이는 1~2인 가구 형태로 거주하며 식재료 낭비나 번거로운 준비 과정을 생략하고 싶어하는 2030 고객에게 들어맞는다.

시장수요가 폭증하면서 한국농촌경제연구원(KREI)은, 2019년 국내 밀키트 시장규모는 400억 원 규모였으며, 코로나19 창궐로 밀키트 수요가 폭발한 2020년은 시장이 두 배 이상 성장해 1000억 원에 육박할 것으로 전망했다. 연구원은 2020년 밀키트 시장이 1000억 원 이상으로 몸집을 불리고, 앞으로 4년 동안 시장규모가 7배 정도 커진 7000억 원 수준까지 성장할 것으로 예상했다.

식품업계도 이런 부분에 착안해 밀키트 시장에서 일합을 겨루는 중이다. 맛과 건강, 나아가 플레이팅까지 고려한 밀키트 개발에 한창이다. 밀키트 시장에 뛰어드는 업체들도 점점 늘어나고 있다. 다수의 외식 제과업 체인점을 갖고 있는 SPC삼립은 밀키트 사업을 확대하기 위해 밀키트 전문 제조업체 푸드어셈블과 양해각서(MOU)를 교환했다. 이들은 먼저 지역 맛집 메뉴를 간편하게 즐길 수 있는 밀키트 상품을 개발해 SPC삼립이 운영하는 고속도로 휴게소에서 판매할 계획이다. 떡볶이 시장 등에서 이미 진행하고 있는 유명 맛집 브랜드의 밀키트화 작업에 다양한 메뉴를 추가하겠다는 계산이다. 현대그린푸드는 급증하는 2030 캠핑족을 잡기 위해 캠핑용 프리미엄 밀키트 브랜드 '캠밀'(CAM MEAL)을 론칭했다.

과거 프리미엄 김치나 복달임 세트 등을 판매했던 특급 호텔들도 밀키트 사업에 도전장을 던지고 있다. 코로나19로 사라진 여행, 숙박 수요를 다른 부문의 사업 성과로 메워보겠다는 계획이다. 신세계조선호텔은 SSG닷컴과 함께 특급호텔 셰프의 노하우를 담은 중식당 호경전 대표메뉴 유니짜장, 삼선짬뽕을 가정간편식 밀키트로 출시했다. 평소 SNS를 통해 대중들과 밀접하게 소통해온 정용진 신세계 부회장은 자신의 SNS에 삼선짬뽕 밀키트를 조리한 사진을 올리며 시장의 관심을 끄는 데 성공했다. 한화호텔앤드리조트 역시 프레시지와 손잡고 프리미엄 밀키트 제품 '63 다이닝 키트' 3종을 구성했다.

기존 식품업체에 특급호텔, 나아가 동네 맛집들까지 자체 밀키트를 판매하고 나서면서 살아남기 위한 경쟁도 치열하다. CJ제일제당은 14명의 셰프를 직업 고용해 제철 음식을 활용한 레시피를 개발하고 있다. 프레시지는 70여 명의 제품 연구 개발, 품질 관리 전문 조직을 운영 중이다. 밀키트 전담 조직으로는 업계 최대 규모다. 프레시 매니저(야구르트 아줌마)를 통해 모세혈관 같은 배송망을 갖추고 있는 한국야쿠르트는 정기구독하는 신선배송 밀키트를 최고의 강점으로 내세우고 있다.

스마트폰으로 장보기

집밥과 밀키트가 득세했지만, 시장이나 마트에 가서 장보는 풍경이 이제는 아주 특별한 일상이 됐다. 파 한 단, 생선 한 손도 온라인 채널에서 구입하려는 소비자들이 크게 늘고 있어서다. 통계를 보면, 2020년 6월 식품 부문 온라인 거래액은 1조 8664억 원으로 이전 해 같은 기간(1조 2978억 원)보다 43.8% 증가했다.* 상품별로는 음식서비스(61.5%), 음식료품(39.4%) 거래액이 눈에 띄게 늘었다. 수출시장도 확대됐다. 코로나19 이후 중국과 미국 등 국토가 넓고 원천적 경제봉쇄 조치를 경험한 나라를 중심으로 가성비가 좋은 식품, 간편식, 건강식품 수요가 늘면서 특히 라면, 김치, 두부, 쌀가공식품 등 한국 식품을 찾는 소비자가 늘고 있다. 농식품부는 1월부터 8월 사이 농식품 수출액 누계가 48억 4567만 달러로 1년 전 같은 기간과 비교해 4.9% 늘었다고 발표했다. 특히 라면, 김치, 쌀가공식품 등의 수출이 크게 늘어 가공식품 수출은 2019년보다 6.2% 증가한 39억 8386만 달러를 기록했다. 세부 품목 가운데는 물을 넣고 끓이기만 하면 되면 라면의 인기가 높았는데, 미국·일본·중국 등으로 수출이 4억 540만 달러까지 증가했고, 김치 역시 건강식품으로 주목받으면서 1년 새 40.3% 증가한 9790만 달러 수출 기록을 세웠다. 장류, 소스류의 소비가 늘면서 즉석밥과 떡볶이 수출도 증가했다.

---

* 통계청

천 번 저어 '달고나'

사회적 거리두기 단계가 조정될 때마다 극단적으로 풍경이 바뀌는 장소가 바로 카페다. 카페 내 마스크 착용은 필수이고, 사회적 거리두기 단계가 격상되면 이내 테이블이 뒤집어진다. 머물지 말라는 의미다. 2020년 11월 중순, 수도권을 중심으로 다시 사회적 거리두기 단계가 격상되면서 스타벅스 등 대형 커피 체인 외에도 테이블 서너 개를 두고 영업하던 동네 소규모 카페들까지 당분간은 테이크아웃만 가능한 상황이 다시 연출됐다. 언제가 됐건 다시 카페에서 의자를 내주는 날이 올테지만, 실컷 웃고 떠들던 카페의 옛 모습을 되찾기 까지는 예상보다 긴 시간이 걸릴 것으로 보인다. 이런 상황 속에 등장한 게 카페 대신 집에서 카페 뺨치는 음료를 만들어 마시는 이른바 홈쿡 챌린지다. 특히 시간은 남아도 갈 곳이 없는 1인 가구와 밀레니얼, Z세대를 중심으로 이런 바람이 불고 있다. 대표적인 메뉴는 천 번을 저어야 만들 수 있다는 달고나 커피류다.

코로나19 이후 유행한 달고나 커피는 어릴적 설탕을 굳혀 갈색 용액을 만들고 모양틀을 찍어 팔던 그 달고나와 커피의 조합인데, 주요 포털사이트나 SNS를 보면 달고나 만들기 레시피와 이에 도전한 사람들의 사진, 영상이 쉴 새 없이 게시된다. 만드는 방법은 원하는 맛에 따라 다르겠지만, 대개 아주 간단해서 인스턴트 커피에 설탕, 뜨거운 물이 재료의 전부다. 이 재료들을 그릇에 담아 1 대 1 비율로 섞고 숟가락으로 계속 계속, 굳어서 걸쭉한 베이지색이 될 때까지 저어주면 된다. 이 작업이 끝나면 우유에 올려 즐기면 되는데, 수작업으로 달고나 만들기가 끝날 때까지 대략 천 번은 저어야 우유 위에 플로팅되는 제대로 된 달고나가 나온다. 갈 데도 많고 할 일도 많던 코로나19 이전 세상에선, 정말 세상 쓸데없는 시간 낭비 작업이 됐을지 모르겠지만, 이제 우린 이런 재미를 찾는 완전히 새로운 세상에 살고 있다. 쉬운 일을 어렵게 하면서 다 타버린 잿더미 속에서 그나마 쓸만한 가재도구를 건져내는 심정으로 이 사회적 재난을 견디고 있는 셈이다.

홈트의 붐

홈트레이닝 바람도 거세다. 헬스클럽을 통한 연쇄 감염이나 경영난에 통보 없이 문을 닫는 필라테스 클래스 등이 늘어나면서 유튜브나 온라인 스트리밍 서비스에서 찾을 수 있는 홈트 영상으로 건강을 지키려는 이들이 급증하고 있다. 고해로 시작하자면, 우리 집에서만 올해 증량한 지방이 줄잡아 10kg은 될 것이다. V라인이던 아들은 달덩이가 됐고, 달덩이였던 나는 꽉찬 보름달이 되었다. 그래도 괜찮다. 나만 그런 건 아니니까.

오랜만에 컴백한 연예인들조차 코로나19는 살찌우고 말았다. 방부제 미모인 가수 이정현 씨처럼 선천성 44족을 제외하면, 약간만 긴장을 늦춰도 후덕해지는 계절이 와버린 것이다. 코로나19 이후 살이 찌는 이유를 나름대로 변명해보자면, 사회적 거리두기가 큰 이유다. 헬스클럽, 탁구장, 필라테스, 각종 레슨실 등 실내체육시설 이용이 금지되기를 반복하는 데다가 바르고 규칙적인 집콕 생활로 삼시 세끼를 꼬박꼬박 챙겨먹다보니 어찌할 도리가 없었다. 아울러 유흥과 여가를 즐길 공간이나 환경이 굉장히 좁아진 상황이어서 나가 놀며 소비할 칼로리를 고스란히 마일리지로 쌓아야 했다.

그러나 이 엄혹한 시대에도 빨래판 복근을 만든 자들이 있으니, 바로 홈트족이다. 우리 동네에도 심야에 공원을 말리고 싶을 만큼 뛰는 젊은이들이 크게 늘었다. 과거엔 볼 수 없었던 8등신 근육질의 미남 미녀들이 트랙을 뛰고 계단에서 스쿼트를 한다. 우리 공원은 35세 이상만 출입이 가능한 줄 알았는데, 체육시설이 죄다 문을 닫고 PT도 불안한 상황 속에서 몸 만들던 사람들은 공원과 집을 빨래판 제조 공장으로 삼고 있다. 인스타에는 있지만 주변에는 없던 근육 밸런스를 가진 시민들을 심심치 않게 본다. 발목에 모래주머니까지 차고 나와 스쿼트하는 저 사람들이 집에서라도 쉴까.

이런 분위기가 반영돼 유튜브에서는 20년 전 이소라 비디오가 인기 콘텐츠로 소환됐고, 올레TV 등 각 온라인 스트리밍 서비스에서는 집에서 쉽게 따라할 수 있는 운동 프로그램을 단계별로 제공하고 있다. AI 드레이니와 집에서 복근 만드는 날은 생각보다 빨리 와버렸다.

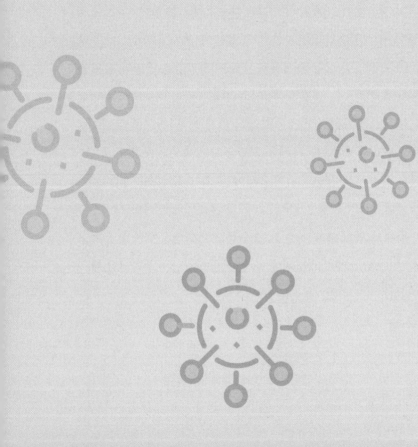

3장

산업 구조의
변화

변화를
강요당하는 산업들

전 세계, 관광객 사절

한국관광공사 통계를 보면, 올해 4월을 기준으로 한국에 온 외국인
은 1년 전 같은 기간보다 98.2% 급감한 2만 9415명에 그쳤다. 해외
로 나간 우리 국민의 수도 1년 전 같은 달과 비교해 98.6% 감소하면
서 3만 1425명으로 집계됐다. 여행업계가 존망을 걱정해야 하는 이
유를 짐작할 수 있다. 이런 분위기는 쉽게 반전되기 어려울 전망이
다. 각국이 비즈니스 목적의 출장 관련 협약을 맺은 경우를 제외하
면 여전히 출입국자에 대한 방역과 격리 조치를 유지하고 있는 데
다, 하루 10만 명씩 확진자가 나오는 미국이나 제2의 확산기를 맞은
유럽의 경우 통행증을 받아야 집 밖 출입이 가능할 정도로 전시에
준하는 코로나19 확산세가 이어지고 있기 때문이다.

비행기, 다시 날 수 있을까

이처럼 국내를 제외한 여러 나라에서는 코로나19 확산세가 좀체 가라앉지 않으면서 여행 산업이 장기간 고전 중이고, 필연적으로 항공과 호텔, 면세 업계도 기력을 찾지 못하고 있다. 사람과 물건의 교류를 막는 데에서 시작되는 방역 작업이 산업의 근간을 흔들기 때문이다. 어느 나라나 마찬가지겠지만, 특히 저비용 항공사가 많이 들어선 우리나라의 경우 업계의 재편이 불가피하다. 영국에서도 유럽의 저비용 항공 시장을 휩쓸던 플라이비가 파산하고 말았듯 국내에서도 한때 잘나가는 항공 스타트업이었던 이스타항공이 결국 문을 닫고 말았다. 국회의사당 앞에서는 여전히 이스타항공에서 해고된 조종사와 승무원들이 "일자리를 만든다고 하지 말고, 있는 일자리나 지켜달라"고 절규하며 노상 시위를 이어가는 중이다.

같은 저비용 항공사 제주항공은 인수 의향을 밝힌 지 근 1년여 만에 결국 인수 포기를 선언했다. 몸집이 큰 아시아나항공도 마찬가지다. 현대산업개발 컨소시엄이 인수 계약을 밝힌 지 1년 만에 산업은행 등 주 채권단에 인수 포기 의사를 밝혔고 아시아나의 재무구조가 투명하지 않았던 데다 업황이 급격히 나빠졌다는 이유를 들었다. 양사에서만 줄잡아 수천 명이 일자리를 잃을 위기다.

이런 상황 속에서 매년 성장세를 보이던 항공 시장은 완전히 얼어붙었다. 한때 국내 항공 산업의 성장세를 이끌던 저비용 항공사(LCC)를 필두로 구조 조정의 칼바람이 불기 시작했다. 국토교통부 통계를 보면, 올해 1분기 LCC는 914만 9510석을 제공했고, 4만 7690편을 운항해 668만 2319명의 승객을 실어 날랐다. 화물 운송량은 5만 5881톤으로 집계됐다. 지난해 같은 기간과 비교해 승객들에게 공급한 좌석과 운항 편수가 각각 30% 이상 줄어들었다. 탑승객 수도 43%, 화물 운송량도 47% 감소한 것으로 나타났다. 이런 상황은 2020년 내내 지속됐다.

2020년 연말 한 TV 프로그램에 출연한 저비용 항공사 전직 승무원은 "나를 포함한 승무원과 기장, 사무장 등 대다수가 이미 해고됐고, 자구책을 찾기 위한 모임에서 만난 기장과 사무장 등이 택배 아르바이트를 하다 다리를 다쳐 목발을 짚고 왔다"면서 "현장은 온통 눈물바다가 됐다"고 회고했다. 한때 미국 항공학교에 억대의 수업료를 내고 유학하면서까지 취득하던 항공기 조종사 자격증이나, 젊은 여성들이 선호하던 승무원 일자리가 이제 더 이상은 선망의 대상이 아니라는 걸 단적으로 보여주는 예다.

간접 비행 서비스의 등장

이처럼 위기의 항공사들은 저마다 자구책을 찾기 위해 마른 행주를 쥐어짜면서 안간힘을 쓰고 있다. 이 와중에 등장한 서비스가 팬데믹 상황에서 발이 묶인 사람들을 위한 간접 비행 서비스다. 타이항공은 파산 위기 속에 비행기 레스토랑을 만들어 기내 환경과 유사한 인테리어를 갖추고 기내식 메뉴를 서비스하는 식당을 운영 중이며, 일본항공은 하와이에 가고 싶지만 갈 수 없는 손님들을 위해 비행기를 타고 상공을 한 바퀴 날며 마치 하와이에 다녀오는 듯한 기분을 내주는 비행 서비스를 제공하고 있다. 기내식도 제공한다. 비행기를 놀리는 시기가 아니라면 상상하기 어려운 서비스도 등장했다. 조종석에 앉아 파일럿이 돼보거나 평소라면 엄두를 내기 어려웠을 장거리 퍼스트 클래스 탑승 체험도 있다. 우리 돈 수십만 원의 비용이 적지는 않지만, 해외여행에 대한 갈증을 느끼는 고객들이 즐겨 찾는 중이다.

화물로 다시 난다

이런 상황 속에 국내 항공사들은 보다 적극적인 자구책을 찾고 있다. 승객이 탑승하지 않아 빈 자리에 화물을 실어서 운임을 챙기는 신사업이다. 대한항공 등 대형사들이 승객용 의자를 들어내고 화물기로 개조해 적잖은 수입을 올리는 중이다.

국내 양대 항공사인 대한항공과 아시아나 항공은 전 세계 항공사들의 고전 속에서도 지난 2분기에 흑자를 기록했다. 이들은 코로나19 초기 확산 단계부터 국제 여행의 장기간 고전을 예상하고 여객기를 화물기로 개조해 살길을 찾았다. 이런 노력으로 대한항공은 2분기 화물 사업 부문 매출을 전년 동기 대비 94.6%나 늘렸고,

같은 분기에 1485억 원의 영업이익을 기록했다. 아시아나항공 역시 화물을 실어날라 2분기 화물 매출이 지난해 같은 기간보다 95% 폭등했다. 이는 1151억 원에 이르는 영업이익으로 이어지며 6분기만에 흑자 전환에도 성공했다. 대한항공은 현재 23대의 화물 전용기를, 아시아나는 12대의 화물 전용기를 보유 중이며, 수요에 따라 기존 여객기의 개조를 적극적으로 검토한다는 방침이다. 전 세계 항공 시장이 완전히 얼어붙은 상태에서 한국 양대 항공사들이 어닝 서프라이즈를 기록한 걸 두고 국제 항공업계는 놀랍다는 반응을 내놨다. 실적 개선을 바탕으로 양대 항공사 가운데 대한항공은 지난 4월부터 무급 휴가에 들어갔던 일부 외국인 조종사를 복직시켰다.

항공업계는 이런 분위기라면 3분기에도 대한항공이 300억 원대 흑자를 낼 것으로 전망한다. 아시아나항공 역시 여객기를 화물기로 개조해 수송 실적을 늘리는 방식으로 여객 가뭄을 돌파한다는 계획이다. 마침 항공 화물의 운임이 크게 오르고 있는 것도 국내 항공사들에게 호재다. TAC항공운임지수를 보면, 10월 26일 현재 북미-아시아 노선의 항공 화물 운임은 KG당 6.21달러로, 1년 전 같은 달보다 80%나 뛰었다. 코로나19 팬데믹 상황 이후 각국의 국제선 운항이 크게 줄어들면서 화물 운송이 가능한 항공편이 급감했기 때문이다. 글로벌 항공사 가운데 국내 양대 항공사를 제외하면, 화물 전용 수송 사업을 벌이는 대형 항공사는 찾아보기 어렵다. 연말 미국의 블랙프라이데이 시즌이나 크리스마스 시즌 국제 항공 물류 중

가세 속에 실적 개선이 더욱 기대되는 이유다. 더불어 제조업의 발달로 수출 중심 경제구조를 가지고 있어서 반도체와 휴대폰 등 고부가가치 제품의 수송 수요가 꾸준하다는 점도 국내 항공업계에는 상당히 유리한 점으로 작용하고 있다.

세계 7위 항공사의 등장?

한국의 항공 산업은 이런 방식으로 위기를 극복해 나가고 있지만, HDC 현대산업개발과의 인수 협상이 무산된 아시아나의 앞날을 두고는 모두 동상이몽 중이다. 주채권은행인 산업은행은 2291%에 이르는 부채 비율 속에(2020년 6월 기준) 허우적거리고 있는 아시아나의 새 주인으로 대한항공을 낙점했다. 대한항공의 지주회사 격인 한진칼에 자금을 지원해 단계적으로 대한항공이 아시아나를 인수하는 방식이다. 이미 조 단위의 자금을 양대 항공사에 지원했고, 앞으로도 얼마가 더 필요할지 모르는 상황에서 공적 자금을 최대한 빠른 시간 안에 회수하면서 항공업이라는 특수한 형태의 서비스업도 키워갈 수 있는 최선이라고 설명했다.

하지만 반대 의견도 만만치 않다. 산업은행 등 채권단과 대한항공을 운영하는 경영진들은 이게 최선이라고 말하지만, 그들에 맞선 3자 연합(조현아 전 부사장, 반도건설, KCGI)과 야당의 생각은 다르다. 대한항공도 아시아나 못지않은 경영난을 겪고 있는 데다(일부 휴직,

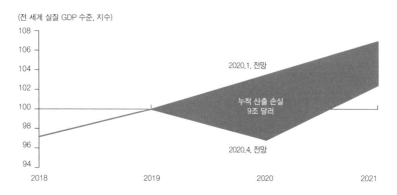

• 코로나19 팬데믹으로 인한 글로벌 누적산출 손실 전망

(전 세계 실질 GDP 수준, 지수)

2020.1. 전망

누적 산출 손실
9조 달러

2020.4. 전망

자료: 코로나19 대응을 위한 주요국의 경제·산업 정책 현황과 시사점, KIAT 한국산업기술진흥원, 2020.5.

부채비율 1099%, 2020년 6월 기준) 모체인 한진그룹을 운영하는 조원태 회장과 누나 조현아 전 대한항공 부사장이 각기 편을 나눠 경영권을 둘러싼 다툼을 벌이고 있어서다. 조현아 씨 측은 정부가 개별 기업의 경영권 분쟁에 사실상 한쪽 편을 들고 나서는 꼴이라며 비판하고 법적 대응을 시작했다. 더불어 양대 항공사가 하나가 되면, 자회사로 둔 저비용 항공사들까지 포함해 시장점유율이 70%에 육박한다는 것도 고민거리다. 합병이 성사되면 일부 자회사를 매각해 시장점유율을 60% 아래로 낮춘다는 가정을 해볼 수 있지만, 그와 별개로 소비자들의 선택지가 줄어들 때 나타날 수 있는 폐해를 지적하는 목소리도 있다. 그래서 이들의 합병 과정은 현실화되는 경우에도 상당 기간 진통을 거듭할 것으로 보인다.

스러지는 일본 항공사들

그래도 자력 갱생과 인수 합병을 검토하고 있는 한국의 항공 산업은 사정이 나은 편이다. 우리처럼 수출이 많고 제조업이 강한 이웃 나라 일본의 항공 산업은 고전을 면치 못하고 있다. 일본의 양대 항공사인 전일본공수(ANA)와 일본항공(JAL)은 2분기에만 1조 원 규모의 적자를 냈다. ANA가 1088억 엔(약 1조 1800억 원), JAL이 937억 엔(약 1조 178억 원)의 막대한 적자를 기록했다. 승객이 급격히 줄어드는 상황에서도 대안을 마련하는 데 뒤처졌기 때문이다. 일본 항공사들은 화물 사업 실적이 사실상 전무하다고 봐도 무방한 실정이다. ANA는 대륙 간 이동이 가능할 정도의 대형 화물기를 불과 2대 남짓 보유하고 있으며, JAL의 경우 화물기를 한 대도 가지고 있지 않다. 기존 여객기의 개조 작업에도 소극적이다.

일본 언론들은 이대로라면 일본 양대 항공사들이 2020 회계연도(2020년 4월부터 2021년 3월까지)에 사상 최악의 적자를 면할 수 없을 거라고 우려한다. 일본의 니혼게이자이 신문과 요미우리 신문 등은 지난 10월 17일 ANA가 2020 회계연도에 줄잡아 5조 5300억 원의 적자를 낼 것으로 전망했다. JAL 역시 2조 5000억 원에 이르는 적자가 예상된다고 내다봤다. 기대했던 도쿄 올림픽 특수 때문에 여객 수송 수요를 보다 낙관적으로 잡고 있었던 일본 항공업계는 내년에도 정상적인 개최를 장담할 수 없는 상황 속에서 갈피를 잡지 못하고 있다.

'유럽의 발' 비행을 멈추다

유럽과 호주 등의 항공사도 기로에 서 있는 건 마찬가지다. 영국 최대 규모의 LCC인 플라이비(Flybe)는 2020년 3월 파산했다. 영국 남부 엑스터에 본사를 둔 이 회사는 누적된 부채에다 코로나19 확산으로 승객 수가 급격히 줄어들면서 늘어나는 빚을 감당하기 어려운 상황으로 내몰렸다. 전격적으로 이뤄진 파산 신청에 따라 항공편이 취소되면서 2020년 상반기에는 항공권을 예매했던 탑승객들이 돌아갈 비행기 편을 구하지 못해 여행지에 발이 묶이는 사태를 겪기도 했다.

2020년 4월에는 호주의 제2 항공사로 불리는 버진 오스트레일리아도 코로나19의 삭풍을 피해가지 못하고 결국 파산했다. 버진 오스트레일리아의 창업자인 억만장자 리처드 브랜슨(Richard Branson)이 정부의 구제금융을 받는 대가로 개인 소유의 카리브해 섬을 담보로 내놓겠다는 성의를 보이기도 했지만, 결국 법정관리를 거쳐 새 주인을 찾게 됐다. 미국 사모펀드인 베인 캐피탈(Bain Capital)은 경쟁사들과 인수전을 벌인 끝에 버진 오스트레일리아 그룹을 최종 인수했고, 인수 직후 직원 3000명을 감원함과 동시에 이 회사의 저비용 항공 브랜드인 타이거항공 오스트레일리아(TT) 운영을 중지했다. 그럼에도 불구하고 예상보다 항공 업황의 회복 속도가 더디자, 지난해 10월에는 최대 1800호주달러(약 146만 원)에 이르는 비즈니스석 탑승자에게 약 650원짜리 컵라면을 기내식으로 제공해 논란이 일기도 했다. 회사 측은 "코로나19 때문에 '간소화된' 식사를 제공했다"고 설명했지만, 심각한 경영난으로 제대로 된 기내식조차 공급하기 어려운 상황이 됐을 것이라는 게 관련 업계의 분석이다. 버진 오스트레일리아는 기내식 문제로 입길에 올랐던 2020년 가을, 비즈니스석 탑승객에게 에너지바 1개와 컵라면, 이코노미석 탑승 객에게는 요청 시에만 에너지바 1개를 제공했다.

유럽 최대 규모 항공사로 꼽히는 독일의 국적기 루프트한자 역시 파산 위기에 직면해 정부의 지원으로 연명하는 중이다. 루프트한자는 2020년 12월, 정부 지원금 10억 유로를 동원해 항공기 조종사의 월 단시간 근무 수당을 5000유로에서 최대 1만 5000유로까지 인상하겠다고 밝혔지만 동시에 비필수 부문 직원 20%를 해고할 계획이라고 밝혔다. 루프트한자는 코로나19 팬데믹 사태로 하늘길이 막힌 이후 독일 정부로부터 90억 유로의 대출을 받았으나, 항공업 회복 속도가 느려 지난해 12월 승객 수가 1년 전 같은 기간과 비교해 10%도 되지 않았다는 통계를 내놓기도 했다. 이 회사 최고경영자(CEO)인 카르스텐 슈포어는 "2020년 말까지 2만 9000여 명(약 20%)의 직원을 내보낼 계획이며, 10만 명의 직원을 유지하는 게 목표이고, 모두가 정규직이 될 수는 없을 것"이라면서 "향후 시간제 근무 등 다양한 고용 방식을 도입하고 비용 절감을 위해 노력할 것"이라고 언급했다.

그 밖에 글로벌 제약사 화이자의 코로나19 백신을 실어 나르게 된 미국 유나이티드항공도 일찌감치 신규 채용을 멈추고 자발적 무급 휴직을 권고한 상태이며, 이스라엘 국적기 엘알(El Al)은 민영화 15년 만에 다시 국영화됐다. 앞서 항공 수요 감소로 대량 해고를 결정한 엘알은 이스라엘 정부에 엘알항공 주식 1억 5000만 달러(약 1794억 원)어치를 매각하면서 지분 61%를 넘겼다. 엘알항공은 지난 3월 코로나19 사태의 여파로 정기적인 국제선 운항을 중단한 이후 2020년 1분기에만 1억 4000만 달러(약 1675억 원) 손실을 냈다. 엘알항공은 이스라엘이 건국한 1948년 국영항공사로 창립됐다 2005년 초 민영화됐지만, 채 20년을 버티지 못하고 다시 국가 소유로 넘어가게 됐다.

자존심 내려놓은 호텔

전통적으로 유명 호텔 체인들은 모텔 이하 숙박업소들처럼 시간 단위 대여를 하지 않는 게 상례였다. 하지만 코로나19 이후 여행 수요가 급격히 줄고, 한국을 찾는 관광객도 급감하면서 공실률이 턱없이 올라가자 울며 겨자먹기로 시작한 게 객실 대여 서비스다. 종전에는 투숙 손님만 허용했지만 이제는 하루에 몇 차례 하우스키핑을 하면서 단시간 대여하는 방식으로라도 영업을 하겠다는 각오다. 호캉스 고객을 잡기 위한 마케팅도 치열하다.

　대형 컨퍼런스와 출장이 사라진 것도 호텔업계엔 직격탄이다.

봄·가을 열리는 워싱턴 IMF 세계은행 연차총회 기간이나 뉴욕, 파리, 밀라노 패션위크 기간에는 시쳇말로 후진 호텔들도 방값이 천정부지로 뛰기 마련이다. 하지만 올해처럼 UN 연설도 IMF 재무장관 회의도 패션쇼도 온라인으로 대체되는 시대라면 이런 손님들에게 바가지 요금을 받던 호시절은 완전히 지나갔다고 봐야 한다. 수급이 맞지 않으니 일부는 문을 닫을 것이고 일부는 값을 내리거나 살 길을 찾기 위해 기발한 서비스를 내놓을 것이다.

미국의 호텔업계 관련 매거진 〈호스피털리티네트〉는 "향후 호텔 이용객들은 보다 위생적이고 사회적 거리두기가 가능한 비접촉 서비스를 제공하는 호텔을 선호할 것으로 예상되지만, 첨단 기술 투자 여력이 있는 호텔 체인이 많지 않은 상황"이라면서 "호텔들이 싸고 빠르고 쉬운 대응책 마련에 부심 중"이라고 지적했다.

미국의 일부 특급 호텔 체인들은 그래서 출장이나 여행 시 호텔을 이용해도 접촉에 따른 안전 위험이 적다는 걸 보여주기 위해 호텔 체크인부터 체크아웃까지 단 한 사람의 호텔 직원과도 대면할 필요가 없는 서비스를 제공하고 있다.

국내에서도 2030세대를 중심으로 인기를 얻고 있는 세인트존스 호텔 등 다수의 부티크호텔들은 체크인과 체크아웃을 키오스크를 통해 가능하도록 제공하고 있다. 투숙객이 무인 체크인을 하면 카카오톡을 통해 호텔 이용 안내문을 보내는 등 호텔 이용 전반의 안내를 사람이 아닌 디바이스가 담당한다. 호텔업계는 나아가 객실

문의 손잡이나 화장실 문, 커튼 등 여러 사람의 손이 닿는 기물들을 직접 터치할 필요 없도록 사용하는 거의 모든 장치에 비접촉근거리 통신(NFC) 시스템을 도입하는 계획을 수립하고 있다.

면세점의 굴욕

대개 면세 사업에도 뛰어든 대형 호텔들은 경험해보지 못한 매출 감소에 사업 철회를 선택하기도 한다. 제주 롯데는 위약금을 물고 조기에 면허를 반납했고, 인천 3터널 면세점은 아직도 매장을 다 채우지 못한 상태다.

면세 사업권을 관할하는 관세청은 2020년 10월 27일 당분간 재고 면세품의 수입통관을 허용하기로 결정했다. 당초에는 재고 면세품을 10월 28일까지만 판매할 수 있도록 허가할 방침이었으나, 사실상 코로나19 상황이 잦아들 때까지 무기한 연장해준 셈이다. 면세업계는 그나마 다행이라는 입장이다. 하늘길이 막힌지 반년이 넘어가면서 국내외 여행객의 발길이 끊긴 뒤 쌓여가는 재고품을 정리할 퇴로가 생겨서다. 중국의 면세품 보따리 상인 일명 '따이공'들이 서서히 늘고는 있지만, 면세점에서 백마진까지 수수료로 챙기던 호황기에 비하면, 매출은 절반에도 미치지 못한다는 게 대형 면세점들의 하소연이다.

이에 따라 전 세계 최대, 최고 수준의 면세 쇼핑이 가능한 국내에서는 업계 살리기를 위한 입법 작업도 이뤄지고 있다. 현재 '관세법 일부개정법률안' 등이 국회에 계류돼 있는데, 코로나19 확산 등 각종 재난 상황에 따라 여행객이 급감할 경우 면세 영업장의 특허수수료(정부가 면세 사업권을 주는 대신 행정, 관리 비용을 받는 것)를 인하할 수 있는 법적 근거를 담고 있다. 국내 3대 면세점인 롯데와 신라, 신세계 면세점이 지난해 관세청에 납부한 특허수수료는 약 730억 원에 이른다.

문 닫는 극장들

코로나19 확산으로 다중이 오랜 기간 밀폐된 공간에 모이는 걸 꺼리게 되면서 영화 산업, 정확히 말해 멀티플렉스 상영관을 운영하는 영화 산업들은 붕괴 직전의 상황까지 내몰렸다. 특히 코로나19 확산 초기 일부 확진자가 영화관에 다녀갔다는 사실이 알려지면서 영화관 찾는 발길이 뚝 끊겼고, 당국의 방역 강화 조치로 이런 상황은 더욱 가속화됐다. 사회적 거리두기 단계 하향 조정 이후 영화 관람은 가능해졌지만, 극장 내 거리두기와 취식 금지 조치가 뒤따르면서 사실상 땅짚고 헤엄치던 팝콘과 음료 매출이 사라졌다. 수익 구조가 급격히 악화된 것이다.

이런 상황은 업계 1위 업체인 CJ CGV의 매출 현황을 보면 단적으로 드러난다. CJ CGV의 매출은 지난해 같은 기간 대비 70% 가까이 급감했다. 상반기 매출액이 2849억 원으로 1년 전 같은 기간 1조 원에 육박(9465억 원)했던 것과 비교하면, 7000억 원 가까이 매출 규모가 줄었다. 상반기 영업 손실은 2022억 원으로 매출액 규모와 맞먹는 수준이다. 1년 전 이맘때 470억 원의 흑자를 냈던 것과 비교하면, 영화업계의 사정이 어느 정도인지 짐작된다.

그동안 CJ CGV는 상영관 산업의 위험 부담을 줄이기 위해 다방면으로 사업 분야를 넓혀왔지만 효과적인 대안이 되지는 못했다. 터키 등 해외에서 진행하는 사업에 상당히 공을 들여왔지만, 코로나19 상황 속에 거의 모든 나라가 셧다운 상태에 들어가면서 심각한 타격을 받았다. 결국 회생을 위한 자구책으로 고정비 지출 규모를 줄이기 위한 임차료 인하, 상영관 탄력 운영제, 비효율 사업 구조 조정 등을 내놓았다. 이 가운데 시장에 가장 큰 충격을 준 건 상영관의 최대 30%를 줄이고, 영화 관람료를 인상하겠다는 내용이었다.

CJ CGV는 구체적으로 앞으로 3년 안에 전국 119개 직영점 가운데 35개에서 40개 가량을 줄이기로 했다. 현재 운영하는 직영 상영관의 최대 3분의 1은 극장 문을 닫겠다는 얘기다.

CJ CGV는 먼저 운영상 어려움이 큰 지점의 임대료부터 낮추느라 애를 쓰고 있다. 건물주와 임대료 협상이나 법적 대응을 통해 월세 부담을 줄이면서 손실 회복이 현실적으로 불가능한 수준까지 악화된 지점은 영업 중단 및 폐점도 고려하기로 했다. 상영관 운영에서 실질적으로 가장 크게 느끼는 부담이 바로 임대료라고 보고 있어서다. CJ CGV 측은 2020년 상반기부터 각 지점의 임대료 지급을 미루고, 건물주들과 임대료 인하 협의를 진행 중이다. 하지만, 서울 지역 주요 상권의 공실률이 10%에 이르는 상황이어서 대형 건물주들 역시 그나마 지급 여력이 있다고 보는 대기업 멀티플렉스 체인에 파격적인 임대료 인하를 수용할 가능성은 높지 않아 보인다.

간판을 내리지는 않더라도 기존 상영관 운영 역시 타이트한 방식으로 수익을 관리하기로 했다. 국내 영화뿐 아니라 할리우드 대작들도 속속 코로나19 팬데믹 이후로 개봉 시점을 미루고 있어서다. 관객은 줄어드는데 상영회차를 기존대로 유지하는 데에 현실적인 한계가 있다고 보고, 주중에는 상영관을 닫고 주말에만 문을 여는 방안을 모색 중이다. 상반기에 이미 관객 수가 현저히 줄어든 35개 지점에 대한 일시 영업정지 명령을 내렸고, 임원 연봉 반납과 임직원들의 순차적 휴업, 휴직, 나아가 창사 이래 처음으로 희망 퇴직도 권고하고 있다.

아울러 CJ CGV는 신규 상영관의 출점도 신중히 재검토하기로 했다. 신규 지점이라도 특별한 사유가 없다면 최대한 개점 시점을 뒤로 미루거나 원점으로 돌아가 다시 검토하기로 한 것이다. 이에 따라 내년 초까지 계획된 상당 수 상영관의 개점은 미뤄질 공산이 커졌다. 신규 점포 개발 사업도 전면 중단됐다. 더불어 유동성 확보를 위한 자산매각에도 속도를 내는 중이다. 국내외 법인의 지분과 비수익 자산을 매각하고, 유상증자를 통해 추가 자금을 확보하겠다는 계획을 밝혔다.

관람료 올려서 버티기, 약일까 독일까

이처럼 한 치 앞을 내다보기 힘든 영화 산업의 미래 속에서 CJ CGV는 최악의 상황을 가정하고 여러 자구책을 내놓고 있다. 이 중 가장 관심을 끄는 건 역시 영화 관람료 인상안이다. 2018년 4월 1000원 인상으로 영화표 1만 원 시대를 연 이후 2년 6개월 만인 2020년 10월 26일 영화 관람료를 차등 인상하기로 했다. 관람료는 주중 1시 이후 1만 2000원, 주말 1만 3000원까지 오른다. 특별관에서도 4DX와 아이맥스관 요금이 인상된다. CJ CGV 측은 골드 클래스나 씨네드 셰프 등 주요 특별관 요금은 그대로 유지하고, 이코노미와 스탠다드, 프라임으로 나눴던 좌석 차등제를 폐지하면서 맨 앞줄인 A열과 B열 요금을 1000원씩 깎아주는 만큼 소비자들에게 일방적으로 불리한 요금 조정안은 아니라고 설명했다. 하지만, 관람객이 몰리는 주말 일반석 요금이 전반적으로 비싸지는 것이어서 가뜩이나 손님 발길이 줄어든 극장 측에 요금 인상이 독이 될지 득이 될지 우려하는 목소리도 나온다.

상황이 이렇다 보니 일각에선 CJ CGV가 상영관 수를 줄이고 상영관당 수익성을 높여 CGV체인을 시장에 매물로 내놓는 것 아니냐는 전망도 나온다. 물론 사측은 전면 부인하고 있으나, 뒷말이 무성한 건 사실이다. 2년 전 요금 인상 당시에는 인기 시리즈 〈어벤져스: 인피티니 워〉 개봉을 앞둔 터라 요금을 올려도 관객이 온다는 '믿는 구석'이 있었지만, 이번에는 가뜩이나 온라인 스트리밍 서비스로 집에서 영화 보는 관객이 늘어나는 상황에 오던 손님도 망설이게 만들 수 있다는 비판이 일고 있어서다.

반면 CJ CGV 측은 영화 관람료 인상이 오히려 떠나가던 고객들을 잡아둘 수 있는 방안이라고 강조한다. 관람료 인상으로 넷플릭스 등 온라인 스트리밍 서비스로 직행하는 대작 콘텐츠들의 수익성이 높아져서 오히려 국내외 개봉 기대작들이 영화관을 건너뛰는 현상에 제동을 걸 수 있다는 의미다. CJ CGV는 그 근거로 수익 배분 구조를 들었다. 현재 국내외 신작 콘텐츠들이 개봉관 대신 넷플릭스 등 온라인 스트리밍 서비스로 개봉하는 방향을 선택할 경우 일반적으로는 제작비와 추가 10% 정도의 수익을 기대할 수 있는 반면, 상영관 개봉을 택할 경우 손익분기점을 낮춰 수익성을 더 확실히 높일 수 있다는 설명이다. 이는 이미 한국을 포함한 전 세계 온라인 스트리밍 시장을 장악하고 있는 넷플릭스 외에 디즈니 플러스와 HBO, 애플TV 등 해외 스트리밍 사업자들이 잇따라 국내 진출을 앞두고 있는 상황 속에 나온 일종의 유인책이기도 하다.

롯데시네마나 메가박스 등 업계 경쟁자들은 CJ CGV의 행보를 주시하면서 여론 추이를 살피는 중이다. 업계 1위 업체가 총대를 맸으니 시장상황과 분위기를 지켜보다 요금 인상 대열에 동참했

다. (11월 모두 인상)

　문제는 앞으로다. 팬데믹 이후 현재까지는 그럭저럭 이런 자구책이 생명 연장 장치 노릇을 한다고 해도 글로벌 제약사들의 백신 상용화 시점이 예상보다 늦어지고, 상황 진정 이후에도 미국과 중국 등 글로벌 패권국들이 자국 중심으로 백신을 독식할 경우 글로벌 경제상황 회복 속도는 상당히 느릴 수 있다. 이는 결국 경제활동 전반을 제약하게 될 것이고, 이른바 '3밀'(밀접·밀폐·밀집) 구조의 멀티 플렉스 상영관 시대는 더 빨리 저물어갈 수 있다.

기회의
산업

큰 TV로 보련다

코로나19 이후 나타난 또 하나의 구매 행태는 대형 프리미엄 가전과 업무 효율을 높여줄 노트북이나 태블릿 수요가 크게 늘었다는 점이다. 자영업자뿐 아니라 직장인들도 재택근무가 늘고 전반적인 영업과 매출 감소 현상이 나타나면서 수당이 감소하고 있지만, 코로나19 이후 가전 시장은 크게 성장했다. 역대 가장 긴 장마로 비교적 덥지 않은 여름을 보내면서 에어컨 등 냉방기의 여름 특수는 평년보다 덜했지만 대형 TV를 비롯해 건조기와 세탁기, 냉장고 등 대형 가전 시장은 팽창했다. 효율이 높은 고가의 가전 제품을 구매할 경우 일부 환급 혜택을 준 정부 시책에다 집에 머무는 시간이 늘며 가전 교체 의지가 늘어난 분위기도 영향을 받은 것으로 보인다.

내수 시장부터 살펴보면, 롯데하이마트와 디지털프라자(삼성전자 판매), LG베스트샵(하이프라자), 전자랜드 4개 가전유통 전문회사는 2020년 3분기 2조 6760억 원 매출(잠정치)을 기록했다. 2019년 3분기와 비교하면 15.7% 급증한 수준이다. 업체별로는 가전유통업계 1위인 롯데하이마트가 3분기 기준으로 1조 810억 원의 매출을 올린 것으로 추정된다. 이전 해 같은 기간보다 10% 가까이 늘어난 규모다. 온라인 판매 비중도 늘어 3분기에는 순이익 규모도 상당히 불어날 것으로 예상된다.

삼성디지털프라자의 작년 매출도 7690억 원에 달해 매출 규모가 2019년 같은 기간보다 21%나 늘어났다. 고객 맞춤형으로 패널과 컬러를 재구성할 수 있는 비스포크 시리즈가 인기를 끌었고, 긴 장마로 건조기 판매도 급증했다. 재택근무 등이 늘어 갤럭시 노트20 등 전략 스마트폰 수요도 늘어났다.

LG베스트샵은 6030억 원 수준의 매출을 올린 것으로 집계됐는데 2019년 같은 기간대비 14% 늘어난 수준이다. TV를 중심으로 한 프리미엄 가전 시장이 매출 성장을 이끌었다. 전자랜드의 2020년 매출도 2230억 원을 나타내며 이전 해 같은 시기보다 17% 성장했다. 프리미엄 매장을 중심으로 고객들의 발길이 이어졌고, 실제 구매를 선택한 경우가 많았다.

이들 4개 대형 가전 유통업체의 매출이 내수 시장의 약 60% 수준을 차지하는 것을 고려하면, 3분기 국내 대형 가전 시장이 상당히

• 주요국의 제조업 비중

(단위%, 괄호는 순위)

	제조업 비중	GDP 성장률		
	(2019년)	(2019년)	(2020년 전망)	(2019-2020 Gap)
중국	28.8	6.1	1.9	-4.2
한국	27.5	2.0	-1.9	-3.9
일본	21.1	0.7	-5.3	-6.0
독일	20.8	0.6	-6	-6.6
미국	11.3	2.2	-4.3	-6.5
프랑스	10.4	1.5	-9.8	-11.3
영국	8.6	1.5	-9.8	-11.3

자료: 코로나19 이후 경기회복과 정부 역할, KT연구소, Digieco

선전했음을 알 수 있다. 집에서 머무는 시간이 늘어나면서 가전 교체 수요가 늘고, 마땅히 여가를 즐길 수 있는 환경이 조성되지 않으면서 TV를 통해 영화나 온라인 스트리밍 서비스를 즐기는 사람들이 늘어난 여파다.

다만 고가 내구재의 경우 교체 수요에는 한계가 있기 때문에 4분기 이후 대형 가전 수요는 상대적으로 줄어들 전망이다.

태블릿, 심폐소생

코로나19는 사실상 모두가 자가 격리에 들어간 시대에 대형 가전 수요도 늘렸지만, 재택근무나 온라인 학습용 태블릿PC 시장도 획기적으로 키워놓았다. 지난 2015년부터 내리막을 걸었던 태블릿

PC 시장을 되살린 힘은 역설적으로 실물경제를 망가뜨리고 있는 코로나19에서 나왔다. 시장조사업체 IDC는 2019년 세계 태블릿PC 시장규모가 1억 4410만 대로 2018년 1억 4620만 대보다 1.5% 감소했다고 집계했지만, 코로나19에 따른 비대면 학습과 재택근무가 늘어나면서 관련 수요가 폭증했다. IDC는 2020년 태블릿PC 시장이 국내에서만 282만 대를 기록해 이전 해 12% 가까이 늘어날 것으로 예상했으며, 전 세계 수요도 동반 상승할 것으로 전망했다.

2020년 2분기만 해도 기준 전 세계 태블릿PC 출하량은 3754만 2000대로 1년 전 같은 기간보다 26.1% 폭증했다. *

한국 인구수에 맞먹는 태블릿이 새 주인을 찾아갔다는 의미다. 미국 애플은 2019년 같은 기간보다 19.8% 늘어난 1424만 9000대를

• 근무 환경 개선을 위한 원격 근로자들의 투자

영국	호주	기타
+ 240%	+ 198%	70%
컴퓨터 모니터 판매	사무용 의자	기타 70%는 코로나19에도 불구하고 새로운 스마트폰 구입을 계획 중

자료: Criteo March-April 2020, Pricebaba survey insight

* 시장조사업체 카날리스

팔아 전체 태블릿PC 시장의 38%를 장악했다. 애플은 아이패드 보급형 모델인 아이패드 에어 등을 내놓으며 시장을 주도했다. 최상위 모델 아이패드 프로보다 가격은 비교적 저렴하지만, CPU나 그래픽 처리 기능이 30~40% 향상돼 가성비 좋은 모델로 인기를 끌었다. 다만 시장점유율은 종전보다 2%p 하락한 것으로 나타났다.

경쟁업체인 삼성전자의 태블릿PC 출하량도 전년동기대비 39.2% 폭증하면서 702만 4000대를 기록했다. 세계 시장점유율은 18.7%로 애플의 절반 수준에 그치지만, 애플과의 점유율 격차가 1년 전 같은 기간과 비교해 눈에 띄게 줄어들었다. 애플과 삼성의 태블릿PC 시장점유율 격차는 2019년 2분기 기준 33%p까지 벌어졌다가 2020년 3분기 들어 19.3%까지 좁혀졌다. 삼성전자의 새 태블릿PC 모델인 갤럭시탭S7은 사전 예약 첫날 준비 물량이 모두 동날 만큼 주목을 받았다. 전작인 갤럭시탭S6와 비교하면 첫날 판매량이 10배나 급증한 것이다.

8년 만에 활짝, 노트북 열리다

코로나19는 죽어가던 태블릿PC 시장뿐 아니라 노트북 시장에도 활기를 불어넣었다. 코로나19로 온라인 학습과 재택근무가 늘어나면서 올해 전 세계 노트북 출하량은 8년 사이 최대치를 기록할 것으로 보인다.

올해 전 세계 노트북PC 시장은 출하량 기준으로 1억 8663만 대에 이를 전망이다.* 지난 2012년 노트북PC 수요가 바닥을 친 이후 가장 큰 폭의 증가세다. 교육용 외에도 게임용 등으로 노트북PC 수요가 급증하면서 3분기 전 세계 노트북PC 출하량은 2분기보다 4% 늘어난 5500만 대까지 증가할 전망이다. 업체별로는 HP가 3분기 출하량 1460만 대를, 델 컴퓨터가 820만 대를 기록할 것으로 시장조사업체들은 내다봤다. 코로나19 팬데믹이 없었다면 열리지 않았을 시장이다.

넷플릭스, 전송 속도를 낮춰!

온라인 학습과 재택근무 외에도 대형 가전과 고성능 모바일 기기가 각광받는 데에는 한 가지 이유가 더 있다. 바로 킬링타임용 콘텐츠를 제공하는 '온라인 동영상 스트리밍 서비스(OTT)' 수요가 폭증하고 있어서다. 글로벌 1위 업체인 넷플릭스는 코로나19로 격리 아닌 격리 생활에 돌입한 글로벌 시장에서 무서운 속도로 성장하는 중이다. 넷플릭스는 코로나19 팬데믹 이후 세계 OTT 시장에서 누적 구독자 2억 명을 확보했다. 2020년 3분기에만 전 세계 유료 가입자 수를 220만 명 늘렸다. 시장의 전망치인 357만 명 추가 가입 기대에는

---

* 시장조사업체 트렌드포스

넷플릭스 분기별 신규고객 유입

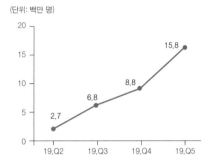

디즈니플러스 구독자 수

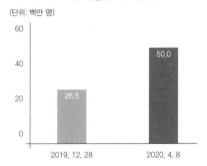

자료: 구독경제 확산에 따른 결제시장 내 변화 및 글로벌 카드사의 소비자 보호 움직임,
BC카드, DIGIECO, 2020.11.20.

미치지 못했지만, 전 세계 유료 서비스 가입자 수가 크게 늘어 기간
망이 약한 일부 유럽 국가에서는 넷플릭스 측에 전송 속도나 화질
을 낮춰달라고 요청하기에 이르렀다. 중국 우한에서 전 세계로 코
로나19 감염자가 퍼져가던 2020년 3월 기준으로 유튜브 게임 채널

시청자 수는 일주일 만에 15% 이상 늘어났고, 미국 통신사 버라이즌은 퇴근 이후 저녁 7시부터 11시 사이 온라인 게임 트래픽이 75% 폭증했다는 통계를 내놓기도 했다. 이런 상황에서 4K 고화질 OTT 서비스 이용이 급증하자 유럽 각국이 넷플릭스에 이런 요청을 하는 상황까지 연출된 것이다. 이처럼 무서운 속도로 가입자 수가 늘면서 2020년 들어 넷플릭스의 주가는 연초 대비 51%나 급등했다.

넷플릭스는 이런 자신감을 바탕으로 미국 시장에서 2019년 1월 이후 1년 9개월 만인 현지시간 10월 29일 월 구독료를 인상했다. 자체 제작 콘텐츠를 보다 다양하게 제공하기 위함이라는 게 넷플릭스 측의 설명이지만, 기저에는 요금을 올려도 집토끼가 빠져나갈 가능성이 적다는 확신과 폭발적 가입자 성장세에 어느 정도 한계가 왔다는 현실적인 판단이 깔려 있는 것으로 보인다.

이에 따라 미국 시장에서 가장 인기 있는 '스탠더드 플랜' 월 구독료는 1달러 오른 13.99달러(약 1만 5000원)가, '프리미엄 플랜'은 2달러 오른 17.99달러(약 2만 원)이 됐다. 스탠더드 플랜 요금제를 이용하면 2개의 기기에서 동시에 시청이 가능하고, 프리미엄 플랜 요금제를 쓰면 최대 4개의 기기에서 동시 시청을 할 수 있다.

토종 OTT, 떨고 있니

시장조사업체 와이즈앱은 2020년 10월 9일 기준으로 우리 국민의 넷플릭스 카드 결제 금액 추정치가 462억 원에 이른다고 발표했다. 2018년 9월 63억 원, 2019년 9월까지만 해도 241억 원에 그쳤지만 코로나19의 창궐 이후 국내 결제 금액만 2년 만에 8배 가까이 늘어났다. 해당 통계는 신용카드 결제액만 집계한 것이어서 다른 방식의 결제 금액을 더하면 실제 이용 금액은 더 늘어날 것으로 보인다. 이런 실적은 이용자 수가 폭증하며 나타난 결과인데, 모바일 빅데이터 조사 업체 아이지에이웍스는 2020년 9월을 기준으로 한 번이라도 넷플릭스를 이용한 우리 국민은 803만 명에 이른다면서 같은 해 5월 이용자 수(736만 명)에 비해 70만 명 가까이 늘었다고 밝혔다.

전 세계의 다양한 콘텐츠를 다국어로 재빨리 제공하는 데다 영화업계의 고전으로 아예 넷플릭스 선개봉을 선택하는 영화나 시리즈가 늘어나고 있어서다. 계정 하나에서만 매월 2만 원 남짓의 구독료를 내면, 최대 4명까지 동시에 서비스를 이용할 수 있다는 점도 2030세대의 합리적인 구매 패턴에 들어맞는다. 특별한 인간관계가 없어도 온라인에서 넷플릭스 계정을 공유할 사람을 모집하여 구독료의 4분의 1씩만 부담하는 게 요즘 밀레니얼과 Z세대의 일반적인 이용 패턴이다.

반면 통신사 결합 상품을 통해 땅 짚고 헤엄쳐오던 토종(Over The Top, 인터넷으로 다양한 영상 콘테츠를 제공하는 서비스) 사업자들은 고전을 면치 못하고 있다. 2020년 5월 이후 9월까지의 시장 상황을 살펴보면, SK텔레콤 자회사인 '웨이브' 이용자 수는 424만 명에서 389만 명으로 오히려 줄었다. '티빙' 역시 226만 명에서 197만 명으로 사용자가 감소했다. '시즌' 또한 209만 명에서 179만 명으로 사용자 수가 줄어들었고, 가입자 수가 가장 적은 '왓챠'만 76만 명이던 가입자 수가 90만 명으로 소폭 늘어났다.

• 구독경제 시장규모

글로벌 구독경제 시장규모

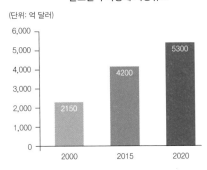

(단위: 억 달러)

국가별 구독경제 시장규모

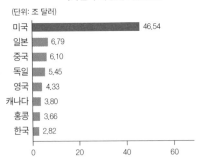

(단위: 조 달러)

자료: 구독경제 확산에 따른 결제시장 내 변화 및 글로벌 카드사의 소비자 보호 움직임,
DIGIECO, 2020.11.20.

다수의 국내 사업자들이 적극적인 마케팅을 펼치면서도 넷플릭스의 고객을 빼앗아오지 못하는 건 과금 체계에 대한 불만과 콘텐츠 리스트의 부족 때문이다. 넷플릭스에서는 기본 월 구독료를 결제하면, CJ ENM와 JTBC, 지상파 콘텐츠가 모두 제공되지만, 토종 OTT 업체인 '웨이브'는 CJ ENM과 JTBC 콘텐츠를 제공하지 않는다. 역시 국내 업체인 '티빙'에서도 지상파 콘텐츠를 볼 수 없다. 엄청난 자금력을 바탕으로 한 넷플릭스가 2020년에만 160억 달러, 약 20조 원을 들여 자체 독점 콘텐츠를 제작, 제공하고 있다는 것도 토종 OTT 서비스를 외면하게 하는 요인이다. 여기다 마블까지 인수한 디즈니 채널 등 애니메이션과 히어로물로 무장한 OTT 서비스가 추가로 국내에 상륙할 경우 국내 OTT 시장은 더욱 위축될 가능성이 있다. 이에 대응하기 위해 국내 업계 1위 업체인 '웨이브'는 토종 OTT 업체들의 연합을 타진 중이지만, 업체 간 이해관계가 엇갈려 합병도, 합병 이후의 운영도 쉽지 않을 것이라는 이야기가 업계의 중론이다. 이대로라면 넷플릭스와 곧 국내 서비스를 시작할 디즈니 채널이 국내 OTT 시장을 나눠 갖는 시나리오가 현실화될 가능성이 크다.

설거지를 부탁해

집밥의 시대는 설거지를 쌓는다. 전에도 설거지는 있었지만, 삼시

세끼 집밥이 이렇게 번다한 일인 줄 전에는 미처 몰랐다. 그래서 집 집마다 들여놓는 코로나19 시대의 필수 가전이 바로 식기세척기다. 종전까지 집밥 먹을 일이 많지 않았던 1인 가구나 대부분의 식사를 밖에서 해결하는 맞벌이 가구 등은 식기세척기를 선택 사항으로 봤지만, 집밥이 당연해진 시대에 식기세척기는 가구원 수와 무관한 생활 필수 가전이 됐다.

온라인 쇼핑몰 G마켓은 2017년부터 매년 상반기 식기세척기 판매량을 집계해 발표했는데, 2017년 1월부터 5월 사이 판매량은 1년 전 같은 기간보다 80% 늘었고, 2018년에는 98%, 2019년에는 137% 성장했다. 코로나19 이전에도 가사 노동에서 자유로워지면서 시간을 벌고자 하는 수요는 이처럼 꾸준했지만, 코로나19 이후 판매량 증가폭은 기록적이다. 해당 쇼핑몰에서 2020년 1월부터 5월 사이 판매량은 이전 해 같은 기간과 비교해 516% 폭증했다. 국내외에서 코로나19가 창궐해 널리 퍼지고, 기세가 잠시 가라앉았다 다시 2차 유행이 왔던 시기와 겹친다.

연말 백신 상용화를 점치는 뉴스들이 나오지만, 아직 전 세계에 믿을 만한 코로나19 백신이 보급되고 나아가 치료제가 나오기까지는 상당한 시간이 걸릴 것으로 보인다. 즉, 앞으로도 몇 년 동안 집밥 트렌드는 유지될 것이며, 식기세척기를 원하는 가정은 더 많이 늘어날 것이다. 미국과 유럽 등 일명 '접시 문화권' 가정에 일반적으로 식기세척기가 보급돼 있는 것과 달리 국내 식기세척기 보급률은 대략 15% 전후로 추산된다. 3분기 대형 가전 소비 급증 이후 가전 교체 수요가 전반적으로 줄어든다고 해도 식기세척기 시장은 당분 간 선전할 여지가 크다는 의미다.

씻고 말리는 가전

미세먼지 문제가 심각해진 최근 몇 년, 의류를 스팀으로 살균하고 털어주는 가전제품의 수요는 눈에 띄게 늘었다. 하지만, 역설적으 로 코로나19가 미세먼지를 몰아낸 올해도 생활 속 세균이나 바이 러스를 두려워하는 소비자들은 옷을 씻고 삶고 털어주는 의류 관리 가전에 열광하고 있다. 대표적으로 생활 가전 시장에서 강점을 보 이는 LG전자의 경우 스타일러를 포함해 세탁기와 건조기 등 주요 생활 가전 생산량이 역대 최대치를 기록할 것으로 보인다.

LG전자의 2020년 3분기 보고서를 보면, 세탁기와 건조기, 스타 일러의 합계 생산량이 457만 대에 이른다. 전 세계 모든 생산 라인 을 풀가동해도 공급량을 맞추기 어려울 정도라는 얘기가 나온다. 이 회사의 주요 생활 가전 생산량이 분기 기준으로 400만 대를 넘어 선 건 창사 이래 처음이다. 1년 전 같은 기간 309만 대와 비교해도 100만 대 이상 늘어난 수치다. 세 가지 품목의 연간 생산량은 회사 추정 1300만 대에 이를 전망이다.

오, 마이! 데이터

#서울 서초구에 사는 A씨는 7시쯤 일어나 집 앞 카페에서 아메리카노를 한 잔 사고 재택근무 준비를 시작한다. 줌(Zoom)으로 화상 회의를 마친 다음 점심은 40일 프로그램으로 배달되는 디톡스 주스에 다이어트 도시락. 저녁은 성동구 맛집에 주문한 밀키트로 정했다. 먹었으니 홈트도 빠뜨릴 수 없지. 넷플릭스 좀 보다가 새벽배송 물건까지 주문하고 자야겠다. 아 참, 내일 치과에 가라고 폰 알람이 뜬다. 공모주 청약도 내일이 마감이다. 포털에 찾아보니 돈이 예상보다 덜 몰렸다. 방탄소년단(BTS) 소속사에 '영끌'해서 청약 증거금 넣었는데, 이번엔 몇 주나 받을 수 있을까.

안정된 수입이 있는 30대 싱글이라면, 아마 요사이 생활은 이렇게 단조롭게 흘러갈 것이다. 커피 사러 말곤 집 밖으로 한 걸음도 안 나왔으니, 셜록 홈즈가 따라붙어도 먼지 하나 안 나올 사생활이다. 도저히 뭘 캐려야 캘 것이 없어 보이는 A의 하루, 그런데 디지털 발자국을 따라가면 얘긴 완전히 달라진다.

단서는 '패턴'이다. A는 단골 카페에서 비슷한 시간에 같은 커피를 사고, 익숙한 플랫폼에서 식재료와 생필품을 주문한다. 뉴스는 늘 같은 포털에서 읽고, '확찐자'가 되지 않으려 20년 전 이소라 비디오까지 뒤져 보며 발버둥 친다. 그의 후기는 다음 손님을 끌거나 떨어뜨리는 중요한 열쇠가 되며, 최대 관심사인 다이어트와 주식 관련 기록은 데이터가 돼 간편 결제 서비스와 포털, 온라인 스트리밍 서비스, 증권사에 남는다.

'마이데이터' 산업은 바로 이렇게 쌓인 개인의 디지털 발자국을 모아 돈 되는 서비스로 만드는 일이다. 소비자 입장에선 내 결제, 금융 정보를 내가 콕 집은 사업자에게 바로 공유할 수 있도록 해 번번이 인증해야 하는 수많은 동의서를 건너뛸 수 있고, 대출이든 투자든 건강 관리든 '무릎이 닿기도 전에' 딱딱 맞춰준다는 신박함이 있다. 비싼 컨설팅 비용이나 부담스러운 오프라인 매장 방문을 감수하지 않고도 '내 폰안의 AI 프라이빗 뱅커'를 하나 들이는 셈이어서 포스트 코로나 시대의 자산관리 모델로도 부상 중이다. 나아가 사업자 매출 원천이 개인정보이니, 내 정보로 벌어들인 돈을 아주 아주 조금은 나눠받을 수도 있다.

사업자들도 이 땅 짚고 헤엄치는 사업의 매력에 푹 빠져 있다. 서울 가서 김 서방 찾는 수고 없이, 얼굴 없는 단골 손님을 정확히 타기팅할 수 있다는 게 제일 큰 이점이다. 필요한 사업자에게 꼭 맞춘 데이터만 판매, 중개하는 데이터 복덕방들도 곧 간판을 올리기 시작할 것이다. 각종 앱과 포털에서 다이어터에게 최신 다이어트 정보만 주구장창 보여주는 건 결코 우연이 아니다.

요사이 금융, 유통업과 플랫폼 시장의 최대 관심사인 마이데이터 산업은 간단히 이렇게 정리할 수 있다. 4차 산업혁명 시대에 무형의 밥을 짓는다면, 거기 들어갈 기본 식재료는 당연히 디지털 시대의 쌀이라 불리는 데이터들이다.

정부는 마이데이터 사업을 키우는 데 적극적이다. 그간 일부 플랫폼이나 포털, 카드사 등이 독점해 마케팅 정보로 써온 개인 데이터를 하나의 공공재로 써 풀죽은 디지털 경제를 살려보자는 계획이다. 개인정보 활용도를 높이고 이를 바탕으로 대출, 보험중개, 자산관리업뿐 아니라 건강, 의료, 유통업에도 산업적 가치가 있는 데이터를 제공해 코로나19로 위축된 산업에 생기를 주겠다는 의미다.

출격 준비 '마이데이터'

준비는 끝났다. 2020년 8월 5일 데이터3법(개인정보보호법 정보통신망법 신용정보법) 개정으로 개인정보를 가명 처리해 활용할 수 있는 길이 열렸고, 은행, 포털, 결제 및 송금 서비스 등 이 판에 뛰어들겠다는 기업 선수단만 줄잡아 60개다. 종전에 비슷한 서비스를 해오던 기업들이 첫 심사 대상인데, 내년 초에 첫 사업자 허가가 시작될 것이고, 2차 심사도 곧 이뤄진다. 전통적인 금융의 영역에 IT기업들이 가세한지 오래이니, 아마 분야별로 허가권이 고루 돌아갈 것이라 짐작된다.

그럼 신산업은 원더풀 뉴월드만을 약속할까.

사실 유토피아와 디스토피아는 한 끗 차이다. 세상 편한 정보의

• 글로벌 주요국의 데이터 활용 및 데이터 주권 관련 법률 정비 현황

주요국	협업·제휴 내용
EU	· GDPR(General Data Protection Regulation)(2018.5. 시행) - 개인정보 이동권 및 처리 제한권, 프로파일링 거부권, 개인정보 삭제권 등을 도입하며 정보 주체의 권리 강화 · 본인계좌정보 관리업(Account Information Service) 도입(2018.1.)
영국	· 정보공개법(2014.4.)을 통해 공공데이터를 디지털화하여 제공 의무화 · 오픈뱅킹 정책 시행(2018.1.)
호주	· 데이터에 대한 개인권리를 보장하는 소비자 데이터 권리 정책 도입(2017.11.)
미국	· 스마트공시제도를 통해 보건·에너지·교육 부문 개인 데이터 공개·활용 추진 - 의료·건강 분야 블루버튼, 에너지 부문 그린버튼, 교육 부문 마이스튜던트 웹사이트를 구축하고 데이터 공유·활용 촉진
일본	· 개인정보보호법 개정(2015년)을 통해 개인정보유통 허용 이후 관민 데이터 활용 추진 기본법(2016년), 차세대 의료기반법(2017년) 등 단계적으로 정비
중국	· 사이버 보안법(2017.6.)에 데이터 이동성에 관한 규정 포함 - 개인정보 활용에 대해 사후 규제 체제로 전환하여 규제 장벽 완화

자료: 정보통신정책연구원 '일본의 정보은행 인증제도와 데이터 유통서비스 모델' 2020. 5. 15.

공유, 가렵다고 말하기 전에도 등을 긁어주는 서비스는 쉬운 해킹과 광범위한 사생활 노출을 감수해야 가능하다.

다른 나라에 비해 정보 수집과 공유 범위가 지나치게 넓다는 지적이 나오는 것도 이 때문이다. 마이데이터 사업자나 중개업자에게 개인 소비의 핵심 정보인 주문 결제 정보까지 제공하기로 하면서 만에 하나 벌어질 수 있는 마이데이터 사업자의 보안 문제가 자칫 전 국민의 사생활 침해 사건으로 번질 수 있다는 우려가 나온다.

소비자 보호 장치 강화 요구는 그래서 설득력이 있다. 마이데이터 사업에서 발생하는 소비자 피해에 대한 징벌로 관련 매출액의

3%나 200억 원 가운데 적은 금액을 배상하도록 과징금 제도를 뒀지만, 피해를 보상하기엔 적은 규모다. 사실상 현금 없는 시대를 살고 있는 우리의 앱 결제 내역이 낱낱이 공개된다면, 우리의 삶은 내장형 CCTV를 장착하고 사는 것과 다름없을지 모른다. 내년 3월 이후 금융소비자보호법이 시행되지만, 징벌적 손해배상 제도가 정립돼 있지 않은 국내에선 분쟁의 여지가 다분하다.

미국의 자산관리서비스 '민트닷컴', '요들리' 등 이미 해외에선 비슷한 마이데이터 서비스가 성업 중이지만, 이런 위험부담 때문에 정보 공유 범위를 계좌나 카드 결제 내역으로 한정하기도 하고, 아예 사업자에게 보안 사고의 전적인 책임을 물어 대규모 정보 유출 사고를 방지하려 노력하고 있다.

이런 저런 걱정 속에도 정부와 시장은 이 새로운 산업을 향해 달려가고 있다. 증시에서도 테마주가 뜰 것이고, 개인의 삶도 이들의 속도에 맞춰 엑셀을 밟게 될 것이다. 정부와 시장이 내다보는, 편한데 싸고 안전한 서비스의 시대는 가능할까. 이 형용모순의 서비스를 경험하고 위험부담을 나눠 질 날이 머지 않았다.

폭풍 성장 모바일 결제

우려 속에서도 이처럼 데이터 산업이 커나갈 수 있는 건 코로나19 이전에도 모바일 결제나 비대면 거래가 빈번히 이뤄졌기 때문이

다. 코로나19는 거기에 날개를 달았다. 2020년 11월 3일 한국은행
이 내놓은 '코로나19 확산 이후 국내 지급결제 동향'을 보면, 당해 모
바일 기기 등을 통해 결제된 금액은 9750억 원에 이른다. 1년 전 같
은 기간과 비교해 17.2%나 늘었다. 특히 모바일을 활용한 비대면
결제가 8330억 원으로 불어나 1년 새 17% 급증했다. 대개 스마트폰
등으로 이뤄진 전자상거래였고, 여기서 각종 페이 서비스를 통한
간편 결제 비중이 9월 기준으로 39%에 달했다.

반면 대면 결제 금액은 더욱 줄어드는 추세다. 같은 기간 대면 결
제 금액은 종전보다 3.4% 감소한 1조 4000억 원을 나타냈다. 아직
은 모바일 비대면 결제 금액보다 총액이 크지만, 코로나19 이후의
급속한 변화 속도를 고려하면 양쪽의 수치가 뒤집힐 시점이 머지
않았다. 실물카드를 긁는 방식으로 결제한 금액도 5.6% 줄었다.

없어서 못 파는 반도체

한국 수출의 약 20% 차지하는 반도체 산업은 지난 2분기와 3분기
코로나19 팬데믹 상황에서 특수를 누렸다. 트럼프 체제의 미국 행
정부가 한동안 잠잠했던 관세 전쟁에 더해 표적 금수 조치를 내리
면서 중국을 겨냥한 고강도 제재가 이어졌기 때문이다. 중국 IT의
상징과 같은 통신장비, 휴대폰 업체 화웨이에 이어 중국 반도체 파
운드리(타 반도체 회사의 주문을 받아 일종의 OEM 방식으로 반도체를 만들

어 납품하는 기업) 업체 SMIC를 블랙리스트에 올리면서 전 세계 모든 기업들에게 미국 기업의 기술을 사용한 서비스나 제품은 SMIC에 공급하지 못한다고 으름장을 놨다.

화웨이 통신장비 사용을 멈추라는 미국 정부의 압력에 따라 미국뿐 아니라 유럽과 일본, 나아가 한국의 통신 회사 LG U플러스에 이르기까지 탈 화웨이 정책을 고민하는 시점에 나온 SMIC 규제는 중국 정부를 안달나게 만들었다. SMIC의 반도체 시장 내 입지는 통신 시장에서 먼저 미국의 철퇴를 맞았던 ZTE(중싱통신)나 화웨이와는 또 다른 의미가 있다. SMIC는 20년 전인 지난 2000년 설립된 중국 파운드리 1위 기업이며, 글로벌 시장점유율은 올해 3분기 기준으로 4.5%에 달하는 세계 5위 파운드리 업체다. 물론 파운드리 시장에서 세계 1위를 달리는 대만의 TSMC나 2위를 차지하고 있는 한국의 삼성전자와는 기술 격차가 상당한 상태지만 중국 휴대폰 회사 화웨이에 들어가는 반도체 대부분을 위탁 생산한다는 점을 고려하면, SMIC에 대한 미국의 규제는 중국 내 IT 기업들의 공급 체인에 치명적인 문제를 야기할 수 있다. 중국은 이미 예고돼 있었던 SMIC에 대한 규제가 현실이 되자, 우리 돈 2조 7000억 원을 지원하고 앞으로 15년 동안 법인세도 받지 않겠다는 파격적인 지원안을 내놨지만, 향후 또 다른 분쟁거리가 될 수 있다. 정부나 공공기관을 통한 지원금이 글로벌 시장의 경쟁업체 사이에서 부적절한 보조금으로 비칠 수 있는 데다, SMIC에 대한 제재가 길어질 경우 사실상 중국 내의 반도체 기술만으로는 화웨이의 최고가 라인 하이엔드 상품의 제조가 불가능할 상황이 올 수도 있어서다. 중국은 이런 분위기를 고려해 앞으로 '쌍순환 전략'으로 내수와 수출 시장을 함께 키워 미국의 대중 압박을 극복해 나가겠다는 입장이다. 세계에서 가장 큰 내수 시장과 비교적 발달한 IT 인프라를 자랑하는 만큼 어느 정도의 충격은 상쇄할 수 있겠으나, 미국을 중심으로 한 서방의 기술 표준 싸움에서 밀려날 수 있다는 점, 장기적으로 내수 시장이 한계에 부딪쳤을 때 다른 대안을 찾기 어렵다는 점이 근본적 한계로 꼽힌다.

이 와중 미국의 시스템반도체 전문기업 엔비디아가 일본 소프트뱅크로부터 ARM을 인수한 일은 중국을 더욱 바짝 긴장시켰다. 엔비디아는 갈수록 수요가 늘어나고 있는 비주얼 컴퓨팅 분야의 손꼽히는 기업이다. 고사양의 그래픽을 바탕으로 한 게임 속 배경과 가상현실 등을 구현하게 하는 기술을 가지고 있다. '리그 오브 레전드' 등 글로벌 게임 유저들이 널리 이용하는 게임에도 이 회사의 그래픽 기술이 들어가 있다. 블록체인 기술을 사용하는 가상화폐 비트코인 등의 채굴에도 엔비디아의 그래픽 카드가 사용된다. 그런 엔비디아가 인수한 ARM은 세계 최대의 반도체 설계 기업이다. 전 세계 거의 모든 반도체와 모바일 디바이스 회사들이 ARM의 기술을 사용하고 있다. 메모리 시장에선 한국이 단단한 우위를 점하고 있지만, 시스템 반도체 기술을 자유자재로 이용하기 위해서는 한국의 삼성전자와 SK하이닉스도 이들의 움직임을 눈여겨 봐야 한다. 엔비디아는 이번의 인수합병(M&A)에 400억 달러, 우리 돈 약 47조 4000억 원을 썼다. 비주얼 컴퓨팅 분야의 세계적인 회사와 시스템 반도체 설계 분야 최고 기업의 만남은 결국 자율운행차와 물류, 고사양 그래픽이 필요한 고가 스마트폰 등 4차 산업혁명 시대에 필요한 모든 분야에서 시너지 효과를 낼 것으로 보인다. 마치 세계적인 애니메이션 회사 디즈니가 영화사 픽사와 마블을 인수해 넷플릭스에 대적할 글로벌 콘텐츠를 만들고, 온라인 스트리밍 서비스까지 하는 것과 같은 이치다.

바이든 시대, 반도체의 미래는?

세계 반도체 시장은 이런 구도의 변화 속에 치러진 미국 대선에 촉각을 곤두세웠다. 향후 대중 압박의 강도에 따라 삼성전자 등 한국의 반도체 회사들이 중국 반도체 회사에 추월당할 수도 있고, 중국 통신 장비 시장이 간신히 좁혀 높은 격차를 더 벌리게 되는 계기가 될 수도 있어서다. 중국 반도체 회사로 확장된 미국의 무역 제재를 지켜보면서 미 증시도 출렁였다. 미국의 본격적인 화웨이 때리기가 시작된 직후에는 미국의 반도체, 장비 공급사들이 화웨이만큼 큰 고객을 찾기 어려울 거라는 전망이 나오면서 거래처인 마이크론의 주가가 7.39% 급락하기도 했다. 세계에서 세 번째로 반도체를 많이 사들이는 회사 화웨이와의 거래가 끊겼을 때 과연 어느 쪽이 손해를 보겠냐는 얘기가 나온 것도 무리는 아니다.

중국에 대한 본격적인 금수 조치 직전 남은 재고를 탈탈 털어 수출한 삼성전자는 3분기 '어닝 서프라이즈(시장의 예상을 웃도는 놀라운 호실적)'을 기록했다. 지난 1분기 55조 원에서 코로나19 팬데믹 선언 이후인 2분기 53조 원으로 감소했던 삼성전자의 분기 매출은 3분기 들어 66조 원으로 급증했다. 글로벌 유저들이 코로나19 시대의 생활 방식에 적응해 나가면서 재택근무와 온라인 학습 등에 필요한 기기와 반도체 수요가 급증해서다. 지난해 3분기 매출 62조 원과 비교해도 전년동기비 매출 규모는 6.45%나 크다. 남는 것도 늘었다. 3분기 영업이익은 12조 3000억 원까지 늘어 1년 전 같은 기간과 비교하면 58.1% 급증했다. 2018년 4분기 이후 7분기만에 10조 원대의 영업 이익 수준을 되찾은 것이다.

여기에는 앞서 이야기했듯 모바일 디바이스와 소비자 가전 부문이 기대 이상으로 선전한 영향이 컸는데, 가성비가 좋은 전략 스마트폰이 생각보다 잘 팔렸다는 점과 코로나19 사태로 출장과 국제회의, 대규모 전시가 모두 취소돼 글로벌 마케팅 비용이 줄어 나타난 수익성 개선도 영향을 미쳤다. 아울러 11월 현재는 다시 코로나19 대유행으로 고전하고 있는 북미와 유럽 시장이 3분기에 반짝 살아나면서 프리미엄TV 등 가전 수요가 늘고, 세계적인 비주얼 컴퓨팅 업체 엔비디아나 IBM, 퀄컴의 반도체 OEM 주문인 파운드리 물량

수주가 늘어난 것도 수익성 개선에 도움이 됐다.

그러나 우리도 마냥 좋아할 수만은 없는 상황이다. 일단은 코로나19와 미국의 제재가 만들어 준 중국 특수가 반갑지만, 우리 반도체 수출량의 40%를 소화해온 중국에 한동안 수출이 어려워질 경우 4분기 이후의 상황을 장담할 수 없어서다. 단적으로 화웨이에 국한해 보아도 화웨이는 삼성전자 반도체 매출의 6%를, SK하이닉스 반도체 매출의 15%를 차지하는 큰 손이다. 장기적으로는 트럼프 체제가 유지된다는 가정 하에 삼성전자 등 국내 반도체, 모바일 디바이스 회사들이 초격차로 중국 회사들을 따돌릴 어유기 생겼다는 분석도 있었지만, 미국 대선의 승자가 민주당 바이든으로 결정되면서 앞으로의 시장전망은 더욱 까다로워졌다. (252쪽, '바이든은 우리에게 좋은 친구가 될까' 참고)

캠핑 갬성

코로나19 확산 이후 여가 문화를 선도한 트렌드 키워드는 단연 '캠핑'이다. 종전에도 유명 유튜버나 연예인들을 중심으로 캠핑하는 장면이 미디어에 빈번하게 노출되면서 '캠핑'과 '감성'이라는 단어의 버즈량이 단기간 급증하기는 했지만, 사회적 거리두기와 여행객 의무 격리 기간 설정 등으로 봄철 꽃놀이나 소풍, 여름 해외여행 등이 사실상 불가능한 상황이 되면서 캠핑으로 여가 시간을 소비하는 사람들이 크게 늘었다.

2020년 4월 온라인 쇼핑몰 옥션이 집계한 캠핑 용품 관련 매출 통계는 이런 분위기를 잘 보여준다. 이 회사가 5월 1일부터 27일, 그러니까 5월 황금연휴에 따라 코로나19가 재확산한 시점을 전후로 판매한 캠핑 용품 매출을 보면, 1인용 텐트는 판매량이 3배(206%) 이상 폭증했다. 개인 침낭의 판매도 2배(107%) 늘었고, 캠핑 테이블은 114%, 캠핑용 매트도 103% 매출이 증가한 것으로 나타났다. 캠핑 식기 또한 138% 매출이 증가했다. 이런 매출의 증가세에는 비단 야외 캠핑이 아니더라도 옥상, 베란다, 집 마당에서 캠핑의 분위기를 즐기는 홈캠핑족들의 힘도 크게 작용했다. 이마트의 창고형 매장 트레이더스는 지난 4월 1일부터 5월 14일까지 텐트와 침낭 같은 캠핑 용품 매출이 1년 전 같은 기간보다 147.6%나 급증했다고 발표했다. 바비큐 관련 용품들의 매출 신장세도 90%를 넘어섰다. 트레이더스 측은 "특히 홈캠핑 용품들이 인기를 끌었다"면서 버너형 바비큐 그릴 판매가 272% 폭증했고, 흔히 몽골식 텐트라 불리는 천막 텐트 '가제보'나 견고한 지지대를 가진 테라스 가림막 '파고라' 등 여러 종류의 차양 용품 판매도 113% 증가했다고 밝혔다. 더불어 집에서도 야외에 나간 느낌을 줄 수 있는 인조 잔디(36.2%)와 가든 조명(12.2%) 소비가 증가했다. 유통업체들도 이런 수요에 맞춰 다이닝 테이블이나 아이스박스, 벤치, 리클라이너 등 '인도어(in-door) 캠핑' 용품 기획전을 마련해 공격적으로 판매하고 있다.

낚시 용품도 인기였다. 소수의 지인 그룹끼리 이용하는 선상 낚시나 바다 낚시 등으로 사회적 거리두기를 유지하면서 여가를 즐기는 사람들도 많이 늘어났다. 바다낚시 용품 매출이 31%, 민물낚시 용품은 56% 더 잘 팔렸고, 낚시 입문자를 위한 낚시꾼 세트 판매도 86%나 급증했다.

'차박'돼야 쿨한 차

차량 공유 서비스의 부상과 주차장 있는 집에 살기 어려워진 현실적인 문제가 복합적으로 영향을 주면서 한동안 완성차 시장은 고전을 면치 못했다. 그랬던 시장에 코로나19는 새 기회를 열어주었다. 코로나19 감염 가능성을 가장 높인다는 3밀(밀집, 밀폐, 밀접)의 조건을 모두 갖춘 출퇴근 시간 대중 교통에서 벗어나야 할 계기를 만들어준 것이다. 기존에 차량을 가지고 있거나 구입 계획이 있었던 사람들 외에도 MZ 세대를 중심으로 자기 차량을 구입하는 사람들이 크게 늘었다.

특히 넓은 후방 공간을 강조하면서 일명 '차박'(차에서 숙박)이 된다거나 차에서 요가를 한다거나 작은 영화관, 나만의 만화방으로 이용할 수 있다고 광고하는 SUV 스타일의 자동차가 인기다. 이런 흐름은 캠핑용 신차 수요가 많은 2030세대에서 뚜렷한데, 청년층이 즐겨 사용하는 SNS 인스타그램에는 '#차박' 처럼 관련 해시태그를

단 게시물이 수십만 건에 이른다. 2020년 2월 자동차법이 개정돼 캠핑용으로 개조하기 쉬워진 이후 '차박하기 좋은 차'에 대한 검색 건수는 1년 전 같은 기간보다 2300% 급증했다.* 혼자 캠핑하는 수요가 급증하면서 자동차가 단순한 운송수단에 그치던 시대는 지나간 지 오래라는 얘기다. 차박이 가능한 뒷좌석 넓은 자동차는 1인용 캠핑 수요를 충족시키면서 사회적 거리두기도 가능한 나만의 공간을 제공한다. 아울러 좋아하는 음악을 듣거나 영화를 감상하고, 책을 읽을 수도 있는 1인용 숙소의 기능까지 겸하면서 안전한 캠핑 수요에 부응하고 있다.

이런 수요는 정부의 개별소비세 인하 정책과도 맞물려 시너지를 키웠다. 코로나19의 대유행 이후 2분기 흑자를 기록한 글로벌 완성차 업체는 테슬라와 도요타, 현대, 기아 등 손에 꼽을 정도로 적다. 그 외에 르노삼성과 쌍용차, 한국지엠 등도 비교적 선방했다는 평가를 받는다. 개별소비세 인하폭이 7월부터 줄어들었지만, 현대자동차는 소형 트럭 모델에 기반을 둔 캠핑카를 출시하고, 차박을 겸한 시승 프로그램을 제공하는 방식으로 고객들의 지갑을 열고 있다. 9월부터 사전 계약을 시작한 SUV 신모델은 요가와, 영화 감상, 디제잉, 만화방 등으로 광고 에피소드를 구성해 자동차가 나의 필요와 감성에 맞는 공간으로 얼마든 재탄생할 수 있다는 점을 공략

---

* 이노션 월드와이드

하고 있다. 기아차 역시 전통적인 SUV 모델의 넓은 실내 공간을 마케팅 포인트로 삼아 온 가족의 차박이 가능하다는 장점을 강조하고 있으며 실제 역대 최단 시간, 최다 계약 기록을 새로 썼다.

그 밖에 존립을 위협받았던 쌍용자동차도 차박으로 위기 탈출을 시도했다. 쌍용차는 8월 내수 판매 규모가 이전 달보다 1.3% 늘어난 것으로 집계했는데, 종합편성채널 등을 중심으로 한 여러 캠핑 프로그램 지원 등이 영향을 준 것으로 자체 분석했다. 전통적인 아웃도어 차량 전문 브랜드라는 이미지도 차박과 캠핑 수요에 부합할 것으로 기대했다.

하지만 이런 노력에도 불구하고 결국 2020년 12월, 11년 만에 다시 법정관리를 신청했고 대주주인 인도의 마힌드라그룹은 2021년 2월까지 매각을 목표로 새 주인을 찾고 있다고 밝혔다.

월세라도 인테리어

집이 캠핑장이자 레스토랑이자 카페이면서 회사이고, 홈트레이닝 장소까지 담당하게 된 이후 예상치 못한 바람이 불었다. 바로 인테리어 지출이 급증했다는 점이다. 2020년 봄에는 우리나라를 포함한 미국, 독일 등 각국이 재난지원금을 지급하면서 목돈에 여윳돈을 보태 오래된 침대나 소파, 대형 가전을 들여놓는 집들이 늘어났고, 코로나19에 따른 활동 제한의 기간이 생각보다 길어진 이후로는 새로운 삶의 중심이 된 집을 보다 쾌적하게 가꾸려는 수요가 늘어나기 시작했다.

종전에도 월세를 살든, 전세로 거주하든 내가 사는 동안에는 삶의 공간을 아름답게 꾸미고자 하는 게 X세대 이후 2030세대의 차별적 트렌드였지만 이제는 모든 세대가, 하루 24시간의 거의 대부분을 보내는 집의 의미를 되새기고 있다.

이런 흐름을 단적으로 보여주는 세대가 바로 2030 MZ세대다. 한 카드 회사의 빅데이터 분석*에서 코로나19 이후의 카드 사용 장소를 분류해보면, 집에서 보내는 시간이 크게 늘어난 뒤 인테리어 관련 소비가 눈에 띄게 늘어났다.

과거에는 이런 '홈퍼니싱' 시장이 대개 시즌이나 연령대별로 특화되는 경우가 많았지만, 이제는 계절이나 웨딩 특수라는 경향성이 옅어졌다. 종전까지는 주로 결혼 시장이 열리는 봄, 가을에 대목을 맞았지만, 코로나19 이후의 상황은 완전히 달라졌다. 홈퍼니싱 시장의 소비 행태는 대형 가구 전문점과 이케아 등으로 대표되는 DIY 가구점, 온라인 인테리어 앱 시장 등으로 구분되는데, 지난해와 비교하면 이들 세 가지 항목 관련 소비가 모두 눈에 띄게 늘었다.

가장 괄목할 만한 성장세를 보인 건, 비대면으로도 수많은 브랜드의 제품과 가격, 장단점을 비교할 수 있도록 한 온라인 인테리어

---

* 신한카드 빅데이터 연구소

앱이다. 2020년 1월부터 9월 사이 온라인 인테리어 앱 시장의 관련 매출은 지난해 같은 기간과 비교해 160% 급증했다. DIY 가구 전문점은 36%, 대형 가구 전문점은 27% 판매가 늘었다. 특히 온라인 인테리어 앱 시장의 큰손은 20대로 나타났는데, 전체 구매자의 36%가 20대, 31%가 30대로 나타났다. 2030이 전체 온라인 인테리어 앱 시장의 약 70%를 차지하는 셈이다.

가구 판매 채널의 판도도 완전히 달라지고 있다. 개별 단가가 낮지 않고 한 번 들이면 적어도 수년간 사용하는 내구재인 만큼 전통적으로 가구 시장은 직접 보고 만져보고 사이즈를 재보는 방식으로 구매하는 사람들이 다수였다. 특히 대형 가구 전문점은 집 전체를 꾸미거나 이사를 할 때 완성된 가구를 판매해 개별 단가가 비교적 높은 편이다. 구매력과 자녀 방 꾸미기, 집 넓히기 등으로 이사 수요가 있는 40대가 대형 가구 전문점 고객의 약 3분의 1에 이르는 이유다. 이어 만혼 기조가 일반화되면서 신혼 가구를 마련하는 30대(29%)와 독립하는 자녀를 둔 50대(21%)의 구매 비중이 높았다. 대형 가구 전문점에서 20대 고객이 차지하는 비중은 6%에 그쳤다.

하지만, 코로나19 이후 홈퍼니싱 구매 방식은 재편되고 있다. 2019년 1월부터 9월까지는 가구 시장에서 대형 가구 전문점의 시장점유율이 49%에 이르렀지만, 2020년에는 시장점유율이 42%까지 감소했다. 조립된 완성품을 전시장에서 보고 주문해서 만드는 방식으로 구매가 이뤄지던 DIY 시장의 점유율도 종전 38%에서 올해 35%로 감소했다.

대신 직접 보지 않아도 다양한 인테리어 컷과 후기가 제공되고 브랜드별 가격과 장단점을 한 눈에 파악할 수 있도록 페이지네이션 해놓은 온라인 인테리어 앱의 시장점유율은 지난해 13%에서 올해 23%로 10%p 급증했다. 가상현실(VR) 서비스 등으로 해당 가구를 가상의 공간에 직접 배치해보는 방식으로 가구를 들여놓은 뒤 우리 집 인테리어의 분위기를 가늠해볼 수도 있다.

구매 규모는 작아졌다. 국민주택 규모 이상의 큰 집 전체를 비교적 큰 예산으로 바꾸던 종전 패턴과 달리 소액으로 방 한 칸을 꾸미거나 거실 분위기를 바꿀 수 있는 소형 가구, 인테리어 소품 등의 아이템이 젊은 층을 중심으로 소비를 유도한다는 분석이 가능하다. 품목별로 보자면, 수납용 선반 등을 들여 물건을 정리함으로써 작은 공간의 공간 효율성을 높이는 방식으로 일상의 쾌적함을 추구하거나, 코로나19 상황 속 자가 격리 가능성에 대비하면서 일상의 소소한 재미도 즐길 수 있는 '우리집 편의점'을 꾸며놓는 경우도 적지 않다. 이런 흐름은 특히 원룸이나 오피스텔에 거주하는 1인 가구를 중심으로 두드러지는데, 온라인 인테리어 앱을 통한 가구 구매자의 절반 이상(55%)은 1인 가구로 분석됐다.

이와 같은 흐름은 모든 세대, 다양한 가구 형태로 점차 확산되는 추세다. 20대의 이용 비중이 36%로 가장 높았지만, 과거 DIY 시장을 주도하던 30대(31%)와 대형 가구 전문점을 선호하던 40대(20%)

의 이용 비중도 꾸준히 늘어나고 있다. 대형 가구 전문점의 시장점유율 감소폭(-7.0%p)과 DIY 시장의 감소폭(-3%p)을 고스란히 온라인 인테리어 앱 시장이 흡수했다는 계산이 나온다.

남는 물건 맡아줘요

재택근무 패턴이 어느 정도 자리를 잡으면서 이젠 아예 장기전에 대비해 집을 비우는 사람들이 늘고 있다. 특히 가구당 점유 공간이 적은 1인용 오피스텔이나 원룸 거주자들은 하루 종일 좁은 공간에서 지내야 한다는 현실적인 고민 끝에 자주 사용하지 않는 '아웃도어(out-door)' 캠핑 용품이나 서핑보드, 한동안은 사용할 일이 없을 듯한 대형 여행용 가방 등 자리를 많이 차지하는 물건들을 유료 창고에 맡기고 있다. 이런 서비스는 대형 물류 창고를 보유한 유통업체나 편의점들이 제공하고 있는데, 버리기는 아깝고 팔기는 애매한 물건들이나, 당장은 입지 않지만 아끼는 철 지난 의류 등을 맡기는 사람들이 꾸준히 늘어나는 추세다. 집에 머무는 시간이 길어지다 보니 인테리어 소품 등에 눈이 가고 대형 가전을 들여놓거나 침대, 소파를 바꾸는 경우가 늘었는데 작은 집에 물건이 쌓이면서 도리어 스트레스를 받게 됐다는 사람들을 겨냥한 서비스다. 이런 흐름을 반영해 좁은 집에 쌓여가는 물건을 정리해서 공간과 물건의 가치를 다시 발견하게 해주는 집 정리 프로그램까지 등장하기도 했다.

나아가 일부 업체들은 수도권 외곽까지 나갈 여유가 없는 사람들을 위해 탁송 업무까지 대신 처리해준다. 정해진 규격에 따라 제품의 성질을 체크한 박스를 잘 포장해 편의점에 맡기면, 창고에 대신 보관해준다.

A급 중고 팝니다

이렇게 맡겨놓는 물건 외에 더 이상 필요 없어진 물건은 내다 파는 사람이 크게 늘었다. 종전에는 집 밖에 머무는 시간이 길다보니 집에서 먼지만 쌓여가는 물건을 보면서도 정리하거나 누군가에게 주겠다는 생각을 할 여유가 없었지만, 이제는 집을 찬찬히 둘러볼 시간이 늘었다는 게 가장 큰 동기가 됐다. 아울러 코로나19 이후 서비스업을 중심으로 20대와 30대의 일자리가 수십만 개 이상 사라지면서 전반적으로 경제활동이 활발한 연령층의 소득과 소비 활동이 줄어든 것도 한 가지 요인이 됐다.

거래 대상은 빨래 걸이가 된 지 오래인 러닝 머신, 안 쓰는 에어프라이어, 선물받은 커피머신부터 다 커서 입히지 못하게 된 아이 옷, 반려 동물의 외투, 집을 늘리거나 줄여서 사용하지 않게 된 가구, 사서 나눔하고 싶은 대용량 식품에 이르기까지 다양하다. 대표적인 근거리 중고거래마켓(당근마켓)의 거래량은 2020년 3월 코로나19가 크게 확산된 이후 9월까지 반년 사이 60% 이상 증가했다.

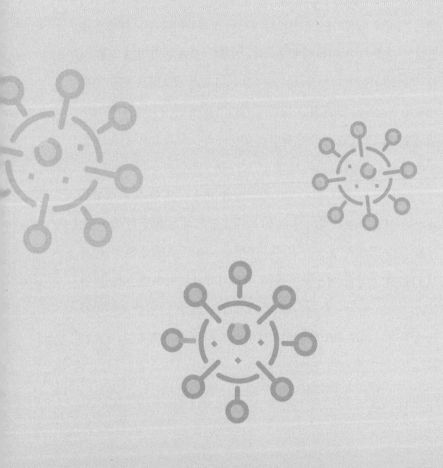

4장

사회 구조와
기업의 변화

연령별
대응 방식

코로나19는 연령별 생활 방식도 크게 바꿔 놓았다. 밖에서 머무는 시간이 길었던 20대도 갈 곳이 없어 집이나 동네 공원에서 운동을 시작했고, 원룸에서 잠만 자던 30대는 인테리어에 눈을 떴다. 구습과 트렌드 사이에서 방황하던 40대는 여가에 눈을 떴고, 모바일을 나몰라라 하던 50대는 강제로 디지털 세대에 편입되고 있다.

디지털 핵관, 20대

Z세대가 주축이 되는 20대는 온라인 미디어와 SNS 사용이 가장 활발한 세대다. 이른바 디지털 핵심 관계자, '핵관'들이다. 앱이든 게임이든, SNS든, 챌린지든 이들이 사용하면 뜬다. IT와 패션, 금융 등

산업 전 분야에서 디지털 시대의 핵심 소비자로 부상하고 있지만, 부모 세대의 소득과 학력 격차가 취업이나 소비 여력과 링크되는 세대이기도 하다.

한국방송광고진흥공사의 설문조사 결과를 보면, 20대의 가장 큰 관심사는 역시 취업 문제였다.* 19세부터 29세 사이의 20대 남녀를 대상으로 한 조사에서 성별 별로 각각 30% 이상이 '취업'을 가장 큰 관심사로 꼽았다. 이런 상황에서 2020년 상반기에 음식업 등 서비스업을 중심으로 20대는 20만 명, 30대는 30만 명이 일자리를 잃어버린 것으로 나타났다. 이같은 청년 실업과 취업 실패 문제는 결국 내수 부진으로 이어질 수 있는데, 통계청의 2019년 사회조사 결과 보고서를 보면 20대의 여가생활 불만족 요인 중 가장 큰 것도 바로 '경제적 부담'(57%) 문제였다. 이들은 다른 어떤 연령층보다 본인의 삶을 우선 순위에 두는 소비 패턴을 보이는데, 한국방송진흥원 조사 결과를 보면 20대 남녀 응답자의 각 75%와 79%가 '몇 달치 월급을 쓰더라도 평생 기억에 남는 여행을 가고 싶다'고 답했다.** 20대의 가처분 소득을 늘려주는 것이 내수와 코로나19 취약 산업을 살리기 위해 상당히 유효한 전략임을 확인할 수 있다.

하지만 현재와 같은 경제상황과 불확실성 속에서는 대규모 기업 공채나 취업 시장을 기대하기 어렵다. 그렇다면, 공공기관을 중심

* ** 한국방송광고진흥공사, 2019 소비자행태조사 보고서

으로 평균 소비 성향이 높은 20대 취업 희망자들에게 단시간 일거리를 제공하는 것도 하나의 대안이 될 수 있다. 모두를 정규직으로 선발하기 어렵다는 현실적인 고민을 반영해 동일 노동에 정규직에 준하는 처우를 보장하되 풀타임 일자리를 나눠 가질 수 있도록 설계하는 창의성도 필요하다. 같은 맥락에서 공정성 시비가 계속되는 일관성 없는 정규직 전환 문제나 채용 절차에 관해서는 국무총리실을 중심으로 공공기관 채용 절차의 뚜렷한 기준을 마련하는 작업이 반드시 필요하다고 본다. 과정과 절차의 공정성에 그 어떤 세대보다 민감한 20대의 현실을 고려하면, 전체의 일부를 동시에 정규직으로 전환하는 것보다 정규직에 준하는 일거리를 보다 많은 젊은이들에게 제공해서 완벽한 실업 상태에서 구제하고, 경력을 쌓을 수 있도록 돕는 배려가 필요한 시점이다.

밀레니얼, 30대

2018년에 나온 책 《90년생이 온다》는 '꼰대'라 불린 많은 이들에게 큰 깨달음을 준 송곳같은 책이다. 꼰대질을 하는 줄도 모르고 있는 조직내의 숱한 꼰대들과 자신을 '호갱님'(말로는 고객님이라고 말하지만, 실은 호객이라 불리는 만만한 손님으로 대하는 일을 꼬집는 표현)으로 대하는 기업은 참지 않는 신인류의 등장에 우린 많이 '긴장'했다. 이들은 20대와 잘 구별되지 않을 만큼 젊고 유니크한 감성을 즐기면서도 사회 생활을 시작해 현실 감각이 있고, 무엇보다 실질적인 구매력을 갖춘 경우가 많다는 점에서 시장을 긴장시키는 까다로운 손님들이다.

30대가 된 응답자들은 앞서 밝힌 20대와 같은 조사에서 좀 달라진 관심사를 드러낸다. 30대 남성은 '회사 일'(20%)과 '결혼'(20%)을, 여성은 '육아'(45%)를 가장 주요한 관심사로 꼽았다.* 취업에 올인했던 20대와 달리 어떤 방식으로든 일을 시작한 사람이 많고, 취업했다면 회사 일을 통해 수입을 늘리고 승진하는 쪽에, 결혼을 했다면 아이를 키우는 쪽에 몰두하는 시점이라는 의미다.

이들은 실질적인 구매력을 갖추고 있는 세대이면서도 20대 다음으로 온라인과 모바일 환경에 익숙한 세대다. 20대처럼 트렌드에 민감하지만, 소비 성향은 보다 이성적으로 변해간다. 30대 남성은 '시간을 벌 수 있다면 더 많은 비용을 투자할 뜻이 있다'(57%)고 답했고, 여성은 '미래보다 현재 삶의 만족을 추구한다'(72%)는 답변이 많았다. 이는 역설적으로 30대에 접어든 남성들은 개인 시간이 부족하다고 느끼며, 30대 여성들은 미래를 대비하기 위해 현재를 포기할 의사가 없다고 말하고 있는 셈이다.

이처럼 밀레니얼이라 불리는 30대 남녀들은 20대보다 현실적이면서도 '지금 이 순간'의 행복이 먼 미래의 보장되지 않는 안락한 삶

---

* 한국방송광고진흥공사, 2019 소비자행태조사 보고서

보다 중요하다고 여기는 경향성을 보여준다. 부동산 정책이나 증시의 과세 문제에 이들이 특히 민감하게 반응하는 것도 그 때문이다. 이들은 '3년 뒤', '5년 뒤', '결혼한 뒤'의 큰 집보다, 당장 예쁘고 안락하게 거주할 수 있는 공간의 공급을 원하며, 기업들의 미래 성장 경로까지 따져 투자할 여력은 없는 세대이기도 하다. 최근 우리 증시를 받쳐주었던 '동학개미'와 미국의 '로빈후더'와 함께 나스닥 시장 투자에 나섰던 '서학개미' 중추 세력도 바로 이 30대들이다.

그렇다면, 30대를 겨냥한 코로나19 시대의 정책과 마케팅은 '장기적인 가치'보다 '당장의 만족'을 제공하는 방향으로 설계되는 편이 바람직할 것이다. 10년 뒤에나 입주 가능한 신도시 조성 계획 등에 이른바 '영끌'해서 부동산을 사려는 30대들이 시큰둥한 이유이기도 하다.

제일 많이 쓰는 '40대'

40대는 도무지 알 수 없는 신인류라는 의미에서 'X세대'라 불렸던 우리나라 최초의 소비지향적 세대다. 1980년대의 비약적 경제성장과 1990년대의 대중문화 붐 속에서 청소년기를 보냈고, 1997년 외환위기를 겪으면서 20대에 환희와 좌절을 함께 경험한 세대이기도 하다. 이들은 30대와 비교해 훨씬 큰 구매력을 갖추고 있는데다 교육 시장의 주 소비자여서 결국 부동산의 흐름에도 가장 큰 영향을 미친다. 앞서 밝힌 조사 보고서를 보면, 40대 남녀 모두 가장 큰 관심사는 '자녀 양육'(각각 19%, 35%)이라고 답했다. 일반적으로 청소년기 자녀를 둔 경우가 많아서 자녀의 학업 성적과 대학 진학에 온통 관심이 쏠려 있는 시기라서다. 따라서 교육 시장의 변화와 대입 제도의 변화에 가장 민감하고, 학군과 한데 묶인 부동산의 시세를 움직이기도 한다.

더불어 요즘 40대들은 '건강'에도 상당히 공을 들이는 것으로 나타났다. 남성의 경우 '자녀 양육'과 더불어 '건강'(19%)을 가장 큰 관심사로 꼽았고, 여성들도 '자녀 양육' 만큼은 아니지만 두 번째로 관심있는 영역이 '건강'(22%)이었다. 모든 세대가 코로나19의 확산세와 독감 백신의 부작용 여부 등에 큰 관심을 가질 수 밖에 없는 시기이지만, 40대에게 소구하기 위해서는 특히 교육과 건강 문제에 논리적으로 대응해야 한다는 결론이 나온다. 이들이 실제로 각 조직에서 의사 결정을 내릴 수 있는 위치에 있기도 한 세대인 만큼, 코로나19 이후 교육과 의료, 부동산 시장에서 40대를 설득하는 일은 즉각적인 효과를 얻기 위한 가장 빠른 방법이 될 수 있다.

디지털, 나도 해 '50대'

흔히 아침이나 저녁에 방영되는 교양 프로그램에서 종종 볼 수 있는 것처럼 현재의 50대는 관리 여부에 따라 40대 못지 않은 젊음을 유지하면서 살고 있다. 과거 세대의 노인과 달리 '신중년'이라 불리며 구매력과 시간적 여유를 동시에 갖추고 있다는 게 특징이다. 구매력이 가장 크지만 교육비와 주거비 지출도 가장 크고, 실질적으로 시간과 돈을 소비할 여력이 없이 바쁜 40대보다 소비와 지출에 여유로운 세대다. 최근 들어 이들 50대 이상에게 가장 눈에 띄는 변화는 의도와 무관하게 급속히 디지털 세계로 입문하고 있다는 점이다. 50대 이후 세대는 개인적 수용도에 따라 디지털 환경에 대한 선호도가 극명히 나뉘었지만, 코로나19는 사회적 거리두기나 재택근무, 자가 격리, 집합 금지 행정 명령, 비대면 명절 쇠기 등 우리 삶의 규칙을 완전히 바꿔 놓음으로써 선택적 디지털화가 가능했던 장년층 이상 고령층에게 모바일 시대로의 편입을 강요하고 있다.

이들의 가장 큰 관심사는 '건강'(남녀 각각 36%, 47%)이지만, 코로나19 사태 이전에도 이미 50대 응답자의 74.3%는 스마트폰을 통해 상품과 서비스의 구매 정보를 얻는다고 답했다.

다만, 코로나19 이전까지는 온라인에서 상품 정보를 확인하더라도 '최종적인 소비는 오프라인 매장에서 한다'(74.6%)는 답변이 가장 많았는데* 코로나19 사태가 장기간 지속된 이후 같은 패널을 대상으로 동일한 조사를 진행한다면, 결과는 상당히 달라져 있을 것이라 짐작된다.

---

* DMC미디어, 2019 인터넷 쇼핑 행태 및 구매 연령별 접점 분석 보고서

분야별 영향

첫 비대면 명절

'불효자는 옵니다'

이 슬로건이 보여주듯 코로나19 이후 처음 맞는 추석은 영상통화로 제사를 지내고 기프티콘으로 홍삼 세트를 보낸 첫 명절이 되었다. 갈 곳 없는 연휴에 소비자들은 TV홈쇼핑으로 눈을 돌렸다. CJ ENM 오쇼핑부문은 추석 연휴 닷새(9월 30일~10월4일) 동안 TV 홈쇼핑 매출이 직전 5일과 비교해 50% 이상 증가했다. 패션 카테고리 부문의 주문량이 30% 늘었고, 통상 명절 이후 많이 팔리던 모피나 명품 등 프리미엄 상품보다 생활 코디용 의류 판매가 늘어났다. 같은 기간 생활 가전과 전자 부문의 매출 역시 3배 이상 늘어서 집콕 시대의 가전 교체 수요가 반영됐다.

이런 흐름은 지난해부터 이어져왔지만, 코로나19의 창궐로 집콕 쇼핑족은 더 빠르게 늘고 있다. 2019년 TV홈쇼핑 7개 사의 매출액은 2018년보다 8.5% 늘어난 5조 5673억 원을 기록했고, 영업이익도 2.0% 늘어난 6427억 원을 나타냈다. 관련 업계는 코로나19 이후 TV홈쇼핑의 매출 규모가 더욱 가파르게 증가할 것으로 전망하고 있다.

유튜브 라이브 방송 등을 이용한 라이브커머스 시장의 급성장도 주목할 만하다. 백화점과 각 브랜드의 오프라인 매장들은 고객들이 매장으로 나오길 꺼리는 분위기를 고려해 신상품을 TV홈쇼핑처럼 자세히 보여주고 특징을 알려주는 라이브커머스로 활로를 찾고 있다. 해당 시장에는 기존 라이브 방송으로 인기를 끌었던 BJ들이 대거 가세하면서 고객들과 채팅으로 실시간 소통해, 마치 함께 쇼핑하는 듯한 느낌을 주는 방식으로 구매를 이끌고 있다. BJ나 인플루언서들이 해당 시장에 가세하고, 고객들의 질문에 실시간으로 응대하면서 자체 브랜드 제품을 출시하거나 브랜드와 협업해 완판 기록을 쓰고 있다.

계좌 적힌 모바일 청첩장

명절 쇠는 방식 만큼이나 달라진 게 바로 관혼상제를 치르는 풍경이다. 지난 해 3월 중순 대구 신천지 교회를 중심으로 코로나19 확진자 수가 폭발적으로 늘어나면서 3월부터 시작되는 봄 웨딩 시장이 급격히 위축되기 시작했다. 적어도 수개월에서 1년은 준비하는 인생 최대의 이벤트이지만, 코로나19 확진자가 무섭게 늘자 결혼식 규모를 줄이거나 아예 일정을 미루는 커플이 늘어나기 시작했다. 하객 수를 줄이거나 예식을 연기, 취소하는 경우가 늘면서 분쟁도 잦아졌다. 최소 하객 수를 약속하고 결혼식장을 대여하는 경우가 대다수여서 미리 예약을 받은 예식장 측과 예비 부부 사이의 계약금 반환 분쟁이 끊이지 않았다. 결국 공정거래위원회가 나서서 집합 금지 명령이 이뤄져 식사 제공이 어려운 수준이 되면 위약금 없이 예식을 연기, 취소할 수 있도록 중재하는 방안을 마련했지만, 영세 예식장들도 기약 없는 기다림에 속수무책으로 스러지긴 마찬가지였다.

이렇게 예식을 하지 못하거나 온라인으로 중계하거나 양측의 하객을 합쳐 100여 명 이내로 제한하는 경우가 늘면서 청첩장 제작 방식에도 큰 변화가 생겼다. 어차피 초대해도 안 오거나, 못 오는 경우가 늘어날 테니 아예 부조만 받겠다면서 대놓고 계좌번호를 밝히는 모바일 청첩장들이 대다수다. 피치 못할 사정으로 불참하는 하객들이 종종 인편에 부조를 부탁하거나 가까운 사이에는 예비 부부에게 사전 송금을 하는 경우도 있기는 했지만, 이렇게 청첩장에 아예 계좌번호를 넣어 제작하는 분위기가 형성된 건 올해가 처음이라고 봐도 무방하다. 사회적 거리두기 조치가 강화되었을 당시에는 뷔

폐 영업 자체가 중단돼 예식을 미룰 수 없는 경우 하객들에게 교통비를 돌려주거나, 홍삼 등 고가의 답례품을 준비하는 경우도 많았다. 사회적 거리두기 단계가 하향 조정 된 이후에도 여럿이 모여 밥을 먹는 것 자체가 코로나19 방역에 도움되지 않는 일이라고 여겨 결혼식은 작게, 송금은 확실하게, 실황은 유튜브로 중계하는 경우가 크게 늘었다.

손님이 준 건 장례식장도 마찬가지다. 통상 결혼식장보다 훨씬 길게 같은 장소에 머물고 식사를 함께하며, 상주와 손님들의 대면 접촉 시간이 긴 만큼 감염 위험도 높아서 상을 당해도 알리지 않거나, 사내에서 혹은 학교에서 부고를 띄우되 상가를 찾는 인원은 최소화하는 게 상례가 됐다. 차차 코로나19 사태가 가라앉고, 백신 보급에 박차를 가해 사람들의 불안 심리가 나아진다고 해도, 사흘 밤낮을 함께 울어주던 과거의 장례식장 풍경은 이제 영화에서나 보는 낯선 풍경이 될 것 같다.

100년 전통, 한 방에

삶의 여러 방식이 근본적으로 달라진 올해, 코로나19는 100년 전통의 전 세계 이벤트와 축제들도 올스톱 상태로 만들어버렸다. 축제와 열정으로 대표되는 남미 각국의 축제는 기대하기 어려워졌다. 콜롬비아 바랑키야는 현지 시간으로 2020년 10월 26일, 2021년 카니발을 개최하지 않겠다고 선언했다. 바랑키야 카니발은 콜롬비아를 대표하는 축제이자 유네스코에 등재된 세계 무형인류문화재이기도 하다. 이 축제가 시작된 1865년 이후 바랑키야 카니발이 취소된 건 155년 만에 처음이다. 매년 2월 열리는 바랑키야 카니발은 내외국인 포함해 매년 250만여 명이 몰릴 정도로 매우 인기가 있는 축제다. 올해 축제는 전 세계로 코로나19가 퍼져나가기 이전인 지난 2월 열렸지만, 내년 2월 13일부터 16일로 예정돼 있는 축제 기간의 상황은 장담하기 어려운 만큼 사람이 밀집하는 어떤 이벤트도 열지 않겠다는 게 콜롬비아의 결정이다. 콜롬비아의 경우 바랑키야 카니발 취소로 상당한 경제적 타격이 불가피할 전망이다. 이 나라에서 바랑키야 카니발이 제대로 열리지 않은 건 지난 1947년뿐이다. 당시 카니발 당일 비행기 추락 사고가 발생하면서 유명 축구선수 로멜리오 마르티네스 등 사상자가 여럿 발생하자 주최측은 카니발 기간의 떠들썩한 행사들을 다수 취소했다. 다만 국가적 비극 속에서도 카니발 일정 자체는 예정대로 소화했다.

브라질도 2021년 리우 카니발을 잠정 연기한다고 일찌감치 밝힌 상태다. 좀처럼 사그라들지 않는 남미의 코로나19 확산세 속에서도 2020년 초 브라질은 카니발 축제를 강행했다. 이후 수만 명의 코로나19 신규 확진자가 발생하면서 시신이 방치되는 상황에까지 이르자 국내외의 비판 여론이 고조됐고, 결국 브라질은 세계 3대 축제이자 지구촌 최대의 향연으로 꼽히는 브라질 리우 카니발 개최를 무기한 연기하기로 했다. 2020년 9월 25일 기준(현지 시간) 브라질은 누적 확진자 수 470만 명, 사망자 14만 명을 기록하며 미국, 인도에 이어 세계 3번째로 확진자 수가 많은 코로나 확산국이다. 특히 리우 카니발이 열리는 리우데자네이루는 브라질 안에서도 두 번째로 코로나19 확산에 따른 피해자가 많이 발생한 지역이다. 리우데자네이루는 아울러 매년 수백만 명이 모여드는 새해 불꽃 축제도 2021년에는 온라인으로 대신하겠다는 입장을 밝혔다. 브라질 상파울루 역시 내년도 카니발을 연기하기로 결정한 상태다. 브라질 전역을 수놓는 카니발 축제는 특히 최대 도시인 상파울루와 삼바의 고장으로 불리는 리우에서 성대하게 벌어지는 만큼 브라질 내 다른 도시에서 카니발을 강행한다고 해도 축제의 규모와 참여 인원은 상당히 축소될 전망이다.

달릴 수 없는 마라톤

세계 4대 메이저 마라톤 대회 중 하나인 미국의 보스턴 마라톤 대회 역시 개회 여부가 불분명하다. 보스턴 마라톤은 매년 메사추세스주의 기념일인 4월 셋째 주 월요일 '애국자의 날'에 맞춰 열려왔는데, 작년 봄에는 미국 전역에 코로나19 확진자가 기하급수적으로 늘어 9월 14일로 한 차례 일정이 연기됐다가 결국 취소 수순을 밟았다. 지난 1897년 시작된 보스턴 마라톤은 매년 3만 명 이상이 참여

하는 세계적인 스포츠 행사로, 시민 응원단만 매년 100만 명에 이른다. 달리는 선수 만큼이나 거리 응원을 나온 시민들의 모습을 구경하는 것도 쏠쏠한 볼거리다. 런던와 베를린, 뉴욕과 함께 4대 메이저 대회로 꼽히는 보스턴 마라톤이 2년 연속 취소되는 건 전례가 없는 일이다. 한국과도 인연이 깊어서 해방 직후인 지난 1947년에는 서윤복 선수가 2시간 25분 39초의 세계 신기록을 세우며 아시아 인 최초로 보스턴 마라톤 대회 우승을 차지했고, 한국전쟁이 발발한 1950년에는 함기용 선수와 송길윤, 최윤칠 선수가 참가해 1, 2, 3위를 독식했다. 2001년 대회에서는 이봉주 선수가 우승을 차지해 다시 한 번 마라톤 강국의 위상을 드높였지만, 코로나19 이후 현재까지도 보스턴 마라톤 개최 여부는 불투명한 상황이다.

초겨울의 가을 야구

각국의 전통 깊은 스포츠 문화 행사들이 줄줄이 취소되는 상황을 고려하면, 그래도 야구나 축구는 나은 편이라고 해야 할까. 코로나19 팬데믹 상황 속에서 전 세계 스포츠 시장도 잔뜩 풀이 죽은 시기를 보냈다. 전 세계의 신규 확진자 수가 걷잡을 수 없이 불어나면서 연초 시즌 개막을 기다리던 미국의 프로야구 메이저리그 베이스볼과 유럽의 잉글랜드프리미어리그 등은 모두 늦깎이 개막에다 경기 축소를 받아들여야 했다. 해외 유수의 프로 스포츠리그들이 개막을 늦추고 경기 수를 줄이면서 사람이 없어도 응원 문화는 지키는 한국 야구가 미국의 스포츠 전문채널 ESPN을 통해 전 세계 팬들에게 이름을 알리는 계기도 되었지만, 출장 수에 따라 보수를 받는 프로리그 스포츠 선수들이나 티켓과 굿즈 판매로 수익을 얻어온 프로 구단은 모두 수익성 혹한기에 직면한 상황이다. 세계 스포츠 산업에도 코로나19는 분명 다시 만나고 싶지 않은 악재였다.

한국도 마찬가지다. 2020년 11월 2일 기준으로 예년 같으면 벌써 가을 야구가 폐막했을 시기까지도 포스트 시즌 경기가 한창이었다. KBO리그는 K-방역의 효과적인 초기 대응에 따라 메이저리그처럼 경기 수를 줄이지는 않았지만, 날씨가 추워진 이후에는 궁여지책으로 돔 경기장에서만 경기를 이어가기로 했다. 시즌을 제대로 마치면서 선수들의 부상을 막고 관객들의 현장 관람을 유도하기 위한 고육책이다.

코로나발(發) '일자리 가뭄'

일자리, 아픈 데부터 찔렀다

사람들이 교류와 이동을 삼가면 여행이나 호텔업 만큼이나 직접적인 타격을 받는 게 바로 도소매업과 음식, 교육업 등이다. 사람을 가까이서 대면하고 대화와 접촉이 많은 업종들이다. 코로나19 확산 이후 관련 업종은 직격탄을 맞았다. 통계청이 발표한 '2020년 상반기 지역별 고용조사 취업자의 산업 및 직업별 특성'을 살펴보면, 4월 기준으로 산업 중분류 기준 음식 및 주점업 취업자는 193만 4000명으로 1년 전 같은 기간보다 20만 1000명(9.4%) 감소했다.

코로나19 집단감염 우려가 커진 이후 대형 학원이 문을 닫고, 소규모 학원도 수강생이 줄면서 교육업도 큰 타격을 받은 것으로 나타났다. 상반기 교육 서비스업 취업자는 175만 9000명으로 이전 해 같은 기간보다 6.9% 줄었다. 여러 사람이 드나들고 시술자와 긴 시간 밀접 접촉하는 이미용 및 마사지 업소가 포함된 개인 서비스업 종사자도 이전 해 상반기보다 6만 명(9.5%) 감소한 57만 1000명으로 집계됐다. 수출입이 동반 감소한 데다 제조업 가동률이 떨어지면서 국내외 물동량이 줄어든 여파로 자동차 및 트레일러 제조업 종사자도 1년 전 같은 기간보다 9.8% 적은 45만 4000명에 그쳤다.

보다 구체적으로 세분해보면, 산업 소분류별로 음식점업 종사자 감소폭이 가장 컸다. 2019년 상반기와 비교하면 모두 17만 9000명, 10.3%가 줄어들었다. 1년 사이 음식점에서 일하던 직원들 10명 중 1명 이상이 직장을 잃었다는 의미다. 주점과 비알코올 음료점, 즉 카페 등의 종사자는 2만 2000명(5.4%) 줄어들었다. 건설 경기가 위축되며 건물 건설업 종사자는 6만 1000명(9.8%)감소했고, 수강생이 급감하며 일반 교습학원 종사자, 즉 학원 강사들 역시 3만 2000명 (8.8%) 일자리를 잃은 것으로 나타났다.

그나마 일자리 수를 유지하는 데에는 정책 수요가 만들어낸 공공일자리가 한몫했다. 공공일자리가 포함된 사회복지 서비스업에서는 2019년 상반기와 비교해 7.7% 늘어난 124만 1000명이 근무한 것으로 집계됐다. 농업 부문에서 일한 사람도 모두 140만 2000명으로 1년 전 같은 기간보다 7만 3000여 명, 5.5% 늘었다. 급속한 고령화로 농업 부문 취업자 수가 꾸준히 늘어난 것으로 분석할 수 있다.

고령층 빼고 다 구직 중

분야별 일자리 감소 추세를 연령별로 재구성해보면, 한 마디로 말해 60세 이상 고령층을 제외한 모든 연령의 취업 시장이 고전했다고 정리할 수 있다. 코로나19가 가파르게 확산한 2020년 3월 60세 이상 고령층을 제외한 나머지 연령층의 취업자는 53만 2000명 줄어들기 시작했고, 5월에는 69만 3000명, 6월에는 69만 1000명, 7월에는 65만 5000명 연속으로 감소했다. 8월에는 65만 8000명 줄어들며 증가 속도를 늦췄지만, 이후 고령층을 뺀 모든 연령층의 취업자 감소세는 이어지고 있는 추세다.

특히 2030 청년층의 경우 취업 시장에 첫 발을 내딛기도 쉽지 않지만, 간신히 찾은 일자리를 붙잡고 있기가 매우 어려운 상황이었다. 2020년 상반기 20대 취업자 수는 1년 전보다 19만 8000명 줄어 7년 전인 2013년 2월, 21만 명이 줄어든 이후 가장 큰 감소폭을 기록했다. 30대 취업자들의 사정도 크게 다르지 않았다. 30대 취업자 수도 이전 해 같은 기간과 비교해 28만 4000명 줄면서 세계 금융위기의 직접 영향권 안에 들어 있었던 2009년 4월 29만 2000명 감소 이후 11년 5개월 사이 가장 큰 감소폭을 보였다. 정부 주도의 공공일자리가 전체 취업자 수의 평균치를 끌어올리고는 있지만, 대개 자활 근로 사업이나 노인들 중심의 공공근로 형태가 많아서 20대와 30대 구직자들에게는 도움을 주기 어렵다는 결론이 나온다.

2030 청년층의 실직에는 자영업의 위기도 한 몫을 했다. 후에 구

체적으로 나열하겠지만, 코로나19로 영업 규제나 제한을 받은 업종뿐 아니라 일상적인 경제활동 위축으로 자영업 기반이 위태로운 상황이다. 2020년 상반기에만 숙박 및 음식업에서 22만 5000명이 일자리를 떠났고, 집합 금지 업종 중 하나였던 대형학원을 포함한 교육 서비스업에서도 15만 1000명이 직장을 잃었다. 대부분 자영업자들이 포함되는 비임금 근로자의 경우에는 9월 들어 14만 3000명이 줄어들어 663만 6000명을 나타냈고, 직원을 둔 고용원 있는 자영업자 수 역시 같은 달 기준으로 1년 전보다 15만 9000명 감소하면서 133만 2000명을 나타냈다. 통계 작성 후 9월 기준으로는 1991년 9월의 132만 6000명 이후 가장 적은 수치다. 90년대 후반 외환위기와 2000년대 초반 (IT 산업에 대한 막연한 기대로 주가가 급등했다 폭락한) '닷컴버블' 붕괴, 2008년 세계 금융위기 이후 실업과 구직 포기로 자의 반 타의 반 자영업자가 급증한 상황을 고려하면, 직원을 둔 자영업자 수의 감소는 예사로운 현상이 아니다. 이렇게 적어도 한 명 이상 직원을 고용했던 자영업자의 수가 감소한 사이 고용원 없는 자영업자는 8만 1000명 늘어났다. 직원을 두었던 자영업자의 일부는 폐업을, 일부는 '나홀로 가게'를 선택했다는 추측이 가능하다.

간판 떼기도 힘들다

상당수 자영업자들은 개점 휴업 상태로 버티고 있지만, 간판만 남은 곳도 적지 않다. 폐업도 돈이 있어야 가능하기 때문이다. 각종 뷔페나 결혼식장 중에는 휴업과 개업을 반복하다 폐업한 경우가 많다. 결혼식이 취소, 혹은 연기됐고 각종 모임도 사라져 수천만 원에 달하는 월세와 인건비를 감당할 수 없어서다. 미용실이나 동네 PC 방 사정도 심각하다. 1단계 조정 이후 다시 문은 열게 됐지만 기피 시설로 낙인찍혀 손님이 뚝 떨어졌다. 가게를 정리하고 싶어도 철거 비용이 없어 문만 열고 있는 '식물가게'도 상당수다. 폐업 전문 컨설턴트들은 개업 1년 안에 폐업을 준비하는 일이 적지 않다고 했다. 부산의 2020년 7월 기준 자영업자 수는 1년 전 같은 기간보다 8000명 늘어난 35만 명에 이르지만, 대부분 소비 절벽 아래 간신히 간판만 유지하고 있는 신세다. 대개 조선과 금속 등 주력 제조업체들의 업황이 나빠지자 울며 겨자먹기로 창업한 경우인데, 자본금마저 바닥나면 그야말로 가계 경제가 무너질 수 있는 이들이다.

물동량과 인구 이동이 줄면서 주유소도 빠르게 사라지는 추세다. 2019년 같은 기간과 비교하면, 3월 이후 개점 휴업에 들어간 주유소는 월평균 2배 이상 늘었다. 한국석유공사 유가정보시스템을 보면 2020년 9월 9일 기준 전국의 주유소는 1만 1384개로, 3월 1일 1만 454개보다 70개 줄었다. 코로나19 이후 9월 상순까지만 80개 주유소가 사라졌다. 2019년 전체의 폐업 수와 같다. 2010년을 정점으로 줄던 주유소 수를 코로나19가 보다 빠르게 줄이고 있는 것이다. 주유소의 경우 폐업에도 시설물 철거 비용과 토양 정화 비용 등 줄잡아 억대의 비용이 든다는 점을 고려하면, 폐업이 눈에 띄게 는다는 건 그만큼 수익성이 떨어지고 있다는 방증이다. 특히 그나마 교통량이 유지될 수 있는 도시에 비해 지방 국도변의 주유소들은 사회적 거리두기 단계가 조정되거나 확진자가 급증할 때, 기후 변화가 나타날 때, 이동량 변화를 피부로 체감할 만큼 업황 부진을 겪는다. 결국 휴업하는 주유소 수는 당분간 늘어날 것으로 보인다.

빚만 변 자영업자

이런 상황을 반영하듯 자영업자들의 생활 및 사업자금 대출은 계속 늘어나는 추세다. 코로나19가 창궐 이전인 '2018년 일자리행정통계 개인 사업자 부채'를 봐도 영세 자영업자들의 재정 상황은 녹록지 않았다. 2018년 12월 기준으로 개인 사업자의 평균 대출은 1억 6428만 원에 이른다. 중위 대출도 8454만 원에 이른다. 자영업자 절반 이상은 적어도 8500만 원 이상의 빚을 지고 있다는 얘기다. 이는 2017년과 비교해도 평균 742만 원(4.7%), 중위대출의 경우 554만 원(7.0%) 늘어난 수준이다. 연체율은 대출잔액 기준으로 0.32%를 기록해 2017년보다 0.05%p 늘었다. 특히 연 매출 3000만 원 미만인 영세 자영업자의 경우 평균 1억 1154만 원을 대출한 것으로 나타났다. 물론 사업장과 매출 규모가 큰 매출 10억 원 이상 대형 사업자들의 평균 대출액(7억 9549만 원)보다는 대출 규모가 적지만, 연체율은 0.60%로 대형 매장을 운영하는 사업자들의 연체율(0.15%)보다 4배나 높았다. 이 가운데서도 취업이 어려워 창업을 택한 20대 젊은 사장님들의 대출 연체율이 특히 높은 것으로 나타났는데, 29세 이하 사업자의 평균 대출은 5071만 원으로 평균 금액은 다른 연령대에 비해 적은 편이었지만 대출 연체율은 0.47%로 모든 연령층 가운데 가장 높았다. 50대 사장님들의 경우 평균 대출액 1억 9060만 원으로 규모가 가장 컸지만, 대출 연체율은 0.32%에 머물렀다.

종합하면, 2018년을 기준으로만 봐도 영세 자영업자 가운데 적지 않은 인원이 대출금도 갚지 못할 정도로 어려움을 겪었으며, 특히 취업 대신 창업을 택한 2030 젊은 사장님들이 고전했음을 알 수 있다. 더 큰 문제는 그나마 이런 통계가 정상적인 경제활동이 가능했던 시기의 수치라는 점이다. 코로나19의 대확산으로 경제활동이 마비되면서 자영업자들이 직격탄을 맞은 사회적 거리두기나 방역의 여력이 적은 영세 자영업자들은 사실상 폐업의 위기로 내몰렸다. 차후에 나올 자영업자 통계의 그림자가 벌써 두려워진다.

공실률 10%

자영업자들의 위기는 결국 건물주의 위기로 이어진다. 가만히 깔고 앉아 있어도 건물 가치와 땅값이 오르니 건물주는 천하무적으로 보일지 모르겠지만, 주요 상권 요지의 1층 가게들이 한 집 걸러 한

집씩 비어 있는 지금은 얘기가 다르다.

　서울의 주요 상권에서도 이런 현상은 뚜렷하다. 대학가가 밀집한 서울 신촌의 상가 공실률은 2019년 4분기 0%였지만, 코로나19 창궐 이후 7.3%까지 급증했고, 대표적인 상권으로 꼽히는 홍대입구와 상수 합정동 일대의 상권도 공실률이 10%에 이른다는 통계가 나왔다. 클럽과 이색적인 음식점을 중심으로 활황을 보였던 이태원 상권도 무너지는 중이다. 이태원의 상가 공실률은 코로나 사태에서 불과 3년 전인 지난 2017년부터 2019년까지도 0%를 나타냈지만, 코로나19가 확산되고 2020년 5월 연휴 이후 클럽을 중심으로 감염이 이어졌다는 보도가 나온 뒤 올해 2분기 기준으로 15%까지 폭증했다. 가게 자리 10곳 가운데 2곳 가까이가 비어 있다는 뜻이다.

　이들 상권의 몰락은 시사하는 바가 크다. 모두 원하는 상권이라 비싼 임대료 때문에 원래 장사하던 가게들이 쫓겨나고 비싼 월세를 감당할 수 있는 프랜차이즈 상점들이 들어서는, 젠트리피케이션 문제가 불거질 정도로 사람들 발길이 잦았던 곳들이어서다.

　대학가와 상권이 공존하던 이 지역은 상가 공실률뿐 아니라 하숙집과 원룸 등의 공실도 골칫거리다. 자가격리나 감염, 온라인 학습 전환 등을 이유로 지방이나 해외 유학생들마저 돌아가면서 빈방이 남아도는 상황이다. 월세를 받아 생활하던 지역사회 주민들의 경제사정도 상당히 피폐해졌다. 이들을 기반으로 장사해오던 동네 슈퍼와 상점들도 연쇄적으로 타격을 받고 있다.

긱(Gig) 노동의
그늘

잠시 미국에 머물던 시절 가장 황당했던 기억은 배송일을 좀체 기약할 수 없다는 점이었다. 출장 외에 거주는 처음이어서 미국식 유통 구조를 제대로 몰랐던 나는 필라델피아에 거주했는데, 동네 사람들이 흔히 '킹프'라 부르는 백화점에서 아들 농구화를 하나 살 때 작은 해프닝이 있었다. 내내 한국에서 산 신발을 신고 있던 아들의 결국 운동화에 구멍을 내 돌아왔다. 미국 학교들이 워낙 체육을 열심히 하기도 하는 데다 그런 환경을 잘 몰라 허술한 헝겊 운동화를 신겨온 게 패착이었다. 결국 한국에 들어가기 한 주 전에 단 벌 운동화를 버려야만 하는 상황이 돼서 새 신을 사러 갔는데 마침 사이즈가 없다고 했다. 일주일이나 남았으니 충분히 배송이 되리라 믿고 주문을 하고 돌아왔는데, 현지 친구가 출국 전에 받을 수도 없을 텐데 함부로 배송 약속을 받고 왔느냐며 핀잔을 주었다. "아니, 왜? 일주일이나 남았는데?" 친구는 답답하다는 듯 "아마존 프라임도 며칠 딜레이 될 때가 있어."라고 말했다. 배송 물류 시스템이나 유통 구조의 치밀함이 한국에 비해 훨씬 뒤처져 있다는 걸 그때야 알았다.

반면 한국은 세계 어느 나라와 비교해도 뒤지지 않는 '속도와 편의성의 나라'다. 24시간 편의점이 널려 있고, 그 어떤 추가 비용도 없이 총알배송이 가능한 나라. 심지어 오늘 찜한 옷을 내일 새벽배송으로 받아 입고 출근할 수도 있다. 이런 서비스는 엄청나게 촘촘한 유통망과 배송, 택배서비스를 기반으로 이뤄지는데 실제로 코로나19 창궐 이후 배송 서비스 물동량은 기하급수적으로 늘어났다.

날아가는 '배달'

코로나19는 가뜩이나 성장세를 타던 언택트 경제, 배송과 구독 경제의 비상에 추진 동체가 됐다. 기존에도 오프라인 유통 질서는 무너지고 온라인 상거래가 패권을 쥐어가고 있었지만, 감염 우려로 사람이 밀집한 곳 방문을 꺼리는 인구가 늘어나면서 온라인 상거래 수요는 기하급수적으로 늘어났다. 기존에도 의식, 심지어 집까지 온라인으로 구하는 데 익숙했던 MZ세대 말고도 오프라인 구매에 익숙했던 40대 이후 중장년층이 자의 반 타의 반 온라인 상거래에 가세하면서 시장의 양극화는 극명하게 드러났다.

한때 대형마트는 문을 열기만 하면 주차할 자리 찾느라 애를 먹을 정도로 인기였지만, 몇 년 새 시장의 판도는 완전히 달라졌다. 대형 유통업계 2위 자리를 지켜온 홈플러스는 코로나 이후 4개 지점의 간판을 내리기로 했다. 마트 직원들이 필사적으로 저항하고 있지만, 수요 감소로 인한 매출 감소와 실적 악화를 더 이상은 견디기 어렵다고 토로한다. 모기업의 강력한 유통채널 후광을 받았던 롯데마트의 경우 코로나19 이후의 타격을 단적으로 보여준다. 8곳이 문을 닫았고, 7개 지점의 추가 폐쇄를 고려 중이다.

한국유통학회의 통계를 보면 유통 시장의 재편이 얼마나 빠른 속도로 이뤄지고 있는지 알 수 있다. 지난 4년 동안 대형마트 가운데 20여 곳이 폐점을 선택했고, 유탄을 맞은 근로자는 3만 2000여 명에 이른다. 대형마트 한 곳에 달린 직원이 통상 점포 직원과 협력업체 직원을 포함해 900여 명에 이르고, 마트 인근에 조성되는 주변 상권 인구까지 더하면 대형마트 한 곳이 문을 닫을 때 1300여 명이 일자리를 잃는 것으로 나타났다. 매출의 급격한 감소세를 견딜 재간이 없다는 의미다.

실제로 대형마트 3사의 매출액은 골목 상권을 보호한다며 도입한 의무휴일제 도입 이후 2012년 34조 원에서 2019년 32조 원으로 7년 새 2조 원 줄어들었다. 그 사이 물가 상승률과 임금의 인상, 고용제도의 강화 여건을 고려하면, 대형마트 운영사들이 느끼는 어려움은 숫자보다 훨씬 더 클 것으로 보인다. 그렇다면 이들에게 등돌

린 고객들은 어디로 갔을까? 7년간 대형마트의 매출이 2조 원 줄어
드는 사이 온라인 마트와 편의점 매출은 두 배 이상 늘었다. 2012년
대형마트 매출을 약간 웃돌았던 온라인 마트의 경우 36조 9000억
원 수준이었던 매출이 79조 6000억 원 수준으로 115.9% 급증했고,
10조 8000억 원 정도였던 편의점 매출도 두 배가 넘는 25조 7000억
원으로 136.9% 급증했다. 유통공룡이라는 수사는 이제 완전히 옛
말이 된 셈이다.

이런 흐름에는 기존에 온라인 상거래보다는 오프라인을 선호하
던 세대의 소비행태 변화도 큰 영향을 미쳤다. 특히 40대 이후의 중
장년층 가운데 온라인 상거래를 꺼리던 인구들의 경우에도 코로나
19 이후 동선이 제한되면서 온라인 배달 외의 대안을 찾기 어려운
경우가 늘었다. 이에 따라 기존에 온라인 상거래를 즐겨 이용하지
않던 인구도 속속 모바일 시장으로 이동하기 시작했다.

2019년 5월에 이뤄진 연령별 소비 성향과 가치관 변화 조사 결
과를 보면, 40대까지는 30대에 가까운 소비 패턴과 디지털 선호도
를 가지고 있었지만, 50대부터는 경계선에 서 있는 소비자임을 명
확히 알 수 있다. 50대의 경우 정보 회득이나 프로그램 시청, 구매의
측면에서 여전히 TV를 가장 선호했지만, 모바일을 통해 쇼핑을 하
거나 정보를 취득하는 패턴에 있어서는 40대 이전 세대와 큰 차이
를 보이지 않았다. 이들은 여전히 오프라인 매장에 대한 높은 선호
를 가지고 있지만, 모바일을 쇼핑 채널로 이용하는 50대 비중은 해

당 조사에서 70%에 이르는 것으로 나타났으며, 50대 남성은 월평균 4.7회, 여성은 6.4회의 인터넷 쇼핑몰 이용 횟수를 기록했다. 특히 조사 대상 50대 여성 10명 가운데 약 3.7명은 월 6회 이상 모바일 쇼핑을 한다고 답했다.* 이런 상황은 대면 접촉을 꺼리고 낯선 이들과 접촉하는 것을 꺼리게 된 코로나19 창궐 이후 더욱 가속화됐을 것으로 짐작한다. 온라인의 편리성을 경험했으나 여전히 물건은 실제로 가서 보고 만져봐야 안심했던 50대 이후의 세대들이 어쩔 수 없이 온라인 시장으로 이동하고 있는 셈이다.

늘어가는 죽음

이처럼 세대를 막론하고 집 앞으로 물건이나 음식을 안전하게 배달해 주는 서비스에 대한 수요가 폭증하면서 고된 노동에 신음하는 사람들도 늘어났다. 바로 택배 기사들이다. 우리가 일상적으로 누리는 편리한 서비스의 뒤에는 보이지 않는 희생이 있다. 물류배송 작업 뒤 본인과 가족이 확진된 쿠팡 물류센터의 비정규직 노동자 사례처럼 이들은 비대면이 기준이 된 시대에도 매일 수없이 많은 안전성이 검증되지 않는 사람, 물건과 접촉하고 새벽잠을 포기하며 서비스를 제공한다. 그럼에도 회사에 직접 고용돼 일자리와

* DMC미디어 DIGIECO 2019.5.

휴식을 보장받는 이는 드물다. 대개 개인 사업자로 회사와 계약을 맺고 일감을 받아 처리하다보니 과로사의 위험 속에서도 격무를 견딘다. 급기야 추석을 앞둔 시점 전국의 택배기사들은 택배 분류처럼 마땅히 회사가 해야하는 일을 떠넘기지 말라며 파업을 선언했고, 물류대란 걱정 속에 정부가 중재하면서 최악의 상황을 피했지만, 회사의 근본적인 태도는 달라지지 않았다. 사후 조사에서 현장에선 여전히 택배 기사에게 분류 작업을 강요한다는 진술이 잇따랐고, 이런 구조가 바뀌지 않는 한 택배 홍수 속 택배 기사들의 업무 거부 상황은 언제든 재연될 수 있다.

2020년 처음 맞는 비대면 추석 이후 만나지 못하는 가족과 친지들에게 선물 보내는 수요가 급증하면서 택배 기사들의 부담은 감당하기 어려운 수준으로 늘어났고, 격무에 따른 후유증은 사망 사고로 이어졌다. 10월 들어 한진택배에서 물류 일을 해온 30대의 택배기사가 자택에서 숨진 채 발견된 사고가 발생했는데, 전국택배연대노동조합은 10월 19일 서울 중구 한진택배 본사 앞에서 기자회견을 열고, 동대문지사에서 일하던 36세 택배기사 김모씨의 죽음은 과로 때문이라고 주장했다. 노조는 "사망한 택배기사가 남긴 기록에는 '한숨도 못 자고 물건을 정리해야 한다' 등 과로를 호소한 기록들이 남아 있다"며 한진택배 및 고용노동부의 사과와 보상, 재발방지대책을 요구했다. 국과수 부검 결과 고인의 사인은 심장혈관 장애와 관련된 것으로 밝혀졌는데, 지병이냐 과로에 따른 돌연사이냐 사인을 두고 사측과 유가족 측의 의견이 갈리지만 고된 노동이 건강 악화에 한 요인이 되었으리라는 점은 부인하기 어렵다.

이런 안타까운 죽음은 2020년 들어서만 10명에 이른다. 이 가운데 3명이 물류 홍수가 일어난 추석 연휴 이후 목숨을 잃었다. 10월 8일 CJ대한통운 택배기사였던 40대 노동자가 배송 중 호흡곤란으로 숨졌고, 12일에는 경북 칠곡 쿠팡 물류센터에서 분류작업 중이던 20대 일용직 근로자가 근무 이후 사망했다. 한진택배 근로자는 18일 목숨을 잃었다.

모두가 접촉을 꺼리는 시대, 누구와도 접촉하는 위험을 감수하는 사람들. 우리가 편리하게 이용하는 총알배송, 당일배송, 새벽배송의 뒤에는 값싼 노동과 살인적인 노동에 신음하는 사람들이 있다.

쌓여가는 택배상자를 들고 온 이들은 우리에게 묻는다. 우리가 언제까지 죽어야 하느냐고. 이는 최소한의 생존권에 대한 호소이면서 싸고 빠르고 좋은 서비스를 누려온 소비자들에 대한 질문이다. 택배기사는 택배만 전하고, 택배회사는 분류 작업에 써야 할 비용을 기사들에게 전가해서는 안 된다. 또한 물동량이 늘어날수록 저렴해진 택배 단가가 과연 공정한 것인가 한 번쯤 짚어볼 시점이다. 우리 사회가 이들의 희생에 얼마나 더 비싼 값을 치를 준비가 되어 있느냐에 따라 향후 상황은 완전히 달라질 것이다.

'긱'이라는 불공정

긱 노동, 모바일 노동이라 부르는 단기 시급제 비정규직 배달 서비스도 온 사회가 함께 고민해봐야 할 문제다. 정규직이 줄어든 수당 때문에 투잡으로 선택하는 경우도 있다지만, 대개의 경우 기존 고용 시장에 진입하지 못하거나 밀려난 경우 이 고되고 위험한 작업을 선택하게 되는데, 진입장벽이 낮고 업무량에 비례해 수입을 거두는 만큼 위험천만한 주행을 하는 경우도 심심치 않게 볼 수 있다. 문제는 이렇게 목숨을 걸고 주행하는 배달 서비스로도 최소한의 생계를 보장받기 어렵고, 몸이 아프거나 사고가 생겨도 스스로 모든 걸 해결해야 한다는 점이다. 소비자와 음식점 사이에서 거간을 하고 배달을 중계해 수수료를 챙기는 배달앱의 폭발적인 성장세 속에는 싸고, 위험하고, 부정기적인 노동에 내몰리는 긱 노동자들이 존재한다. 플랫폼의 이윤 독식에 이의 있는 이유다.

기업도
트랜스폼

거실로 출근하는 사람들

WFH(재택근무, Working From Home) 상황을 단적으로 묘사한 애플사의 광고가 있다. 달걀 패키징을 바꾸는 업무를 하고 있는데, 클라이언트의 주문은 까다롭고 아이디어는 당최 나오지 않으며 집에서 인형놀이를 해주다가, 야외에서 요가를 하다, 노모의 시중을 들다가 시시때때로 줌에 들어와 패드로 일을 한다. 심지어 클라이언트가 갑자기 프리젠테이션 날짜를 당기면서 다들 발등에 불이 떨어지는데 침대에서 배 위에 올려둔 채 디자인을 하거나 색종이, 박스를 이리저리 오려 붙이면서 화상회의에 참석하기도 한다. 종전 같으면 대면 회의를 한 6번쯤 하고 보고에 보고를 거칠 일을 한 화면에서 해결한다.

재택의 일반화

"사람들은 엄마가 똑똑하고 깨끗한 줄 알지?"

주말 아침, 소파에 달라붙은 내 모습을 보고 아들이 한 팩트 폭행. 거창하게 말하면 '번헤어' 속어로 똥머리에 트레이닝복 바지를 입고 소파와 한몸이 된 나는 주중 5~6일을 입고 지내는 정장이라는 갑옷을 간신히 벗어놓고 자연인이 되는 순간이 참 좋다.

그런데 재택근무가 늘면서 주 5일 내내 자연인일 수 있는 환경이 조성되는 중이다. 말 그대로 뻗쳐 입고 갈 데도, 봐줄 사람도 없으니 지나다 쇼윈도에서 신상을 접할 일도 지름신이 강림할 일도 줄어든다. 여기다 마스크가 피부의 한 부분이 된 채 반년을 지나다 보니 화장의 필요성이 사라졌다. 정말 중요한 자리라도 눈만 챙기면 된다. 어차피 습기가 찰 마스트 안쪽 피부화장은 하나, 하지 않으나 매한가지니까. 이런 생활 패턴은 소비 시장에도 고스란히 영향을 미친다. 홈쇼핑이나 온라인 쇼핑 매출은 급증한다고 해도 의류나 화장품 소비는 눈에 띄게 줄었다. 필요성과 의욕, 어떤 면에서도 수요를 자극할 요인이 사라진 것이다. 나갈 일이 있어야 옷을 사고 화장을 한다. 갈 데가 있어야 약속을 잡는다. 집 밖으로 나와야 돈을 쓴다.

이렇게 재택근무가 보편화되면서 패션과 뷰티 시장에는 근본적인 변화가 일어났다. 의류 시장에서는 라운지 웨어(홈 웨어, 파자마 룩, 이지 룩 등으로도 불린다) 즉, 집에서 간편하게 입으면서도 언제든 가까운 거리는 외출이 가능할 정도의 캐주얼 룩이 인기를 끌고 있다.

이런 특징을 갖춘 라운지 웨어를 그래서 집 반경 1마일을 부담 없이 돌아다닐 때 입을 수 있는 '원마일 웨어'로 부르기도 한다. 코로나19 사태 속에서 사실상 전 국민이 일정 시간 자가격리를 피할 수 없는 상황인 만큼 보육과 집안 일을 하면서도 회의 시간에는 가벼운 재킷만 걸쳐도 화상채팅 앱을 통해 회사 동료들과 대화가 가능할 정도의 캐주얼을 찾는 소비자가 급증하고 있어서다.

이에 따라 예년 같으면 동창회나 송년회, 공연 관람 등 연말 모임을 겨냥해 화려한 외출복이나 값비싼 외투, 화려한 고가의 가방을 판매했을 온라인 쇼핑몰과 홈쇼핑 채널들이 저마다 '라운지 웨어' 상품을 전면 배치하고 있다. 프랑스의 크리스티앙 디올이나 이탈리아의 구찌, 영국의 닥스 등 세계적인 패션하우스들도 캐시미어 소재로 만든 트레이닝 세트나, 자사 브랜드의 상징 로고를 새겨 넣은 맨투맨 티셔츠, 활동성이 좋은 저지 팬츠 등을 내놓으며 이런 흐름에 가세했다. 종전 명품 하우스들이 보기에는 예쁘지만 활동성과 세탁, 보관이 불편했던 의류를 주로 내놓았던 데 반해 이제는 입기에도 편하고 기계 세탁도 가능한 옷을 선보이고 있다는 것 역시 특징적인 점이다. 어쩔 수 없이 '집'이 삶의 중심 무대가 되고, 상황과 장소에 따른 패션 TPO가 무의미해진 코로나19 시대의 단상이기도 하다.

출장 없는 시대

그러니 멀리 가서 해야 할 미팅이나 대규모 국제 컨퍼런스 같은 걸 못하게 된 이 상황은 새로운 스탠다드가 될 수도 있다. 코로나19 때문에 못하게 된 MWC나 라스베이거스 가전쇼를 가서 하지 않아도 된다는 걸 깨달은 회사들은 온라인으로, 유튜브 라이브 방송으로 모든 걸 대체하는 중이다. 전 세계 브랜치에서 매일 수천 명이 하늘에 떠 있었다는 삼성의 경우 분기 어닝서프라이즈의 여러 이유 중 하나가 이렇게 화상회의로 대체된 출장이었다. 교통과 숙박, 식비, 여비가 필요 없어지니 저절로 줄어드는 경상경비가 적지 않았다. 처음엔 '못하게 된' 일들이 이젠 '안 해도 되는 일'이 되어간다는 의미다. 재택근무 역시 처음에는 '모일 수 없어서' 시작된 일이지만, 회사 입장에서는 건물과 탕비, 급식, 보건, 보안 시설 등을 유지 관리하

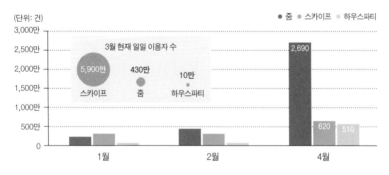

• 팬데믹 상황 이후 세계 비디오 채팅앱 신규 다운로드 건수

자료: statista 웹사이트, 2020.1~2. / prioridata, 2020.3.

는 비용을 줄이면서 최종 퍼포먼스를 정량적으로 체크할 수 있는 재택근무 형태가 결코 나쁘지 않다는 쪽으로 의사 결정을 돌리는 분위기다. 출퇴근에 줄잡아 두세 시간을 쓰고 녹초가 되는 데 익숙했던 직장인들도 아이를 돌보며 집에서 일할 수 있다는 장점과 일과 일상이 뒤섞인다는 혼돈 속에서 새로운 업무 환경에 강제로 적응해가는 중이다. 인프라와 보안 문제가 해결돼 재택근무가 일상화된다면, 회사 근처로 이사해야 하는 직주근접, 역세권 선호 현상이 어느 정도 완화될 가능성도 있다. 다만 나같은 일하는 엄마들은 회사에 나가고 싶을 것이라는 데 양 손을 건다. 이유는 길게 말하지 않겠다.

줌모닝!

코로나19 이후의 사회에서 출장은 사치가 됐다. 코로나19 음성 확인서 제출과 자가격리 의무를 지켜야 해 출입국이 까다로워진 데다 기업들도 예기치 않은 상황에 상당히 민감하게 반응하고 있는 이유에서다.

그래서 각광을 받고 있는 서비스가 바로 미국의 화상회의 서비스 '줌'을 비롯한 각종 화상회의, 온라인 강의 서비스다. 초등학생인 아들도, 회사원들도 세계 1위 화상회의 앱 줌을 비롯한 화상회의 서비스를 통해 각기 다른 장소에서 같은 주제를 배우고 고민하는 중

· 원격 근로자들은 생산성과 의사소통 모두 긍정적으로 이뤄지고 있다고 생각함.
· 응답자의 86% 원격 근로가 매우 생산적 또는 생산적이라고 응답
· 응답자의 81% 의사소통이 매우 원활 또는 원활하다고 응답

자료: 2020 갤럽 패널 조사(US)

이다. 실제 사용자 수의 증가세를 보면 코로나19가 화상회의 서비스 수요를 얼마나 늘려놓았는지 보다 정확히 파악할 수 있다.

2020년 현지 시간 10월 14일 에릭 위안 '줌' 비디오 커뮤니케이션스 최고경영자(CEO)는 이틀에 걸친 연례 사용자 컨퍼런스 '줌토피아' 기조연설에서 "전 세계 이용자들이 줌이 이용한 화상회의 시간을 환산하면 연간 3조 분(500억 시간)에 이른다"고 설명했다. 폭발적인 사용자 증가세 속에 회의 당일 기준 줌의 시가총액은 1448억 4000만 달러로 우리 돈 약 165조 원에 이른다. 코로나19 확산 이전인 2020년 초 시가 총액이 160억 600만 달러 수준이었다는 점을 고려하면, 9배 가까이 폭증한 규모다. 짧은 기간을 한정해 들여다봐도 줌의 성장세는 무서울 정도다. 5월부터 7월 사이 줌은 전 세계 화상회의 시장에서 6억 6350만 달러, 우리 돈 약 7879억 원의 매출을 올렸다. 이전 해 같은 기간보다 매출 규모가 355%나 급증했다. 신규 이용자 수가 급증한 덕분이다. 해당 기간 직원 10인 이상 기업이나

기관 고객은 37만 200여 곳으로 1년 전 같은 기간 대비 458% 급증했다.

이처럼 줌 이용자는 그간 화상회의 수요를 중심으로 꾸준히 늘어왔지만, 올해 들어 사용자 수가 크게 늘어난 데에는 등교 대신 온라인 학습을 시작한 게 큰 영향을 미쳤다. 코로나19 확산 이후 올해 138개 국가에서 약 16억 명의 학생들이 등교하지 못하는 사태가 발생했으며, 줌은 전 세계 유치원부터 고등학교에 이르기까지 12만 5000여 개 학교에 줌을 제공해 잠재적인 화상회의 유저 그룹을 확보했다.

국내만 700만 '주머'

국내에서도 2020년 8월 15일 광복절 집회 이후 코로나19 재확산세가 나타나면서 온라인 학습과 화상회의 수요는 더욱 늘었다. 앱 분석 업체 와이즈앱은 9월에만 국내 줌 이용자 수가 707만 명에 이른다고 발표했다. 와이즈앱은 3868만 명의 만 10세 이상 한국인 안드로이드 스마트폰 이용자 가운데 줌을 설치한 사람이 전체의 4분의 1에 이르는 969만 명이며, 줌을 월 1회 이상 사용한 사람이 9월 기준 700만 명을 넘어섰다고 집계했다. 또 다른 화상회의 앱인 '구글 미트'를 월 1회 이상 사용한 사람은 103만 명이었고, '스카이프'는 39만 명, '시스코 웹엑스 미팅즈'는 33만 명, 마이크로소프트 '팀즈'는 32만 명을 기록했다.

특히 하루 중 줌 등 화상회의 이용량이 가장 많은 시간은 평일 오전 9시부터 10시 사이로 온라인 원격수업을 하는 전국의 학생들과 화상회의가 몰리는 오전 시간대 이용량이 많은 것으로 조사됐다.

백신 맞아도 '주머'는 는다

그렇다면 화상회의 앱의 전성시대는 계속될까? 이 부분에 대한 답은 단언컨대 예스다. 2020년 삼성전자와 LG전자의 예상 밖 실적 호전에는 반도체와 가전 등의 선전도 있었지만, 해외 출장과 대규모 국제 전시회 등 마케팅 비용을 거의 대부분 절감한 것도 상당한 영향을 미쳤다. 삼성의 경우 전 세계 사업장에서 적어도 매일 3000명이 하늘에 떠 있다는 이야기를 할 정도로 1인당 출장비와 현지 부대 비용이 컸으나, 코로나19 이후 사실상 출장이 완전히 중단되면서 대부분의 원거리 회의를 줌으로 대체하고 있다. 당초에는 원격회의의 불편함과 소통 지연성 등을 우려하는 목소리도 많았지만, 이제는 화상회의 앱 사용을 자연스럽게 받아들이는 분위기다. 기업 입장에서는 엄청난 비용을 아끼면서 어떤 상황에서도 연결 가능한 화상 회의를 마다할 이유가 없다. 입사할 때부터 비즈니스 클래스 탑승이 가능해지는 부장 승진을 바란다던 대기업 사원들의 바람도 이젠 옛말이 됐다.

앱 주가, 훨훨

줌 등 화상회의 앱의 미래는 이처럼 밝다. 미 증시는 일찌감치 줌의 성장 가능성에 베팅했다. 2019년 4월 미국 기술주 중심의 나스닥 시장에 상장한 줌은 기업공개(IPO) 1년 만에 PC 시대의 대명사 IBM을 뛰어넘는 기업가치를 자랑하게 됐다. 줌이 2분기 실적을 발표한 직후인 9월 1일, 주가는 전 거래일 대비 40.78% 폭등한 457.69달러(약 54만 4000원)에 거래됐다. 이전 해 연말과 비교하면, 8개월 사이 주가가 7배 가량 뛰었다. 시가총액은 이날 종가 기준으로 1291억 달러, 우리돈 약 153조 원에 이른다. IBM의 시가총액은 같은 날 1099억 달러로, 약 131조 원을 기록했다. 나스닥 상장 갓 1년을 지난 화상회의 앱 서비스 회사가 세계적인 IT 컨설팅 그룹을 단숨에 제친 역사적인 순간이었다. 증시에서는 비단 줌뿐 아니라 유사한 화상회의 서비스 제공 업체들을 일명 '재택근무 관련주(Workfrom-Home Stocks)'로 분류해 관심 있게 지켜보고 있다.

리쇼어링

미국이나 유럽, 중국의 셧다운 상황은 산업 재구성에도 큰 영향을 주었다. 우리의 경우 상징적으로 중국에서 싸게 떼 오던 전선다발 와이어링 하니스를 한동안 공급받지 못해 현대가 차를 만들지 못하는 상황이 벌어지면서 단순히 원가절감만으로 제조업에 접근하던 시대가 지나가고 있음을 체감하게 됐다.

우리를 비롯해 각국 기업과 정부들은 유사시 자국 내에서 부품 조달과 조립까지 완성품 제조를 가능하게 하는 헤지 시스템을 둘 필요성을 느끼게 되었고, 이는 글로벌 공급망을 자국내로 회귀하게 하는 이른바 기업들의 '리쇼어링' 필요성을 일깨웠다.

대선 이후 미국 경제를 중심으로 이런 리쇼어링 바람은 더욱 거세게 불 것으로 보인다. 바이든의 경우 법인세율을 인상하고 IT 기업들의 시장독점 구조를 해소하겠다는 입장이지만, 제조업 중심으로 일자리를 만드는 일명 '바이 아메리카(Buy America)' 정책을 펴겠다는 입장은 트럼프와 다르지 않다. 바이든 후보 역시 대통령직을 수행하며 제조업 공급망을 확충하는 데에 임기 4년 간 7000억 달러의 예산을 쏟아붓겠다고 공언했다. 더불어 환경 규제를 강화하되 친환경 투자와 개발을 위해서는 2조 달러를 들여 클린에너지 100% 시대를 열겠다고 공언했다. 어느쪽이 되든 미국에서 사용할 물건과 서비스는 미국에서 만들어야 우대하겠다는 입장이 분명하다.

함께, 혼밥

삼성전자를 비롯한 대기업들은 코로나19 상황에 초기부터 민감하게 대응했다. 출근 시간부터 퇴근 시간까지 모든 공간에서 마스크 착용은 당연한 일이 됐고, 사무실 내 이격 거리를 벌리기 위해 부서를 갈랐으며, 엘리베이터 내에는 탑승자들의 위치를 표시해 붙어서지 못하게 했다. 대면회의가 줄고, 출장은 원천 금지했으며, 비행기나 기차 탈 일을 만들지 않았다. 대신 줌을 통한 회의, 영상통화를 이용한 컨퍼런스 콜을 이용했다.

가장 눈에 띄게 달라진 건 구내 식당의 풍경이다. 국내 최대 규모의 구내 식당을 갖춘 삼성전자의 사례를 보자. 삼성전자 수원 본사의 경우 아침부터 저녁까지 하루 세 끼를 회사에서 해결하는 속칭 '삼성 세 끼' 패턴으로 생활해온 직원들이 많았다. 회사 인근 거주자들도 많지만, 서울에 사는 직원들도 마찬가지다. 보통 새벽 6시쯤 집에서 출발해 광화문이나 강남역 등 회사가 거점 지역으로 보내는 통근 버스를 타고 출근해서 사내 헬스클럽에서 운동을 하고, 아침 식사까지 마친 뒤 오전 업무를 시작한다. 점심도 간식도 사내에서 제공되는 식사로 대신했고, 채식주의자인 직원들을 위해 제공되는 베지테리언 코스를 활용하는 경우도 많았다. 저녁 회식이라는 게 존재하던 과거에는 종종 회사 밖 단체 식사를 하기도 했지만, 업무량 많은 걸로 유명한 삼성의 경우 저녁까지 회사에서 먹고 일하다 퇴근하는 '삼성 세 끼' 체제가 일반적이었다. 하지만 코로나19 전후로 회사의 시스템에는 일대 변화가 생긴다. 먼저 코로나19 창궐 이전 주 52시간 제도가 실시된 이후 늦은 시간 운행하던 셔틀 버스가 사라졌고, 코로나19 이후에는 사내의 헬스클럽 등이 순차로 문을 닫았다, 사무실에는 적막이 흘렀고, 감염 위험이 가장 큰 구내 식당에는 플라스틱 차단막을 설치하는 한편 부서별 동선이 겹치지 않도록 식사 시간을 세분했다. 함께 식당에 가도 대화를 나누거나 눈을 맞추고 식사하던 분위기가 사라졌다. 함께, 혼밥하는 시대가 열렸다. 대신 회사 주차장에는 개인 차량을 이용하는 사람이 크게 늘어 회사에서 빠져나오는 데도 진땀을 빼는 상황이 연출됐다. 이런 모습은 다른 회사도 마찬가지다.

회식의 추억

"90점 이상이면 1만 원, 100점 나오면 판돈 다 가져가는 거다!"

2000년대 초반부터 사회생활을 시작한 '라떼는' 혈중알콜농도를 최대치까지 끌어올린 다음 3차 노래방으로 마무리되는 이런 회식이 흔했다. 막내 사원들의 가외 업무 중 하나는 대형룸을 완비한 에코 좋은 노래방을 찾아내서 여흥의 대미를 장식할 수 있도록 일종의 현장 PD 역할을 하는 것이었는데, 사실 나는 그 업무가 싫지 않았다.

하지만, 20여 년이 지난 지금 이런 가욋일 시키는 상사가 있다면 신입 사원들이 어떻게 반응할까. 아마 사내 고충센터로 바로 달려가거나 인트라넷이 떠들썩한 직장 내 갑질 상황이 될지 모르겠다. 무엇보다 '노래방'이라는 곳이 살아남을 수 있을지조차 장담하기 어려운 게 코로나19 이후의 상황이다. 10월 12일을 기점으로 전국의 사회적 거리두기 단계가 일부 하향조정됐었지만, 노래방에서의 비말 감염 가능성이 널리 인식된 이후 다시 문을 연다 해도 노래방 전성시대의 영화를 되찾는 일은 쉽지 않아 보인다. 일명 워라밸 바람 속에 서서히 달라져온 여흥 문화를 코로나19가 속성으로 바꿔놓고 있는 셈이다.

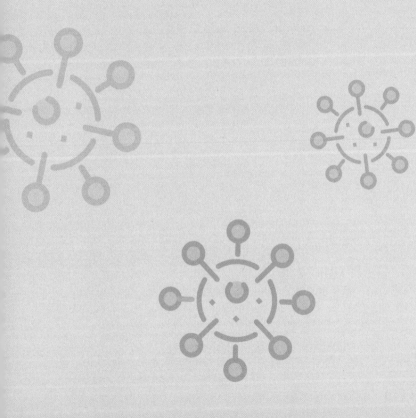

5장

요동치는
우리 경제

늘어가는 나랏빚,
역대 최고치 증시

돈 먹는 하마, 코로나19

코로나19에 대응하는 정부의 돈 풀기는 한 번으로 끝나지 않았다. 8월 15일 대규모 광화문 집회 이후 서울 사랑제일교회 교인들을 중심으로 확진자가 눈덩이처럼 불어났다. 주최측 추산 수만의 인원이 전국에서 모여든 광화문 집회 이후 전국의 시도에서 산발적 집단 감염이 발생했고, 결국 사회적 거리두기 조치가 수도권을 중심으로 다시 강화됐다.

이른바 사회적 거리두기 2.5단계의 시작이었다. 확진자가 급증하자, 정부는 8월 30일 0시를 기준으로 사회적 거리두기 2.5단계 적용을 시작했다. 노래방과 PC방 등 12개 고위험 업종 영업장은 행정명령에 따라 영업을 중단했고, 식당과 카페 등의 영업은 밤 9시 이

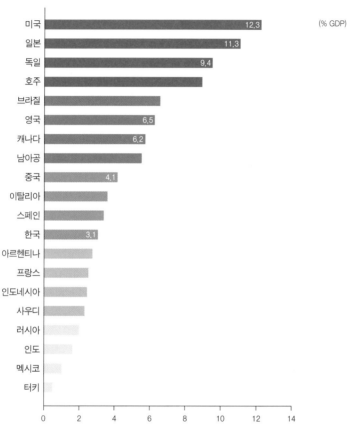

• 주요국 코로나 재정 규모

국가	값
미국	12.3
일본	11.3
독일	9.4
호주	
브라질	
영국	6.5
캐나다	6.2
남아공	
중국	4.1
이탈리아	
스페인	
한국	3.1
아르헨티나	
프랑스	
인도네시아	
사우디	
러시아	
인도	
멕시코	
터키	

(% GDP)

＊ IMF

자료: 2020년 국내외 경제전망, 코로나19 불확실성으로 국내경기 미진한 회복
(경제연구부문), LG 경제연구원, 2020.8.7.

후 제한되었다. 대형 커피 체인점에선 오직 커피를 포장해 나가는 것만 허용됐고 편의점 취식 역시 야간에는 금지됐다.

이렇게 사회적 거리두기가 다시 강화되면서, 1차 재난지원금 지급 이후 반짝 살아나는 듯했던 자영업 경기는 바닥을 쳤다. 사회적 거리두기 2.5단계가 실시된 9월 첫 주, 서울 지역의 소상공인 매출액은 1년 전 같은 기간보다 37% 급감했다. 2020년 1월 첫째주부터 소상공인들의 매출 자료를 분석한 한국신용데이터에 따르면, 코로나19가 전국적으로 번진 3월 서울의 소상공인 매출 감소폭은 전년 동기대비 20%에 그쳤지만, 2차 유행으로 영업에 각종 제한을 받게 된 2.5단계 거리두기 실시 이후 매출 감소폭은 두 배 수준으로 벌어졌다. 기준점이 된 2019년 역시 최저임금의 상승과 주 52시간 제도의 도입 등 여러 고용 제도의 변화로 변화가 자영업 경기가 좋지 않았던 점을 고려하면, 자영업자들의 체감 경기는 사실상 바닥을 쳤을 것으로 보인다.

결국 급격히 경기가 가라앉는 상황에서 여야는 진통 끝에 7조 8000억 원 규모의 4차 추가경정예산 처리에 합의했다. 전후 원조 경제상황에서 미국의 지원금이 들어오면 계속 예산 구성을 바꿔야 했던 지난 1961년 이후 59년 만의 일이다.

나랏빚 1천조 원 시대

전 국민 통신비 2만 원 지급이냐, 당장은 조달 불가능한 전 국민 백신 접종이냐를 두고 정치권은 기싸움을 벌였지만, 보다 근본적인 고민은 나라 살림에 구멍이 나고 있다는 점이다. 추경은 말 그대로 기존 예산에 추가로 얹어 쓰게 된 돈인데, 500조 원이 넘는 국가 예산에 앞서 이미 세차례의 추경, 여기에 더한 8조 원에 가까운 추경으로 국가채무는 2020년 106조 1000억 원이 늘었다. 누적된 나랏빚은 이제 846조 9000억 원. 올해는 1000조 원에 가깝게 나랏빚이 늘 거라는 전망이 나왔다.

중장기 재정 전망 역시 밝지 않다. 정부는 9월 들어 2020년부터 2024년 사이의 나라 살림 전망을 내놓으면서 2020년 경제성장률을 0.6%로 가정하고, 4년 뒤 GDP 대비 국가채무비율을 58.3%로 상정했다. 하지만, 실제 2020년 성장률은 의심 없이 마이너스까지 떨어질 거라는 게 국내외 기관들의 공통적인 의견이다. 한국은행의 전망치인 -1.3% 수준의 성장이 예상되는 현 시점을 기준으로 한다면, 보다 이른 시기에 국가채무 비율은 60% 수준을 넘어설 거라는 비관론도 나온다. 2020년 나온 백신으로 2021년 상반기에는 대중적 접종이 이루어져 하반기 수출이 어느 정도 회복된다는 희망적인 시나리오가 현실이 되지 않는다면 당장 1, 2년 뒤도 내다보기 어려운 게 한국, 그리고 세계 경제의 암담한 현실이다.

그래도 우리는 다른 나라들보다 사정이 좀 낫다는 게 정부의 설명이지만, 내수 규모가 일본의 1/3에 그치는 우리로서는, 미국이나 중국처럼 소비에 기대 수출 감소를 버틸만한 형편도 못 된다. 세계 경제의 회복 속도가 한국 경제의 미래를 움직일 변수가 될 테지만, 자국 중심주의, 사람과 물자의 이동 금지 분위기가 확산된 코로나

19 이후의 세계 시장이 얼마나 탄력성 있게 종전 질서를 찾아갈 수 있을지 누가 장담할 수 있을까.

불타는 증시

실물경제가 이렇게 무너지고, 나라 살림에 구멍이 나는데도 증시는 승승장구 중이다. 사실 언제 이 거품이 가라앉을지 늘 조마조마한 마음으로 전날의 뉴욕 증시와 오전 우리 증시의 개장 소식을 기다리지만, 기준으로 증시는 활황이다. 변수에서 상수가 된 코로나19 상황 속에서 각국은 경기 방어를 위해 최선을 다해 돈을 푸는 중이고, 그 중심엔 천조국, 미국의 달러화 홍수가 있다.

코로나19의 확산 이후 증시는 당근에 민감하고, 채찍에 둔감한 기형적 시장이 되었다. 호재가 나오면 당도 이상으로 증시의 혈당이 올랐고, 악재가 나와도 예상보다 더 나쁘지 않으면, 흥분하며 주식을 사들였다. 코로나19 시대의 거의 유일한 구세주처럼 등장한 4차 산업혁명주는 바람을 타면 고공행진을 하기 일쑤였다. 대표적인 게 바로 전기차를 만든 테슬라와, 트럭을 한 대도 만들지 않은 수소 트럭 회사 니콜라다. 니콜라의 경우 공매도 회사 '힌덴버그 리서치'를 통해 기술 없는 사기 회사라는 의혹을 받기도 했다.

미국의 무제한 돈 풀기는 증시를 과열시키고, 간밤 뉴욕 증시의 상승세는 대개 국내 증시의 호재가 되어 코스피를 끌어올렸다. 미국은 9월 FOMC에서도 제로금리 유지를 결정했고, 점도표(도트 플롯: 점선을 통해 미국 연준이 물가나 고용의 향후 흐름을 예상해 보여주는 그래프)를 통해 적어도 2023년까지는 물가나 고용 상황이 금리 인상 기준에 못 미칠 거라는 전망을 내놨다. 간단히 말해 앞으로 3년은 무조건 증시를 달러화에 푹 담그겠다는 뜻이다.

한국은행의 입장도 비슷하다. 당분간은 돈을 풀고 그런 기조를 유지하겠다는 입장에 변함이 없다. 사상 최저 금리 속에 주택담보대출보다 저렴한 신용대출이 등장하면서 돈을 빌려서라도 상승장 호랑이의 등에 올라타려는 투자자들이 급증했다.

'영끌' 2030

일명 동학개미운동의 부력은 신용대출을 끌어와서라도 상승장에 뛰어들고자 하는 2030에게서 나왔다 해도 과언이 아니다. 2020년 새로 개설된 증권계좌의 57%는 2030이 만들었다. 대개 BBIG(바이오 배터리 기술주 게임)에 투자해 제법 재미를 봤다. 순식간에 두 배, 세 배가 됐다는 주변의 간증에 이들은 '빚투'라 불리는 빚내 투자하는 일에도 과감했다. 신설된 신용거래 계좌(증권사에서 돈을 빌려 투자하는 계좌)의 47%가 2030 몫이다. 일시적 공매도 금지라는 바람막이가 있었다곤 해도, 새롭게 증시에 입성한 2030 투자자들의 평균 수익률이 20%에 육박한다고 하니 일명 '노오력'해도 바뀌지 않는 수

저를 버리고, '개미처럼 일하는' 내가 '개미로서 투자하는' 저들을 좇는 게 옳다는 판단은 근거가 있다. 젊은 투자자이니 잃어도 만회할 시간과 기회가 있을 거라는 믿음, 자본금이 크지 않아 고위험 베팅에도 과감할 수 있었다는 것 역시 유리한 투자 조건을 만들었다.

공모주 청약에 몰린 막대한 자금과 경쟁률은 증시를 밀어올리는 힘이 얼마나 단단한지 단적으로 보여준다. 작년 10월 6일 마감된 아이돌그룹 방탄소년단(BTS)의 소속사 빅히트엔터테인먼트의 일반 공모 청약에는 58조 4000억 원의 증거금이 몰렸다. 공모 가격이 주당 13만 5000원, 통합 경쟁률은 606.97대 1이다. 1억 원을 증거금으로 넣었다면, 2주 정도 받을 수 있다는 얘기다.

이런 분위기는 이른바 '따상'(신규 상장 종목이 첫 거래일에 공모가 대비 2배로 오른 다음, 가격제한폭까지 다시 오름세를 보이며 마감하는 것을 뜻하는 시장의 속어)을 기록했던 SK바이오팜과 카카오게임즈 공모주 청약때부터 이어졌다. 코스닥에 상장한 카카오게임즈 청약 당시엔 사상 최대 규모인 58조 5543억 원의 증거금이 몰렸고, 앞서 이뤄진 SK바이오팜 청약에도 30조 9899억 원의 자금이 들어왔다. 결국 이런 힘이 모여 2020년 증시는 역대 최고치를 기록하며 마무리됐다.

문제는 카푸치노 거품 같은 이 증시가 언제까지 이들을 배신하지 않을까 하는 점이다. 증권가의 고수들은 이들의 수익을 종종 도박장 '초심자의 행운'에 빗대기도 한다. 최근 2030은 돈다발을 객장에 싸들고 가 묻지마 투자를 하던 과거 개미들의 무지함을 극복한 세대라고도 하지만, 봉우리가 높으면 골짜기도 깊게 마련이다. 실제로 기관들은 공모주 신화를 이들 종목의 의무보유 기간이 끝나자 기다렸다는 듯이 매물을 쏟아내고 있다. 남의 돈을 굴려 수익을 내야하는 기관 특성을 고려하면, 지수의 위협 요인은 여전하다.

증시가 거의 유일한 대안이라는 점을 부인하기 어렵다는 걸 잘 알지만, 그런 의미에서 과거를 잠시 돌아보는 숨고르기의 시간도 필요해 보인다. 동아시아 외환위기 직후였던 1999년, 정부의 정책적 지원 아래 코스닥 지수는 1년 만에 240.7% 급등했다. 사기만 하면 오르던 시절이니 시중 자금이 증시로 몰리는 건 당연한 일이었다. 하지만 묻지마 투자는 벤처거품이 꺼지고 일명 LG카드 사태가 발생하면서 새드엔딩을 맞은 투자자들도 적지 않았다.

역대급 상승장, 익절도 필요해

당분간은 외국인과 기관의 공매도 판이 벌어질 수 없겠지만, 초기 수익률이 컸던 2030에겐 돈 벌고도 계속 공부해 투자하는 의지와 익절하는 자제도 필요한 시점으로 보인다. 특히 2030이 '영끌'할 수 있는 거의 유일한 수단인 신용·대출이나 마이너스 통장 잔고가 급증하고 있다는 점은 유심히 지켜봐야 할 부분이다. 이른바 '영끌'을 해 BTS의 주식을 샀는데, 잇따라 주가가 빠지자 '환불이 안되느냐'고 묻는 글들이 올라오기 시작했다. 처음에는 그 정도로 금융지식이 적은 투자자가 있을까 싶었지만, 종목 토론방이나 관련 커뮤니티에 올라오는 절절한 사연을 보면 아득해진다. "결혼자금인데 5000만 원을 날렸다"거나 "30%는 오른다고 해서 샀는데 떨어졌으니 소비자보호법에 따라 7일 이내 환불이 되는 것 아니냐"고 묻는 안타까운 사례들이 정말 있었다. 악취미를 가진 고참 투자자들이 이들을 조롱하는 듯한 댓글을 달기도 했지만, 일부에서는 주식 시장의 속성과 규칙을 이해하지 못한 투자자들이 여전히 "방시혁 빅히트 엔터테인먼트 대표는 사과하라"거나 "청와대 국민청원에 100만 명이 청원을 올리면 환불을 해줄 것"이라는 능의 잘못된 정보를 믿고 있었다. 주식투자를 할 것인지 말 것인지 선택하는 것은 개인의 몫이지만, 적어도 최소한의 금융교육은 필요하다는 생각을 다시 한 번 절실히 하게 되는 순간이었다. 방송이나 강의에서 늘 강조하는 부분이지만, 주식 시장에선 싸게 사서 비싸게 팔아야 이득이다. 즉, 요사이 공모주 청약은 별개로, 누군가 내게 싼 값에 주식을 넘겨야 하고, 그걸 다시 누군가 비싸게 되사주어야 돈을 번다는 의미다. 그렇다면, 이 무한 경쟁의 시장에 체급이 있을까?

비정하게도 증시에선 프로와 아마추어가 한 링에서 붙는다. 라이트급과 헤비급이 무자비하게 맞서고 체력이 바닥나 남의 에너지를 꿔올 때까지 승부는 계속된다. 그리고 꿔다 채운 에너지는 청년 시절 내내 발목을 잡는 족쇄가 될 수 있다. 일부는 따지만 여럿이 잃는 주식 시장의 냉정함을 각오하고 투자에 뛰어들어야 한다는 의미다. 아울러 신용 관리가 얼마나 중요한가에 대해선 아무리 강조해도 지나치지 않다. 신용대출이 담보대출보다 낮은 금리에 이뤄지고, 정부의 규제 방침이 나오기 전까지 1억, 2억 원씩 척척 '컵라면 대출(비대면 3분 대출)'이 됐다고 보도했지만, 실제 이렇게 좋은 조건에 신용대출을 받은 사람은 대부분 1등급의 무결점 신용을 유지한 고객들이었다. 2020년 9월 말 기준으로 은행에서 신용대출을 받은 646만 명 가운데 절반에 이르는 113만 명(48%)은 신용 1등급이었고, 1등급 고객의 비중은 2016년 같은 달보다 8%p 높아졌다. 2등급과 3등급의 비중도 각각 17%, 13%를 차지했다. 신용대출이 밥 먹기보다 쉽다고 하는 시대이지만, 실상을 들여다보면 1등급부터 3등급 사이 고신용자들에게 신용대출의 78%가 몰렸다는 의미다. 여기엔 저금리 기조가 이어지면서 원리금 상환 부담이 종전보다 줄어 전반적으로 신용등급이 개선됐다고 볼 여지도 있지만, 은행들이 돈 떼일 염려가 적은 고신용자들에게만 대출의 문을 여는 쪽으로 대출을 관리하고 있다는 점도 한몫했을 것이다. 바꿔 말하면, 사회 초년생들이 섣부른 투자 등으로 신용관리에 실패할 경우 꼭 필요한 순간에 은행의 문턱을 넘기 어려울 수도 있다는 뜻이다.

따라서 3장 '산업 구조의 변화'에서 안내하겠지만, 블록체인 기술과 마이데이터 사업이 빠르게 성장할수록 개인의 신용정보가 실시간으로 널리 공유될 수 있는 만큼 MZ세대부터 철저히 신용을 관리하는 기민함은 투자자의 기본이다.

부동산

신(新) 로빈슨 크루소들

6.17 부동산 대책이 나오기 전까지 코로나19는 적어도 부동산 시장에서는 소방수 역할을 했다. 낯선 사람의 드나듦이나 접촉 자체가 꺼려지는 상황에서 집을 내놓는 이도, 보러 가는 이도 줄었고, 기약없이 미뤄진 등교 수업은 학군 수요도 일부 희석했다. 이런 상황에서 2019년 12.16 대책 이후 9억 원 미만 중저가 아파트에 나타난 갭투자 흐름을 잡고, 풍선효과를 잡겠다며 내놓은 게 6.17 대책이다. 정부로서는 1100조 원을 넘긴 부동자금이 간신히 안정세를 보이는 부동산 시장을 부추길까 조바심이 날 수도 있었겠지만, '전세끼고서야 집을 사는' 서민들의 주택 마련 방식 전체를 겨냥한 부동산 대책은 시장 전반, 특히 밑천이 달리는 2030의 불안감을 자극했다. 대출

은 더 죄고, 수도권의 갭투자를 사실상 원천적으로 차단하면서 물려받은 자산이 없는 1주택 실수요자들은 동요하기 시작했다. 부동산 정책에 대한 불만은 지지율 하락으로 이어졌고, 보완책으로 만든 게 공급 대책을 담은 7.10, 8.4 대책이다.

하지만 정부의 기대와 달리 수도권 전세금은 끝모를 상승세를 이어가는 중이다. 2020년 9월 14일 현대 서울의 주간 전세 가격은 64주 연속 상승했고, 1월부터 8월 사이 서울의 아파트 전세값 상승률은 평균 5.09%에 이른다. 전세 대란이 났던 2015년 이후 5년 사이 가장 큰 상승폭이다. 6.17, 7.10, 8.4 대책에다 임대차 3법이 시행되면서 집주인의 실거주 요건 강화 등으로 시중 전세 물량이 줄었고, 세금 부담이 는 뒤 전세의 월세 전환 속도도 상당히 빠른 편이다. 수급 불균형은 전세 품귀 현상으로 이어져 역대 최장기간 전세금 상승 기록을 쓰고 있다. 정부의 대규모 공급 계획 발표에도 공급 부족과 청약 대기 수요가 겹치면서 전세난은 당분간 더 가중될 공산이 커졌다.

그럼 집값은 확실히 안정된 걸까. 역시 장담하긴 일러보인다. 서울의 집값 상승률은 8월 24일부터 9월 14일 사이 4주 연속 0.01%에 머물러 상승폭이 줄었지만, 좀체 하락 반전할 기미는 보이지 않는다. 공급 대책과 코로나19 재확산으로 분위기는 다소 가라앉았지만, 9억 원 이하의 신축 단지에 대한 수요는 굳건하다. 여당에서 수도 이전론이 나온 이후 세종시의 아파트 가격 상승률은 여전히 전

국에서 손꼽히는 수준으로 유지되고 있다. (0.44%)

민심 가른 부동산 정책

심각한 전월세 난이 한창인 가운데서 나온 청와대 김상조 정책실장의 부동산 정책 관련 발언은 민심을 두 갈래로 나눴다. 김 실장은 2020년 11월 2일 '정부의 부동산 정책에 따라 집값이 안정세에 접어들었느냐?'는 질문에 "6, 7, 8월 정부의 부동산 정책을 통해 매매 시장이 안정세는 자리를 잡아가고 있다"고 말했다.

　　김 실장은 이어 전세 시장에 대란 조짐이 있다는 지적에 대해서는 "서민들의 전세 시장에서 불안정성이 있다는 것을 잘 알고 있다"면서도 "과거에도 전세 계약 기간을 1년에서 2년으로 늘렸을 때 7개월 정도 과도기적 불안정성이 있었다"는 말로 임대차 3법 도입 이후의 혼란을 '과도기적 현상'으로 설명했다. 그는 다만 "이번에는 임대차 3법의 도입과 민간 매입 임대 제도의 사실상 폐지 등 급격한 시장구조 변화가 있었기 때문에 과도기가 길어질 수도 있다"고 덧붙였다. 문제는 현재의 부동산 시장이 거래 단절에 따른 침체기인지 안정기인지 잘라 말하기 어려운 데다, 과도기라면 얼마나 지나야 시장 분위기가 정리될지 단언하기 어렵다는 점이다. 김 시장은 이 발언에 더해 "불편하시더라도 조금만 더 기다려주시길 바란다"고 당부했는데, 잇따른 부동산 정책 실패로 입길에 오른 김현미 국토교통부 장관이 "전세난의 근본적인 원인은 저금리"라고 덧붙여 논란은 더 가중되는 분위기다.

김 실장이 서민들의 주거난을 덜기 위한 단기 처방으로 언급한 것은 "민간임대나 LH, SH 등 공공기관을 통해 전세 물량을 늘리는 방식"이다. 근본적으로 임대 아파트를 단숨에 뚝딱 지어 시장에 내놓기 어렵다는 점을 인정하면서 일단은 공실 상태인 임대용 아파트 공급 물량을 대폭 늘리겠다는 얘기다.

하지만, 여기에도 몇 가지 문제가 있다. 대개의 맞벌이 중산층 가정은 소득 조건에서 입주 기준을 웃돌아 신청 대상에서 배제되는 경우가 대부분이다. 아울러 무리해서 집을 구매하지 않고 전세나 장기 임대용 월세로 거주하면서도 아이들의 학습 환경이나 주택의 규모가 기대 수준을 만족시키기 쉽지 않다. 시중의 전월세 씨가 마르고 주거비가 단기간에 급등한 상황에도 공실로 남아있는 임대 주택이라면, 수요가 얼마나 있을지 장담하기 어렵다는 부분도 고민거리로 남는다.

실거주 1주택자에 대한 재산세 경감 기준을 정하는 과정에서는 홍남기 경제부총리가 사의를 밝힐 정도로 논란이 컸는데, 당정은 좀처럼 이견을 좁히지 못하다가 공시 가격 6억 원 이하(실거래가 9억원 미만 수준)의 1주택 소유자에만 재산세를 소폭 인하하기로 결정했다. 올해 초대형 정치 이벤트를 앞두고 있는 더불어민주당은 정치적 부담 속에서도 '여당 귀책 사유로 보궐선거가 치러질 경우 후보를 내지 않는다'는 당헌까지 바꿔가면서 서울시와 부산시장 보궐 선거 준비에 돌입한 터라, 해당 기준을 공시 가격 9억 원 이하까지 완화하는 방안을 추진했다. 대도시 유권자들의 실질적인 세부담을 낮춰 정책적 지지를 얻겠다는 공산이었다. 하지만, 결국 정부가 주장한 공시 가격 6억 원 안이 수용됐다. 공시 가격 9억 원 이하 주택까지 세제 혜택을 줄 경우, 정책 취지와 달리 실거래가 12~13억 원 수준의 고가 공동주택 거주자들도 세금을 덜 내게 된다는 비판을 문재인 대통령이 수용한 셈이다.

계약갱신청구권, 전·월세 상한제를 담은 새 주택임대차보호법이 지난 7월 말 시행된 후, '전세 대란'을 넘어 이제 월세 시장마저 들썩이고 있다. KB국민은행에 따르면 지난달 서울 아파트 월세 가격지수는 전월 대비 0.78% 급등해 통계를 작성하기 시작한 2016년 1월 이후 4년 8개월 사이 최고치를 기록했다. 전월(0.12%) 대비 상승률 또한 6배 이상으로 치솟았다. 월간 월세 가격 지수가 0.78% 올랐다는 건, 이런 추세가 1년간 이어질 경우 전체 월세 시장의 평균 가격이 10% 가까이 오른다는 의미다. 아울러 수도권 월세 상승률도 지난달 0.67%로 역대 최고치를 기록해 거주비 부담이 빠르게 상승하고 있다는 걸 짐작할 수 있게 했다.

이와 관련해 국회 기획재정위원회 민주당 간사인 고 의원은 이날 MBC라디오 〈김종배의 시선집중〉 인터뷰에서 '민주당은 9억 원을 주장했는데 청와대가 6억 원을 고수해 관철한 것이 맞느냐'는 질문에 "맞다"고 밝혔다. 고 의원은 "잘못하면 부동산 시장에 안좋은 시그널을 보낼 수 있고, 공시가 9억 원이면 시세 12억~13억 원인데 여기까지 정부가 보호하는구나 하는, 또한 공시가 9억 원 집들이 무슨 중저가 주택이냐 하는 비판적 시각이 있었다"며 6억 원 기준으로 청와대와 정부 입장이 관철된 배경을 설명했다. 민주당이 요구하는 공시가 9억 원은 시가로 치면 약 13억 원으로, 고가 주택에도 혜택을 준다는 비판의 목소리를 의식했다는 해석이다. 동시에 재산세는 국세가 아닌 지방세이기 때문에 지방자치단체의 세수가 줄어들 것이라는 우려도 있다. 하지만 당내에서는 올해 4·7 재보궐 선거에서 서울 지역 1주택자 표심에 직접적인 영향을 줄 수 있는 9억 원 사수가 필요하다는 목소리가 강했다. 민주당은 완화 폭을 9억 원까지 확대하되, 6억 원 이상부터는 인하율을 차등 적용하는 절충안이 나오기도 했다. 고 의원도 내년 4월 서울시장 보궐선거를 앞두고 여론이 악화되는 데 대한 우려도 있었다고 말했다. 고 의원은 "다만 내년 서울시장 보궐선거를 치러야 하는 당 입장으로 보면 6~9억 원 구간의 많은 분들이 거의 서울 중심이라는 고민이 있었다"면서 "그분들 중 집 하나 있고 소득 없는데 '집값만 올랐다'는 분들을 구제해야 한다는 논의가 꽤 깊게 있었다"고 전했다. 노웅래 최고위원은 지난 2일 당 최고위원회의에서 "고가주택 해당하는 종합부동산세와 달리 재산세는 서민에게 직접적 세 부담으로 나타나기에 신중해야 한다"며 "보유세 증가는 가처분소득 감소로 소비 위축을 가져올 우려도 있는 만큼, 적절한 속도 조절을 신속히 해야 한다"고 촉구하기도 했다.

재산세 인상 논란

정부는 부동산 공시 가격을 앞으로 10~15년간 꾸준히 올려 시세의 90% 수준으로 조정한다는 계획이다. 또 논란 끝에 정리한 방향대로 서민 1주택자의 조세 부담을 줄이기 위해 올해부터 3년 동안 1가구 1주택자가 보유한 공시 가격 6억 원 이하 주택의 재산세율을 과세표준 구간별로 0.05%p씩 인하하겠다고 공식 발표했다. 이에 따라 1주택자가 보유한 공시 가격 6억 이하 주택분 재산세(도시지역분 제외)는 최소 22%에서 최대 절반까지 줄어든다. 재산세 초과 누진 과세 체계의 특성상 주택 가격이 비싸질수록 감면율은 낮아진다.

예를 들어 공시 가격 1억 원짜리 주택은 연간 재산세 6만 원을 물게 되는데, 내년부터 새로운 세금 감면 조치의 적용을 받게 되면, 이 가운데 절반인 최대 3만 원(50%)이 감면되는 구조다. 같은 방식으로 공시 가격 2억 5000만 원 이하의 집이라면 최대 7만 5000원, 공시 가격 5억 원 이하의 집은 최대 15만 원이 감면된다. 세제 혜택을 받을 수 있는 최상단 구간인 공시 가격 6억 원(시세 약 9억 원) 주택은 본래 세율대로라면 81만 원 중 18만 원(22.2%)을 감면받을 수 있다.

정부의 이번 결정을 두고 여론은 둘로 나뉘었다. 조세 정의와 세금을 통한 부의 재분배 기능을 제대로 실행하기 위해서는 공시 가격 6억 원 이하 주택으로 재산세 감면 조치를 제한하는 게 바람직하다는 의견과, 고가 주택이 많은 서울 강남권 실거주 1주택자들의 입장이 완전히 갈리고 있다.

야당의 차기 서울시장 후보군 중 하나인 조은희 서울 서초구청장은 이런 여론을 고려해 2020년 11월 3일 자신의 SNS에 '6억 이하 1가구 1주택 재산세 인하안은 '낙제점'입니다'라는 제목의 글을 올렸다.

조 구청장은 "공시 가격이 6억 원과 9억 원 사이인 주택을 가진 중산층이 서울에만 28만 3000가구가 있다고 지적하며 "시민들을 갈라치기하는 또 다른 부동산 정치"라고 정부 안을 비판했다. 또 "정부는 공시 가격을 올리고, 늘어난 세금 중에서 6억 이하 주택만 찔끔 깎아주겠다고 한다"며 "'세금 폭탄'이라는 병을 먼저 주고, 약을 준답시고 생색만 내는 것", "그동안 정부는 세금을 거둬들이는 데에는 능수능란, 전광석화였지만, 세금을 감경해주는 것에 대해서는 지지부진 완행열차", "엎질러진 물 담듯이 표를 의식해서 '세금 정치'를 하고 있다. 그 과정에서 납세자인 국민에 대한 존중도, 설득 과정도 찾아볼 수 없다" 등의 강도 높은 비판으로 납세자들의 표심을 자극했다.

이번 서울시장 출마 여부를 저울질하고 있는 조 구청장은 코로나19 사태를 계기로 9억 원 이하 1가구 1주택의 2020년 재산세를 감경하는 조례를 10월 23일 공포했지만, 서울시가 대법원에 제소해 조례 시행에 제동이 걸린 상태다.

이에 따라 단계적으로 공시 가격 현실화율을 높이는 와중에 실거주 1주택자들의 세 부담을 줄이기 위해 도입하기로 한 세제 혜택은, 서울 기준으로 전체 아파트 거주자의 절반도 안 되는 거주자들에게만 돌아가게 됐다. 공시 가격과 실거래 가격 사이의 격차를 줄이는 일은 왜곡된 세금 부과 기준을 바로잡는 자연스러운 과정이지만, 문재인 정부 출범 이후 집 값이 비교적 크게 오른 데다 코로나19 이후 경제상황이 악화되고 있어서 소세 저항이 적지 않을 것으로 예상된다.

관련 여론 조사를 통해서도 1주택 보유자들의 여론을 읽을 수 있는데, 정부가 아파트 등 공통주택과 단독주택의 공시 가격을 시세의 90%까지 끌어올려 재산세를 실거래가 기준에 가깝게 물리기로 한 정책에 대해 응답자의 절반 이상은 부정적인 입장을 밝혔다. 보도채널 YTN이 여론조사기관 리얼미터에 의뢰해 정부의 공시 가격 현실화 계획에 대한 의견을 수렴한 결과, 응답자의 약 절반은 정부 정책에 동의하지 않는다고 답변했다.

'현재 시세의 50~70% 수준에 불과한 공시 가격을 앞으로 10년 동안 최대 90% 수준까지 끌어올리겠다'는 정부의 계획에 대한 입장을 묻자 응답자의 51.2%는 '동의하지 않는다'고 답했다. 반면 '동의한다'는 답변은 40% 수준에 그쳐 10%p 가량 차이가 났다. 특히 응답자 10명 가운데 3명은 공시 가격 현실화 계획에 '전혀 동의하지 않는다'고 답해 강한 거부감을 드러냈다.

지역별로는 집 값이 비싼 수도권과 상대적으로 주택 가격이 낮은 비수도권 모두 정부의 공시 가격 현실화 방안에 '동의하지 않는다'는 답변이 우세했다. 주택 소유 형태별로는 직접 세부담을 느끼게 되는 자가 거주자의 부정적인 의견이 더 많았고, 전세 거주자 가운데서도 절반은 '동의하지 않는다'고 답했다. 반면 월세나 사글세 형태로 거주하는 응답자 사이에서는 정부 정책에 대한 찬성과 반대 의견이 비슷한 수준으로 집계됐다.

이념 성향별 차이점도 드러났다. 조사 대상 가운데 68.4%는 스스로를 '보수 성향'이라고 밝혔으며, 이들은 정부의 공시 가격 현실화 조치에 동의하지 않는다고 답변했다. 대조적으로 스스로를 '진보 성향'이라고 밝힌 62.5%의 응답자들은 정부의 정책에 동의한다고 답해 정치 성향별 정책 선호도가 극명하게 갈렸다.

해당 조사는 2020년 10월 30일 전국 18세 이상 성인 남녀 500명을 대상으로 유선과 무선 전화를 함께 이용해 진행됐으며, 표본 오차는 95% 신뢰 수준에 ±4.4%p다.

강제 등판 밀레니얼

이런 상황을 가장 불만스럽게 지켜보는 건 상속세, 증여세 낼 일 없는 평범한 2030들이다. 한 때 '욜로(YOLO: 인생은 한 번뿐)'이니 '소확행(소박하지만 확실한 행복)'이니 하는 말로 오늘만 살던 젊은이들이 코로나19 시대에 고3처럼 재테크를 공부한다. 2017년 기업들이 저마다 밀레니얼(1980년대 초중반~2000년대 초반 출생)세대의 지갑을 열기 위해 외치던 '욜로'라는 단어는, 기실 오늘을 희생해도 빛나는 미래를 보장받지 못하는 2030들의 '정신승리'에 기댄 말이었다는 걸 인정하지 않을 수 없다. 경기 위축으로 사람 찾는 기업은 더욱 줄었고, 청년층을 흡수하던 서비스업은 사실상 초토화됐다. 좁아진 취업 시장, 불안한 고용 사정 속에서 이들은 빚을 내서라도 증시에 투자하고 영혼까지 끌어모아 집을 사려 애쓰는 시장의 주요 플레이어가 되었다. 언제 무슨 일이 벌어질지 모르니 늘 전투태세를 갖추고 사는 게 요즘 젊은이들의 현실이다.

나가서 무언가 하고 싶어도 그럴 수가 없는 환경 속에서, 2030들은 부모, 선배 세대보다 일찍 철들고 있다. 강제로. 그들은 증권 계좌를 만들고, 유튜브 재테크 강좌를 구독하고, 오늘치 위안을 얻던 에세이 대신 돈 버는 법 알려주는 지침서를 읽는다. 즐겨 쓰는 카카오페이에 반년 만에 120만 개의 증권 계좌를 튼 것도, '슈카월드', '신사임당', '삼호어묵' 같은 구독자 수십만의 재테크 유튜브를 탄생시킨 것도, 주요 서점 베스트셀러 10위 차트의 절반을 경제경영서로 뒤덮은 것도 이들의 힘이다.

그런 젊은 세대의 '합리적 선택'은 한편 대견하고 한편 씁쓸하다.

IMF가 왔어도 캠퍼스의 낭만까지 사라지지는 않았던 X세대의 눈에 청년 급제한 밀레니얼은 너무 빨리 자란 청소년처럼 애잔한 구석이 있다.

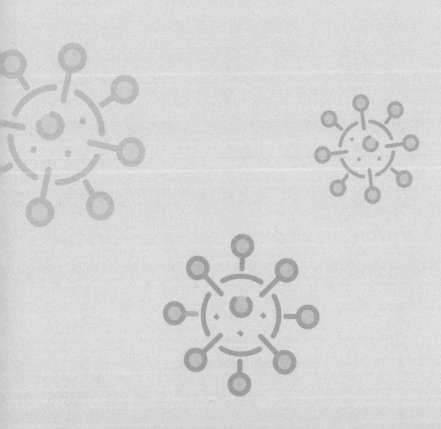

6장

큰 정부와
온라인 국회

국내정치

셔터 내린 국회

2020년 8월 27일, 코로나19는 국회도 멈춰 세웠다. 의원 회관과 기자들이 상주하는 정론관이 완전히 폐쇄됐다. 전날인 26일 더불어민주당 최고위원회의를 취재한 한 사진기자의 의심 증상이 나타났고, 당일 저녁 방송사들은 긴급 뉴스로 해당 기자의 확진 사실을 알렸다. 여당은 패닉상태에 빠졌다. 결산 국회와 코로나19의 재유행 속에 의사들의 파업, 4차 추가경정예산안 편성 여부와 2차 긴급재난지원금 지급 문제 등 현안이 산적한 시점, 국회가 말 그대로 셧다운됐다.

여당 지도부 거의 대부분이 자가격리에 들어갔다. 확진 판정을 받은 기자와 얼마나 동선이 겹치느냐에 따라 밀접접촉자와 능동감

시자가 갈렸지만, 예방적으로 현장에 있던 모든 관계자들이 자가격리에 들어갔다. 음성 판정을 받았지만, 이해찬 당시 대표와 김태년 원내대표를 비롯한 주요 당직자들이 잠복기를 고려해 집에 머물기로 결정했다. 차기 당권주자를 정하는 전당대회를 불과 이틀 앞둔 시점이었다. 이미 여당의 가장 유력한 당권 주자 이낙연 당시 후보는 당 지도부보다 한 주 앞선 8월 19일부터 2주 자가격리를 시작한 상태였다. CBS 〈김현정의 뉴스쇼〉 방송 인터뷰 중 코로나19 확진 판정을 받은 사람과 동선이 겹쳐서다.

문재인 정부의 집권 후반기 여당의 당대표 선출, 차기 대권 가도와도 밀접하게 연결될 전당대회는 이렇게 '싱거운 파티'로 끝났다. 현 대표도, 새로 선출된 대표도 빠진 '주인공 없는 무대'는 참으로 낯설었다. 종일 사람 만나고 부대끼고 말 섞는 게 일이었던 정치부 기자 시절이 오버랩됐다. 구름 관중과 땀 냄새 나는 현장 연설, 뜨거운 함성과 각 후보 진영의 응원 경쟁, 꽃잎처럼 날리던 팸플릿과 장내 아나운서의 우렁찬 축하 멘트는 어느덧 사료 속에서나 볼 수 있는 옛 기억이 됐다.

통상 전당대회는 이른바 '컨벤션 효과'를 통해 유권자의 관심을 극대화하고 정당의 지지도를 끌어올리는 대형 이벤트다. 하지만 코로나19로 비대면이 일상화된 상황 속에 기상 이변으로 가장 길었던 장마, 여기다 코로나19의 재확산까지 겹치면서 정치권의 '집토끼' 관리방식에는 근본적인 변화가 요구되기 시작했다.

여당 당권주자들이 사상 첫 화상 토론회를 벌인 건 상징적이다. 8월 25일 더불어민주당과 KBS는 이낙연 당시 후보가 자가격리 중이라는 점을 고려해 김부겸, 박주민 후보 측 동의를 얻고 온라인으로 당 대표 후보 토론회를 열었다. 진행자 홀로 앉아있는 스튜디오는 낯설었다. 앵커 뒤로 자가격리 수칙에 따라 마스크를 쓰고 토론하는 이낙연 후보와 김부겸, 박주민 후보의 영상이 투사됐다. 코로나19 이후 정치권이 직면한 환경을 단적으로 보여준 장면이다.

이제 각 정당의 당원들은 수만 명이 밀집한 잠실 경기장이 아니라 집에서 온라인으로 후보 연설을 들은 뒤 투표를 한다. 이른바 진성 당원들도 현장의 열기에 도취되기보다, 정책과 메시지의 의미를 되새길 시간이 더 길어질 것이다. 당사에는 고작 수십 명의 당직자들이 모여 온라인으로 새 대표 선출 결과를 공개한다. 현장의 열기 속에 꾀하는 막판 뒤집기나 인간적인 매력으로 정치적 열세를 극복할 기회가 그만큼 줄어든다는 얘기다. 이름과 얼굴이 낯선 신인 정치인들의 데뷔 무대는 마스크 면적만큼이나 좁아졌지만, 동시에 온라인 공간의 활용도에 따라 스스로 무대를 찾아낼 수도 있다. 효과적인 백신이나 치료제가 나와주지 않는다면, 당장 내년에 치를 서울과 부산시장 재보궐 선거나 나아가 차기 대선 역시 한 번도 경험해보지 못한 형태로 진행될 공산이 크다. 코로나19는 이렇게 정치권에도 근본적으로 달라진 환경에 맞는 새 문법을 요구하고 있다.

'타임라인' 정치 시대

초헌법적 압제 아래서만 멈췄던 국회의 시계를 멈춘 코로나19 바이러스. 결국 국회의 문까지 닫아버렸지만, 온라인 펜타곤은 여전히 뜨거웠다. 단례를 보자.

진보 논객에서 진보 저격 논객, 혹은 시쳇말로 '모두까기 인형'이 된 진중권 씨는 8월 28일 페이스북에 "뎅진웅 부장님 승진하셨대요. 역시 사람은 열심히 살아야 해요"라는 말로 차장 검사로 승진한 정진웅 서울중앙지검 형사1부장을 일갈했다. 검찰 중간간부 인사에서 승진한 정진웅 차장은 한동훈 전 검사장과 일합을 겨룬 사이다. 한동훈 전 검사장은 알려진 대로 정권과 각을 세우는 윤석열 검찰총장의 측근이다. 아울러 검언유착 의혹으로 정 신임 차장의 수사를 받아온 피의자 신분이기도 하다. 진중권 씨의 펜 끝은 결국 추미애 법무부 장관과 정권을 향해 있었고, 국회가 닫힌 날에도 기자들은 타임라인을 취재해 속보를 썼다.

일명 '조국 백서'와 '조국 흑서'가 출판된 이후 온라인으로 번진 진영대결 역시 페이스북 타임라인에서 이뤄졌다. 국회 셧다운 이틀 전인 8월 25일, 진중권 씨는 강양구 과학전문기자 등과 공저한 《한번도 경험해 보지 못한 나라》(일명 조국 흑서) 출간을 알리며, 국민 모금으로 《검찰 개혁과 촛불 시민》(일명 조국 백서)을 펴낸 친 조국 진영을 저격했다. 진중권 씨는 페이스북을 통해 "이 책(조국 흑서) 만드는 데 달랑 500만 원 들었다", "조국 백서 팀은 (모금한) 3억 원의 돈이 대체 어디에 쓰였는지 용처를 투명하게 공개해야 한다"면서 "저 인간들 나라 곳간도 저런 식으로 털어먹고 있겠지", "책 한 권 쓰는데 무슨 돈이 그렇게 많이 드는지 완전 사기다"라고 비판했다.

친 조국, 나아가 문재인 대통령을 지지하는 진영도 페이스북을 전장으로 택했다. 조국백서추진위원장인 김민웅 경희대 교수는 진중권 씨의 글이 올라온 뒤(8월 26일) 본인의 페이스북에 "진 아무개는 대단히 고통스러워지게 될 것"이라며 "촛불시민들을 모욕한 대가는 결코 자가지 않을 것"이라고 받아쳤다. 양측의 설전에는 네티즌도 가세했다. 이들은 각자의 정치 성향에 따라 날선 댓글로 상대의 문제점을 짚어냈고, 역시 그 자체로 기사가 됐다.

이들이 진영을 나눠 비난하거나 보호하는 대상, 조국 전 법무부 장관 역시 페이스북을 통해 연일 재판 과정의 부당성을 호소해왔다. 문재인 정부의 고위 관료가 되기 이전에도 그는 SNS 정치로 지지 혹은 비판을 받았고, 재판이 진행되고 있는 지금도 페이스북을 통해 본인과 가족들을 장외변론 중이다.

국회의 정문에 빗장이 걸리든, 정치 성향이 어느 쪽이든, 어떤 삶의 궤적을 밟아왔든 이젠 모두가 페이스북 타임라인에서 정치를 하는 시대가 왔다. 정치적 메시지가 SNS를 통해 재확산되고, 그럴듯한 연설 장면은 일명 '짤'이 되어 퍼져나간다. 힘줄이 불끈 서 있는 팔뚝으로 카리스마를 강조하는 것보다, 직관적으로 폐부를 찌르는 짧고 강한 메시지 생산이 훨씬 더 중요한 시대가 왔다. 국회 회의장에 모여 소위 '문자' 쓰면서 엄중하고 근엄하고 진지하게 얘기하면 기자들이 쉼 없이 받아쓰던 시대 삿대질을 노루발로 닫힌 문 열어가며 몸싸움하던 아날로그 정치의 시대가 완벽히 저물어가고 있다.

온라인 국회

코로나19 이후의 사회상을 얘기하며 굳이 문재인 정부의 큰 정쟁 대상 중 하나를 거론해보는 것은, 결론 없는 진영 대결을 논하기 위함이 아니다. 양측의 설전 가운데 우리가 꿰뚫어보아야 하는 건, 이제 정당 정치의 꽃인 전당대회가 초등학교 반장선거 규모로 쪼그라들고, 국회가 문을 닫고, 기자들이 노트북을 열지 못하는 상황을 정치권도 각오해야 하는 시대가 열렸다는 점이다.

과거 SNS 정치는 소수 디지털에 밝은 정치인들의 전유물이었지만, 이젠 그 어떤 정치인도 SNS를 거부할 수 없는 시대로 내몰리고 있다. 페이스북으로 대표되는 여의도의 온라인 옥타곤은 그 어떤 올드 미디어보다 빠르게 대중 속으로 스며들고, 데스킹을 거치지 않아 곡해되지 않는다는 장점과 필터 없이 투과된다는 위험을 동시에 안고 있다. 하지만 이 양날의 칼을 쥐는 것 말고, 언제든 문 닫을 준비를 해야하는 국회에서 존재감을 각인시킬 뾰족수가 없다.

그런 면에서 SNS는 정치 신인을 발굴하고 키우는 인큐베이터가 될 수 있다. 21대 국회 초선인 미래통합당 윤희숙 의원은 일명 '5분

연설'로 유명세를 탔다. 윤 의원은 정치 무대에 선지 한 달도 되지 않은 2020년 7월 30일, 문재인 정부의 부동산 정책에 대한 비판 내용을 간결한 문장에 담아 대중에게 각인시켰다. 시대에 남을 명연설도 잊히면 그만이지만, 그 의견에 동의하든 그렇지 않든 "저는 임차인입니다"로 시작하는 짧은 연설 영상이 SNS를 통해 수없이 재생, 공유되면서 초선 윤희숙 의원은 단숨에 체급을 끌어올렸다. 메가 포털 사이트에는 그의 이름과 연관 검색어가 줄줄이 태그되기 시작했고, 기세를 몰아 윤 의원 측은 펜 기자와 방송 기자를 나눈 기자간담회를 열어 정견 발표에 나섰다. 나아가 제1야당인 미래통합당 차기 서울시장 후보로까지 거론됐다. 이후 한 달여. 윤 의원은 여권 대선 잠룡 중 하나인 이재명 경기지사와도 정부의 경제정책을 두고 의견을 다투는 '레벨'이 됐다. 8월 25일 윤 의원은 그의 페이스북을 통해 "어려운 이들에게 재원을 집중하는 것이 진정한 보편복지"라고 썼다. 하루 전인 8월 24일 이재명 경기지사가 "재난지원금은 경제정책"이라며 2차 재난지원금 전 국민 지급을 강조한 데 대한 비판이다. 이재명 지사는 윤 의원의 글에 응수해 "(2차 재난지원금은) 구제 목적이 아니라 경제정책"이라고 다시 한 번 강조했다. 어느 쪽이 더 큰 지지를 받든, 적어도 이 설전에서 더 많은 걸 얻는 쪽은 초선 야당 의원 윤희숙이다. 전 국민이 다 아는 차기 대권 주자와 정책 대결을 벌이는 초선 야당의원은 잃을 게 없다.

여의도의 정치 문법이 빠르게 바뀌는 지금, 청와대의 소통 방식도 근본적으로 달라져야 할 시점이 왔다. 여당 지도부의 자가 격리가 시작된 국회의 셧다운 시점엔 청와대의 외부 홍보관 격인 청와대 사랑채 직원도 확진 판정을 받았다. 청와대 경외의 별도 시설이어서 대통령이나 참모들까지 영향을 받지는 않았지만, 언제든 수십 명의 날랜 경호원을 뚫고 코로나19 바이러스가 국가 요인들의 발을 묶을 수 있는 시대가 왔음을 인식해야 한다.

그런 일은 없기를 바라지만 코로나19 이후의 청와대와 정부, 정치권은 앞으로 언제든 온라인 수단만을 통해 국정이 가능한 상태로 인프라를 갖춰둬야 한다. 아무리 공들인 정책이라도 수용되지 않으면 생명력을 잃는다. 정부와 청와대의 산고로 나온 정책을 청와대 대변인이 나와 읽고, 이걸 방송 화면과 신문 기사로 내보내던 방식은 앞으로 설 자리를 잃어갈 것이다. 여야 정당들도 마찬가지다.

사상 초유의 국회 폐쇄 이틀째였던 2020년 8월 28일, 온라인 미팅앱을 통한 여야 기자간담회 현장은 이미 다가온 미래에 대비해 정치권이 어떤 준비를 해야 하는지 더욱 명료하게 보여준다. 이해찬 더불어민주당 당시 대표는 사상 처음 온라인 기자간담회를 통해 퇴임 인사를 전하는 여당 대표가 되었고, 수백여 개의 질문이 사전 접수됐지만 연결 끊김과 접속 혼선으로 소통이 원활하지 않았다.

같은 날 열린 제1야당 미래통합당의 영상 기자간담회에서도 혼선이 거듭됐다. 주호영 원내대표와 배현진 원내대변인 등 여러 당 직자들과 기자들이 온라인 미팅앱을 통해 한 화면에 모였지만, 연결이 끊기거나 질문자의 취지가 제대로 전달되지 않는 등 소통의 한계가 뚜렷했다. 만약의 경우 소통과 회의의 수단이 오직 온라인만 남게 된다면 정치권의 소통은 얼마나 효과적으로 이뤄질 수 있을까 깊이 고민해봐야 할 시점이다.

신임 이낙연 더불어민주당 대표가 집에서 영상 전화를 통해 전한 수락연설의 첫 문장 또한 코로나에서 시작해 코로나로 마무리됐다. 이 신임대표는 "첫째 코로나 전쟁에서 승리하겠습니다"로 시작되었다. 마지막 문장 역시 코로나 이후 시대에 대한 각오였다. "셋째 코로나 이후의 미래를 준비하겠습니다"라는 각오를 통해 이 신임대표는 한국판 뉴딜로 위기 이후를 준비하겠다고 강조했다.

그렇다면 어떤 준비가 필요할까. 앞으로의 정책 홍보는 근본적인 소통 방식의 변화에서 시작해야 한다. 통신망을 더 깔자는 단순한 얘기가 아니다. 온라인에서 통용되는 정치적 수사와 손바닥 안의 스마트폰으로 전달할 수 있는 간결한 메시지, 나아가 명함을 교환하며 두 손을 맞잡거나 시장상인들과 부둥켜 안지 않고도 정치인으로서의 매력을 드러낼 제3의 소통 능력이 필요하다. 법적 뒷받침도 시급하다. 현행 국회법으로는 의원 간 온라인 회의나 표결이 원칙상 불가능하다. 정부 요인의 유고 시 대행 순서를 정해놓듯 이제 오프라인 회의가 원천 차단된 상태의 정부나 의회도 온라인에서 제 기능을 다할 수 있는 법적 근거가 마련돼야 한다. 가장 중요한 건 언제든 이런 상황이 올 수 있다는 마음의 준비일지도 모르겠다.

'큰 정부'의
재림

국가라는 새로운 권력

Who's gonna face them?(누가 저들에게 맞설 것인가?)

액션물이라면 짜잔 히어로가 나타날 테지만, 코로나19의 창궐 앞에 우리를 지켜줄 히어로는 사실 국가라는 이름의 위임된 권력뿐이었다. 모든 나라가 자국 중심으로 방역 물자를 끌어당겼고, 마스크와 소독제, 체온계 등이 동나자 전시 상황에나 있을 법한 마스크 5부제 판매가 시작되었다. 약국의 처방약 중복 조제 방지 시스템을 활용하자는 한 약사의 아이디어가 그나마 사재기 광풍 속에 금값이 된 마스크를 고루 배분하는 차악의 선택이 되었다.

뿐만 아니라 국가는 어느 틈에 개인의 일상을 낱낱이 들여다볼 수 있는 아르고스의 눈이 되었다. 코로나19에 감염될 경우 개개인의 일상과 동선이 세세히 공개되었고 이를 통해 심각한 사생활 침해 우려도 제기되었지만, 대다수의 국민이 기꺼이 이 낯선 간섭을 수용했다. 대를 위한 소의 희생, 다수를 위한 소수 감염자의 사생활 침해를 용인하는 사회적 분위기가 형성되었다. 거짓말로 동선을 꾸며내거나 족적을 숨겼다간 휴대폰 위치정보와 카드 사용 내역으로 순식간에 들통이 났다. 저인망식 수색이 이뤄졌다. 군사정권 이후 아주 오랜만에 보는 '큰 국가의 재림'이었다.

이런 상황은 비단 우리나라만의 일이 아니다. 하나의 유럽, 단일 권역을 외쳤던 EU 회원국들은 확진자가 많은 나라의 주민들이 이동하거나 코로나19를 옮기지 못하도록 국경을 봉쇄했고, 미국을 비롯한 유럽의 여러 나라들이 완전한 봉쇄, 셧다운 명령을 내리기도 했다. 사람들은 군사정권 시절 통행 금지 조치에 준하는 억제를 받아들였고, 규칙을 어긴 주민들에게 취해지는 엄격한 조치를 필요악으로 받아들였다. 코로나19라는 존재론적 위협 앞에서 필리핀은 나아가 "백신을 준다면 영토도 내줄 수 있다"면서 중국에 백기투항하기도 했다.

민주주의가 당대의 보편적 가치로 수용된지 실로 오랜만에 느껴보는 옥죄임이었지만, 코로나19는 큰 국가의 간섭과 배급 시스템을 수용하도록 부추겼다.

한국판 종교개혁

정부와 지방자치단체의 존재 이유는 무엇일까. 가로수를 가꾸고, 깨진 보도블럭을 교체하고, 교통법규 어긴 운전자를 잡아내고, 강력범을 단속하는 일. 흔히 떠올릴 수 있는 국가와 지자체의 기능은 이정도였을 것이다. 코로나19가 세상을 바꿔놓기 전까지는.

2020년 3월 코로나19 환자가 나오기 시작하면서부터 우리는 국가와 지자체의 엄청난 힘을 목격하게 됐다. 개인의 동선과 사생활을 '공익'이라는 이름으로 낱낱이 공개할 권리를 갖고 있었으며, 집이나 시설에 격리할 수도, 학교와 교회와 가게의 문을 닫게 할 수도 있는 막강한 존재라는 걸 알게 됐다.

특히 대구를 중심으로 한 3월 1차 유행 당시보다 수도권 중심의 2차 유행이 시작된 이후 정부의 대응은 더욱 강경해졌다. 8월 15일 이후 수도권의 코로나19 신규 확진자 수가 세 자리 수로 폭증하자 정부는 방역 방해 행위가 드러나면 형사처벌과 구상권 청구 등을 통해 무관용 원칙으로 대응한다는 점을 재차 강조했다. 추미애 법무부 장관은 기자회견을 통해 "법정 최고형을 구형하도록 하겠다"는 입장을 밝혔다.

이런 강경 대응은 정치권이 결코 척을 지지 못했던 종교계에도 어김없이 적용됐다. 전광훈 씨가 목사로 있는 서울 광진구의 사랑제일교회발 확진자가 무려 1000여 명에 이르던 8월 27일, 문재인 대통령은 개신교계의 대표자들을 청와대로 불러 대면 예배의 자제를 당부했다. 방역 협조를 요청하는 자리였지만 현장의 긴장감은 팽팽했다. 문재인 대통령은 작심한 듯 "특정 교회가 지금까지도 적반하장으로 음모설을 주장하며 큰소리를 치고, 여전히 정부의 방역 조치에 협력을 거부하고 있다"고 지적했다. 이어 "방역은 신앙의 영역이 아니고, 과학과 의학의 영역이라는 것을 모든 종교가 받아들여야만 할 것 같다"고 강조했다. 사랑제일교회의 방역 방해 행위를 비판한 것이었지만, 정치 지도자가 가장 대중적인 종교, 일명 '표밭'인 기독교 지도자들에게 일침을 가하는 생경한 풍경이었다.

늘 정치권의 환대를 받던 기독교계 대표자들은 불편한 기색을 감추지 않았다. 문 대통령과 만난 김태영 한국교회총연합회 공동 대표 회장은 일부의 일탈로 코로나19 사태가 악화되는 데 따른 우려에 공감하면서도 "정부가 교회나 사찰, 성당 같은 종교단체를 영업장이나 사업장 취급하지 않았으면 좋겠다"고 강조했다. 아울러 "종교의 자유를 너무 쉽게 공권력으로 제한할 수 있고, (예배)중단을 명령할 수 있다는 뜻으로 들려 매우 놀랐다"고 덧붙였다.

문 대통령과 기독교 지도자들 사이에 오간 발언은 코로나19 이전의 상황이라면 상상하기 어려운 내용이다. 대규모 유권자를 동원할 수 있는 종교계와 척을 지는 건 상당한 정치적 부담이 되는 일이어서다. 양측의 날선 대화가 보도되면서 기독교계에 대한 비판이 거세졌고, 다음 날인 28일 문 대통령은 "대면 예배를 고수하겠다는 심정은 충분히 이해한다"며 기독교계의 입장을 이해한다는 메시지로 교계를 달랬다. 어정쩡하게 마무리 된 기독교계와 문 대통령 사이의 간담회 현장은 코로나19가 정치와 종교 사이의 공생관계에 상당한 틈을 벌리고 있음을 짐작하게 했다. 적어도 역병 정국에선 국가가 교회보다 세다는 게 입증됐다.

모여서 집회할 권리도 역병 앞에선 무력하다. 집회와 시위에 관한 법률이 있지만, 2020년 12월부터는 확성기의 소음이 3회 이상 기준점을 넘어서면 스피커를 사용하지 못하게 된다. 서울 시내에서 가장 시위가 잦은 종로와 광화문을 관장하는 종로구청은 집합금지 명령을 통해 모든 시위를 원천적으로 봉쇄하는 조치를 내렸다. (2020년 9월 기준)

다시 온 '통금'의 시대

각국은 코로나19라는 비상 사태 속에 점점 엄격해지는 중이다. 속도와 강도에 차이가 있지만, 저마다의 의료시스템과 시민 의식 수준에 맞춰 국가 시스템을 재편하고 있다. 국가는 개인의 일상과 경제활동, 동선을 통제하고, 감염 확산 가능성이 있는 지점을 정밀타격해 낱낱이 공개한다. 장사를 하거나 또는 할 수 없게 하고, 교문을 닫거나 열고, 재택근무를 명령하기도 한다. 치료제 없는 돌림병의 창궐 속에 코로나19 이전이라면 상상하기 어려울 국가의 개입은 정당화되고 있다. 미국의 일부 지역과 유럽 곳곳에서는 넘쳐나는 환자 속에서도 국가의 간여를 거부하는 움직임이 일고 있지만, 방역의 모범 사례로 꼽히는 우리나라에서는 시민들이 상당히 협조적으로 국가의 방침을 따르고 분위기다.

한국은 2020년 초 코로나19 팬데믹 상황 이전부터 비교적 기민하게 이 사태에 대처한 나라 중 하나였다. 교류가 빈번한 중국에서 먼저 코로나19가 창궐하면서 경각심이 고조된 데다 고도의 IT기술로 개인의 동선 확인이 어렵지 않은 환경, 더불어 전자상거래가 활발하고, 작은 국토에 촘촘하고 빠른 배송망을 갖춰 오프라인 상점의 폐쇄에 대응할 플랜B가 있었다는 섬도 한 몫을 했다. 무엇보다 정부의 강력한 대응에 따라준 시민들의 연대 의식이 방역에 도움을 줬다고 보는 게 합리적이다. 이렇게 다른 나라보다 먼저 엄격한 대응에 나선 한국은 전면적인 셧다운 없이 3분기 경제를 방어했지만, 4분기 위태로운 확진자 수 증가세 속에 극약 처방을 택했다. 밤 9시 이후 서울의 불을 끄겠다는 사실상의 '통금' 조치가 내려졌다.

서울시의 대응 수위는 사회적 거리두기 2.5단계에 준하는 엄격한 조치다. 12월 5일부터 2주 동안 밤 9시 이후 사실상 경제활동을 멈추는 극약 처방으로, 앞서 단행한 '2단계+α'가 효과를 내지 못했다는 판단에 따라 이뤄졌다. 박물관이나 미술관 등을 폐쇄하는 것은 물론 심야 영업이 일반적이었던 영화관이나 PC방, 마트, 독서실 등도 밤 9시 이후에는 영업이 불가능해졌다. 밤 9시 이후 대중교통은 30% 줄여 운행하며, 기업의 재택근무와 시차 출퇴근제도 강력히 권고했다. 공공 부문은 7일부터 아예 직원 절반은 재택근무로 전환하고, 서울 시내의 모든 중고등학교도 이날을 기점으로 모두 원격 수업을 진행하기로 했다.

이런 조치를 두고 일각에서는 권위주의 시대의 통금을 소환하며 개탄하지만, 시민들은 이렇게라도 수도권을 중심으로 급증하고 있는 확진자 수를 줄일 수 있다면 불편을 감수하겠다는 분위기다. 코로나19 속에 1년여를 보낸 자영업자와 소상공인들의 시름은 더 깊어졌다. 전 국민 재난지원금 지급으로 반짝 살아났던 경기는 다시 가라앉았고, 영업 제한으로 연말 특수 역시 기대하기가 어려워졌다. 3차 재난지원금이 2021년 예산에 목적예비비로 일부 반영돼 있으나, 예산의 규모는 2차 때보다 더 줄었다. 2021년 새해 고용 상황은 가느다란 끈을 잡고 버틴 2020년보다 더 어려워질 수 있다.

유럽과 미국도 '멈춤'

이런 기회비용을 치르는 건 한국뿐이 아니다. 이미 전면 셧다운을 경험한 유럽과 미국은 또다시 봉쇄 조치에 나섰다. 폭증하는 확진자 수 속에서 의료 체계 붕괴를 경험하고 있는 나라들이 적지 않다. 유럽 각국은 스키 관광 수요가 몰리는 연말 성수기에 관광지를 찾지 말라고 호소했다. 프랑스는 스키장 방문자를 대상으로 무작위 검문을 벌여 자가격리 대상으로 지정할 수 있다고 밝혔다. 유럽의 대표적인 스키 관광지인 오스트리아도 2021년 1월 6일까지 호텔과 식당의 문을 닫는 방식으로 사실상 외국인 관광객에게 문을 걸어 잠갔다. 아울러 유럽의 다수 국가들이 스키장을 열더라도 리프트 가동을 멈추거나 파티를 금지하는 방식으로 관광 수요를 억제하고 있다.

환자가 밀려 이미 전역에 야전병원을 설치한 미국 곳곳에서도 강력한 조치가 이어지고 있다. 추수감사절 대이동으로 확진자 수가 급격히 늘어나면서 캘리포니아주에서는 밤 10시 이후 필수적인 경제활동 이외의 통행을 금지했다. 특히 우리 교민들이 많이 사는 LA에서는 3주간 주민 자택대피령까지 내려졌는데, 정작 캘리포니아 주지사는 강력한 통금 조치를 발표한 뒤 로비스트의 생일파티에 마스크도 없이 참석해 시민들의 분노를 사기도 했다. 공화당의 청년 조직인 '청년 공화당원 클럽' 뉴욕지부도 최소한 수십 명이 참석하는 노마스크 파티로 군중의 비난을 샀다. 그들은 "필요한 방역 수칙을 지키면 우리는 파티를 열 권리가 있다"고 주장하면서 불평하기도 했다. 국가별 방역 수칙은 결국 높은 시민 의식이 있을 때에만 효과를 낼 수 있다는 걸 역설적으로 보여주는 예다.

국가별 엄격성 지수

이처럼 코로나19 이후 단행된 각국의 대응 조치를 모아 영국의 옥스퍼드 대학교는 국가별 정부 정책 대응 정도를 지수로 계산해냈다. 조사는 전 세계 185개국을 대상으로 이뤄졌으며, 크게 4가지로 구별된다. 먼저 정부대응지수(Government Response Index)는 각국 정부의 경제봉쇄와 지원, 방역 조치를 모두 포함해 지수로 나타내며, 엄격성 지수(Stringency Index)는 학교나 직장의 폐쇄, 여행 금지, 집합 금지 등 이동과 경제활동 제약 정도를 반영한 지수다. 방역 보건 지수(Containment and Health Index)는 말 그대로 코로나19 검사와 역학 조사 등 방역 보건 조치를 반영한 지수를 뜻하고, 경제지원 지수(Economic Support Index)는 소득 지원과 부채 탕감 등 경제적 지원 정책을 지수로 보여준다.

옥스퍼드 대학과 현대경제연구원이 종합해 분석한 2020년 1월부터 11월 사이의 국가 엄격성 지수와 신규 확진자 수 사이의 연관 관계를 보면, 엄격성 지수가 올라갈 때 확실히 신규 확진자 수가 줄어드는 것을 알 수 있다. 반대로 엄격성 지수가 하락하면 확진자 수 그래프가 가파른 상승세를 나타냈다. 우리의 사례를 보면, 엄격성 지수가 80위로 올라가 정부 통제가 가장 촘촘해진 지난 4월 신규 확진자 수가 0에 가깝게 떨어졌고, 광복절 집회 이전 거리두기 단계 조정으로 인해 엄격성 지수가 50선으로 하락하자 다시 확진자 수가 400명대 위로 올라가는 것을 확인할 수 있다.

이런 효과는 비교적 성공적으로 코로나19를 방어하고 있다는 평가를 받은 한국과 경제협력개발기구(OECD) 회원국 사이의 엄격성 지수 격차를 통해서도 비교할 수 있는데, OECD보다 한 발 앞선 2020년 2월 국가 엄격성 지수를 단계적으로 끌어올린 한국의 경우 대구 신천지 교회발 대규모 확산 이전까지 전국 단위의 확산세를 비교적 효과적으로 통제했다. 반면 한국보다 2개월 정도 엄격성 지수 격상이 더뎠던 OECD의 경우 팬데믹 상황 이후의 급격한 확산세를 막지 못하면서 보다 심각한 경제적 타격을 입었다.

코로나19 방역 선제 대응에 나선 한국은 2월에 급격히 엄격성 지수를 끌어올렸다가 4월에 하향 조정하고 5월 연휴 2차 확산에 대응해 다시 지수를 올리는 방식으로 비교적 유연하고 신속하게 대응했지만, OECD 국가들은 대개 한국보다 두 달여 늦게 지수를 올린 뒤 5월이 되어서야 한국과 비슷한 수준으로 엄격성 지수를 하향 조정할 수 있었다. 하지만, 코로나19 확산세 속에서도 5월 이후 한국보다 더 낮은 수준까지 엄격성 지수를 끌어내리면서 또다시 상황이 악화됐고, 결국 10월을 기점으로 OECD 국가들은 다시 가파르게 엄격성 지수를 상향 조정하는 분위기다.

옥스퍼드 대학과 현대경제연구원은 이런 흐름을 분석해 전 세계의 월평균 정부 대응 지수는 지난 1월 1.5포인트 안팎에서 팬데믹 상황이 전개된 4월 78.3포인트로 가파르게 오르다가 9월이 되면 53.4포인트로 하락했으며, 정부의 엄격성 지수가 10포인트 올라갈 때 OECD 국가들의 평균 산업생산은 2.8%p 줄었다고 설명했다. 반면 튼튼한 제조업 기반을 갖추고 있는 한국은 평균치보다 적은

- 정부의 봉쇄* 조치는 코로나 확산 억제에 효과적이나 경제회복은 지연

봉쇄 조치 및 확진자 수 변화

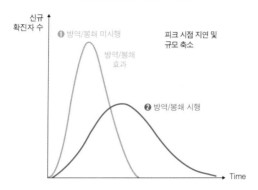

봉쇄 조치 및 경기보양책의 경기 영향 **

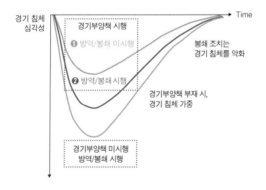

"봉쇄 조치가 1개월 지속될 때마다 연간 GDP 성장률이 2%p씩 하락할 것" - OECD (2020.3.27.)

* 국가 간 & 국가 내 봉쇄 모두 포함.
** 봉쇄 조치 여부에 따라 확진자 수의 변화가 없는 것을 가정함.

자료: 코로나19 산업별 영향 및 전망, EY Analysis, 2020.4.8.

0.9%p의 감소폭을 보였다.

소매 판매도 정부의 엄격성 지수가 10포인트 올라가면 OECD 평균 기준으로 2.3%p 줄었는데, 코로나19 사태 초기 높은 봉쇄 수준을 유지했던 룩셈부르크(-5.8%p)나 스페인(-3.6%p), 프랑스(-3.6%p) 등은 소매 판매가 크게 줄었지만, 전자상거래와 택배서비스가 발달한 한국의 경우 -0.3%p 영향을 받는 데 그쳤다.

이 가운데 한국 소비자들이 보인 눈에 띄는 특징은 실제 소비를 크게 줄이지는 않았지만, 소비자심리지수의 하락폭은 실제 소매 판매가 크게 줄어든 나라들보다 컸다는 점이다. 정부의 엄격성 지수가 10포인트 오를 때 OECD 국가들의 평균 소비자심리 위축 정도는 -2.2포인트로 나타났으나, 한국은 5%p 이상 하락하는 것으로 집계됐다. 실제로 2020년 1월부터 4월 사이 한국 소비자들의 심리 위축 정도는 -33.4%p에 이르렀지만, 실제 소매 판매에 미친 영향은 전술했듯 훨씬 적었다. 반면 오랜 경기 위축 상황에 놓여있던 이탈리아의 경우 코로나19 상황이 날로 악화되는 와중에도 기저 효과의 영향을 받아 1월부터 4월 사이 소비자심리 감소폭이 -10%p에 그쳤다. 그밖에 스페인(-19%p)과 영국(-17%p), 프랑스(-10%p) 등도 실제 소매 판매가 크게 줄어든 데 반해 소비자심리 감소폭은 한국보다 훨씬 적었다.

기업심리 위축폭은 평균적으로 소비자심리 감소폭보다 크게 나타났는데, 불확실한 업황 전망과 정부의 통제 강화 가능성에 민감하게 반응했다. 이는 서비스업 집합 금지의 장기화, 수출 수요 감소 우려 등이 종합적으로 반영된 결과로 보인다. 정부의 엄격성 지수가 10포인트 오르면 기업심리 위축 정도는 OECD 평균 -6.9%p로 나타났고, 서비스나 관광업이 발달한 유럽 국가들에 비해 제조업 기반이 강한 한국과(-3.6%p)은 감소폭이 상대적으로 적었다.

2020년 1월부터 4월 사이 스페인(-68.8%p) 등 유럽 주요국의 기업 심리는 대폭 감소했지만, 한국(-24%p)의 기업 심리 위축 정도는 비교적 적은 것으로 나타났다.

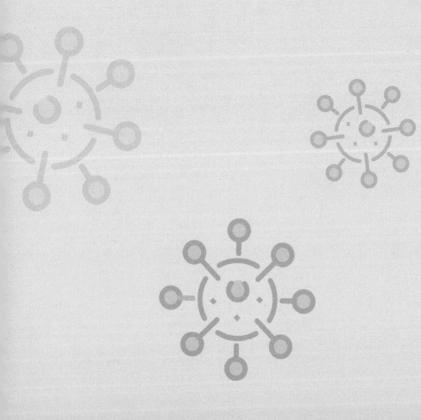

7장

코로노믹스(Coronomics) 시대의 미래는

미국의 새 정부,
희망이 될까

2020년 2분기 팬데믹 상황을 거쳐 3분기 잠시 잦아드는 듯했던 전세계 코로나19 확진자 수는 10월 이후 북미와 유럽을 중심으로 다시 급증했다. 세계적으로 하루 평균 60만 명 이상의 신규 확진자가 발생하면서 중국에서 전 세계로 코로나19 바이러스가 확산되던 초반보다 확산 속도가 더 빠르고, 피해 규모도 커지는 추세다. 한국 시간으로 2021년 1월 3일 기준 전 세계 코로나19 누적 확진자 수는 8494만 5000명, 사망자는 184만 3000명으로 집계됐다. 전 세계 확진자 4명 가운데 1명은 미국인(2088만 3000명), 8명 가운데 1명은 인도 국민(1032만 5000명)이다. 이미 한국의 총 인구수를 넘어선 전 세계 코로나19 확진자 수는 상상하기 어려운 수준이며, 글로벌 리더십의 지형까지 재편하고 있다. 세계 모든 나라에서 코로나19 대응

능력이 곧 리더십을 평가하는 가늠자 역할을 하고 있다. 앞서 우리나라는 경제 전반의 봉쇄조치, 셧다운이 없이도 1차 방역을 성공으로 마치면서 4.15 총선에서 여당이 압승했다. 문재인 대통령은 임기의 반환점을 돌고도 역대 처음으로 지지율 40% 대를 유지하는 '레임덕 없는 대통령'이 될 가능성이 높아졌다.

방역 실패, 아베의 침몰

반면 지난해부터 무모한 한일 무역 전쟁을 시작한 일본은 고전을 거듭하는 중이다. 다이아몬드 프린세스호발 코로나19 초기 방역에 완전히 실패하면서 전국 모든 지역으로 코로나19 바이러스가 번졌고, 2020년 최대의 정치적, 경제적 이벤트였던 도쿄올림픽이 결국 취소되면서 아베 신조 전 총리의 리더십에 결정적으로 금이 가기 시작했다. 이 와중 터져나온 총리 일가의 일탈과 '아베노 마스크'로 대표되는 방역 실패, 거리두기 강화 속 단체 관광을 다녀온 총리 부인의 사진은 국민들의 분노를 샀고, 결국 전 국민의 열렬한 바람 속에 아베 신조 전 총리는 지병을 이유로 총리직에서 물러났다. 표면적으로는 오랜 지병을 이유로 댔지만, 일본 정치 명문가 출신인 아베 신조 총리의 정치 생명을 코로나19가 끝냈다는 게 일본 조야의 중론이다.

아베 신조 전임 총리의 뒤를 이은 스가 요시히데 일본 총리는 방역에 총력을 기울이고 있지만, 1년 미룬 도쿄 올림픽을 2021년에는 정말 개최할 수 있을지 장담하기 어려운 상황이다. 소비자 중심으로 경제구조를 개편하고, 오랜 도장 사용 문화를 퇴출시켜 행정 편의성을 높였다는 평가를 받지만, 답보상태의 한일 관계나 좀체 나아지지 않는 코로나19 대응 방식 속에서 지지율은 계속 하락하고 있다.

유럽의 몰락, 파리 탈출 700km

앞서 일본의 사례를 언급했지만, 코로나19 팬데믹 상황 속에서 가장 유심히 지켜본 것 중의 하나는 선진국이라는 이름의 허상이었다. 오랜 세월 우리의 마음 속에 자리잡았던 서구 선진국의 모습은 민주적 전통이 깊고, 사회보장제도가 잘 짜여져 있으며, 시민 의식이 높은 기품 있는 사회 시스템으로 상징되었다. 허나 코로나19 사태 이후 이런 편견은 단숨에 무너졌다. 사실상 유럽연합(EU)이라는 단일 경제권으로 묶여 이동과 교류가 자유로웠던 회원국들은 코로나19 확산 통제에 실패하면서 급기야 국경을 통제하기 시작했다. 제대로 된 코로나19 검사도 받지 못한 채 요양원 전체가 무덤이 되는 사례가 수두룩했고, 병상과 산소호흡기가 모자라 생존 가능성이 높은 젊고 증상이 약한 환자들을 추려내는 살풍경한 모습을 흔히 목격했다. 이 와중에도 유럽의 젊은이들은 파티와 식사를 즐기고,

마스크 쓰지 않을 권리를 외치며 모이기를 주저하지 않았고, 결국 초겨울의 문턱에서 유럽은 다시 코로나19의 대 확산세를 맞게 된다. 이런 상황 속에서 프랑스는 다시 한 번 전국을 사실상 봉쇄하기로 결정했다. 이마뉴엘 마크롱 프랑스 대통령은 코로나19의 재확산세에 대응해 현지시간으로 10월 30일 자정부터 12월 1일까지 약 4주 동안 전국 모든 지역에 이동 금지령을 내렸다. 두 번째 내려지는 전국 단위의 봉쇄 조치다. 프랑스에서 이 기간 중 집 밖을 나서기 위해서는 정부가 발급한 이동확인서를 반드시 지참해야 한다. 사실상 거의 전시에 준하는 조치다. 이에 따라 금지령 시행 직전 10월 29일 밤, 프랑스의 수도 파리에서는 유례없는 교통 대란이 일어났다. 프랑스 정부가 29일에서 30일로 넘어가는 자정을 기점으로 전국에 봉쇄령을 내리면서 파리를 빠져나가려는 사람들이 장사진을 이룬 탓이다. 프랑스 교통부는 29일 오후 6시를 기준으로 파리에서 약 706km 구간이 극심한 정체를 빚었다고 발표했다. 가을방학 기간 휴가를 마치고 파리로 돌아오려는 차량 행렬까지 겹치면서 양방향의 교통 체증은 밤 늦도록 이어졌다. 이전 해 같은 기간과 비교해 교통량은 30% 이상 늘었다.

영국 일간지 가디언은 학령기 아동이 없고, 소득 수준이 높은 가정들은 봉쇄 기간 중 파리 밖으로 나가기 위해 차를 몰았다고 보도했다. 가을방학 휴가를 마친 가정들은 반대로 봉쇄조치가 시작되기 이전 파리로 돌아오기 위해 길을 나섰다.

이웃나라 독일도 사정은 마찬가지다. 코로나19 신규 확진자가 하루 1만 5000명 안팎으로 무섭게 늘어나자 역학 조사가 사실상 불가능한 단계라고 보고, 현지시간 11월 2일부터 한 달 동안 각 지역을 부분 통제하기로 했다. 상징적으로 숙박업소들은 투숙객을 받을 수 없게 됐고, 장시간 낯선 이들이 밀폐된 공간에 함께 머물게 되는 영화관 등의 영업을 중지시켰다. 레스토랑도 집합 금지 대상이 됐다. 한국의 집합 금지 명령 당시와 마찬가지로 손님들은 매장에 직접 방문해 음식을 포장하거나 배달 서비스를 통해서만 식당을 이용할 수 있다. 상점들은 10㎡에 손님 1명씩만 출입을 허용하는 방식으로 강화된 사회적 거리두기 규칙을 지켜야 한다. 벨기에 역시 봉쇄를 택했다. 현지시간 11월 1일부터 12월 13일까지 식료품과 약품 등을 판매하는 필수 상점을 제외하고 모든 상점들의 문을 닫기로 했다. 기업은 재택근무를 의무화하며, 학생들도 온라인을 통해 학습한다. 이웃나라 독일도 코로나19 확진자가 쏟아지고 있지만, 벨기에는 자국에서 치료가 불가능한 환자들을 독일로 실어나르는 중이다.

의료보험 체계 붕괴 직전인 영국도 이르면 이번 주부터 영국 전역에 다시 이동 금지 명령을 내릴 것으로 보인다. 지난 달 30일 현재 하루 코로나19 확진자 수가 3만 명을 넘어선 이탈리아도 다시 국경을 걸어 잠그고 병력을 동원해 사람들의 지역 이동을 막는 방안을 고민하고 있다.

폭발적인 코로나19 재확산 흐름을 빠르게 파악하고 움직인 우리나라와 비교하면, 선진국이라는 이름의 허상을 단적으로 보여주는 예다.

트럼프의 재선 좌절, 키워드는 '방역'

민주당 바이든이 힘겹게 승리한 미국 대선에서도 코로나19 방역은 선거의 판세를 뒤집은 핵심 요인이 됐다. 무너진 국가시스템, 코로나19로 더욱더 커진 빈부 격차의 책임을 두고 트럼프와 민주당 바이든이 양보 없는 한 판 승부를 벌였다. 'A HOUSE DEVIDED'라는 이름으로 SNS에서 회자된 한 장의 사진은 담을 맞댄 이웃집들이 한쪽은 트럼프, 다른 쪽은 바이든을 지지한다는 플래카드를 내걸어 완전히 둘로 나뉘었던 미국의 여론을 상징적으로 보여주었다.

재선에 실패한 트럼프 전 대통령은 코로나19 누적 확진자 990만 명, 일평균 확진자 10만 명, 사망자 24만 명이라는 처참한 방역 성적표를 받았다. 그는 이런 상황에서도 책임을 회피하고, 코로나19의 위험성을 간과하도록 부추기면서 마스크 쓰기를 거부했다. 트럼프의 참모들이 잇따라 감염되기 시작했고, 결국 트럼프 본인도 코로나19에 감염됐었지만, 우리 시간으로 10월 6일 오전, 입원 사흘만에 퇴원하면서 건재를 과시했다. 그가 정말 코로나19에서 완치됐다고 보는 사람은 많지 않았으나, 11월 대선을 앞두고 캠프 활동이 사실

• 베트남전을 능가하는 코로나19 사망자 수

2020 코로나 팬데믹

58,355

베트남전(1964-1975)

58,220

(2020.4.29. 오전 2:30 기준)

자료: The coronavirus disease(COVID-19) pandemic 2019-20, statista, March 2020

상 멈출 것이라는 전망 속에서도 트럼프는 마스크 없는 전국 단위 유세에 공을 들였다. 힘찬 목소리로 강한 리더의 상을 보여주기 위해 그는 가는 곳마다 '코로나는 별 것 아니다'라는 메시지를 주었고, 일부 공화당 강세 지역과 코로나19 확산세가 주춤한 지역에서는 이런 메시지가 유권자들에게 소구한다는 여론조사 결과가 나오기도 했다.

대선 레이스는 혼전 그 자체였다. 부동표가 많아 흔들리는 주, '스윙 스테이츠'로 불리는 격전지 여론 조사에서 민주당 바이든이 앞서가다 대선이 다가오자 격차가 좁혀졌고, 트럼프는 퇴원 직후부터 경합주를 누볐다. 그는 "걸려보니 코로나19는 아무것도 아니었다"면서 "나에게 사용한 신약의 효과가 크니 일반 국민들도 무료로 이 약을 쓸 수 있도록 해 주겠다"고 언급했다. 하지만, 공적 의료보험

체계조차 갖추지 못한 미국에서 일반인들이 세계 최강국 대통령에게 제공되는 의료 서비스를 받을 수 있으리라 기대하는 사람은 많지 않았다. 당시 대통령이던 트럼프가 받은 의료 서비스를 사적으로 제공받기 위해서는 줄잡아 수천 달러, 치료를 마칠 때까지 적어도 우리 돈 1억 원이 필요할 거라는 게 미국 의료계의 일반적인 의견이다.

재선을 위한 트럼프의 언행은 이처럼 공격적이었다. 대선 직전 마지막 주말 일요일 하루 동안에만 5개 주를 넘나들며 유세를 이어 갔는데 새벽에서 새벽까지 이어지는 강행군은 미시간, 아이오와, 노스캐롤라이나, 조지아, 플로리다에 걸쳐 계속됐다. 이동 거리만 합쳐도 약 3700km, 서울 부산 간 직선거리의 10배가 넘는 엄청난 여정이다.

70대의 트럼프가 재선을 위해 이처럼 마지막까지 힘을 썼지만, 개표 초반 앞서나가는 듯했던 그를 주저앉힌 건 역시 코로나19 바이러스였다. 전 세계에 코로나19가 퍼져나갈 때에도 그와 참모들은 "코로나19 때문에 마스크를 쓸 필요는 없다"거나 "감기 정도로 지나가는 가벼운 증상"으로 폄하했다. 감염 질병 전문가들이 끝없이 우려를 전했지만, 과학적인 증거에 기반해 국민들을 보호하는 대신 섣부른 부추김으로 국민들을 위험으로 내몰았다는 게 반 트럼프 정서의 핵심이다. 당시 트럼프 행정부는 코로나19 바이러스가 전 세계로 퍼져나가는 시점, 병의 발원지로 꼽혔던 중국에 문을 걸어 잠그는 방식으로 초기 방역 프로그램을 짰다. 하지만 국경을 닫은 뒤에도 미국에서는 사망자가 잇따랐고, 병원 안팎의 시신 안치소가 포화상태에 접어들어 뉴욕 외곽의 섬에 시신을 옮겨놓아야 할 정도였다. 세계 금융의 중심이라는 뉴욕의 번화가 거리에는 시신을 보관한 냉동차와 전쟁터에서나 볼 수 있는 '바디백'(시신을 담는 주머니)이 등장했고 미국 드라마 〈제너럴 호스피털〉이나 〈그레이 아나토미〉에 등장할 법한, 유명 병원에서 마스크와 산소호흡기, 거즈 등이 부족해 '의료 물품을 구한다'는 피켓을 들고 의료진이 거리로 나가 눈물을 흘리는 장면이 대서 특필되기도 했다. 세계 최강국 미국의 또 다른 얼굴이었다. 초기 방역 실패와 숱한 사망자의 등장은 결국 전면 셧다운 상황을 불렀다. 사실상 방역이 불가능하고 의료 자원도 고갈됐으니 집에서 나오지 말라는 일종의 전 국민 자가 격리 명령인 셈이다. 결국 이 기간 미국 경제도 완전히 멈춰섰다.

미국 국민들의 선택 '화합과 과학'

첫 TV 토론회부터 마지막 토론회가 끝날 때까지 여론조사 결과에서 트럼프는 내내, 당시 후보였던 민주당 바이든에게 뒤졌다. 하지만 미국 대선일 11월 3일을 불과 하루 앞두고 있었던 시점, 아니 투표 당일까지도 국내외 언론에서는 선거 결과를 예단하기 어렵다는 얘기가 나왔다. 전국 득표율을 높이는 것보다 다수의 선거인단 확보가 중요한 미국 대선의 독특한 방식 때문인데, 일명 '전쟁터'(배틀그라운드 스테이츠)라 불리는 북부의 3개주와 남부의 3개주를 차지하기 위한 전쟁이 치열했다.

10월 27일 이뤄진 여론조사에서 트럼프는 북부의 3개주에서 모두 민주당 바이든에 뒤처졌다. 미시간에서는 트럼프가 43%, 바이든이 52%, 위스콘신에서는 각각 44%와 53%를, 펜실베이니아에서는 45% 대 50%를 기록했다. 4년 전 대선에서 막판 지지율을 끌어올리며 선전했던 북부 주요 지역에서 트럼프는 뒷심을 발휘하지 못했다. 사정은 그럴 만하다. 미시간에서는 날마다 새로운 코로나19 신규 확진자 수가 종전 기록을 넘어서는 상황이었고, 위스콘신 주에서는 코로나19 환자들을 수용할 수 있는 병상이 바닥나 중동 전쟁터에서 꾸렸다는 야전병원이 들어섰다. 위스콘신주는 미 전역에서 코로나19에 따른 사망자 수가 세 번째로 많은 지역이다.

현장 투표에서 트럼프가 우위를 보였던 펜실베이니아도 민주당 바이든을 택했다. 이전 2016년 대선에서는 0.7%p 차이로 트럼프에게 20명의 선거인단을 몰아준 지역이다. 펜실베이니아는 동부 주요 도시와 가깝지만, 코로나19로 생활이 더욱 어려워진 흑인 인구 비중이 높다. 이 때문에 워싱턴이나 뉴욕과 가까워 도심에는 대학을 졸업한 민주당 성향의 진보층이 많이 살고, 한 블럭 차이로 흑인과 히스패닉 등을 중심으로 한 저소득층이 모여 살고 있다. 바이든 의 고향이기도 한 이곳은 과거 한때 탄광업과 제철업 등이 흥했지만, 과거의 영화는 사라진 지 오래다. 2016 대선에서 펜실베이니아가 트럼프 대통령을 선택했던 건 이렇게 쇠락한 공업지대를 되살려주겠다는 약속 때문이었지만, 코로나19 이후 이들의 생활은 더욱 팍팍해졌다. 트럼프와 바이든 모두 선거를 앞둔 마지막 주말 펜실베이니아로 달려갔다. 코로나19 이후 더욱 벌어진 빈부격차 속에서 거리의 약탈까지 자행된 지역이다. 펜실베이니아에서는 특히 한국인들이 운영하는 작은 가게들이 큰 피해를 봤는데, 표면적으로는 트럼프를 지지하는 공화당 지지파와 민주당 바이든을 지지하는 이들 사이의 갈등이 이번 약탈 사태의 도화선인 것처럼 보이지만, 기저에는 코로나19 이후 셧다운으로 일자리를 잃은 저소득층의 분

• 코로나바이러스 영향에 따른 인종별 격차

코로나 사태로 본인이나 가족 중 일자리를 잃거나 소득이 줄어든 사람의 비율

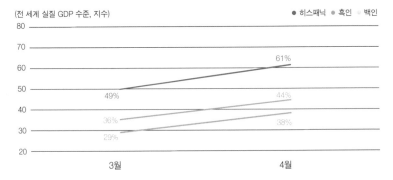

자료: The coronavirus disease(COVID-19) pandemic 2019-20, statista, March 2020

노가 작용했다.

막판 설문조사에서 남부 3개주 지지율은 격차가 좁혀져 손에 땀을 쥐게 했는데, 노스캐롤라이나에서는 트럼프가 48%, 바이든이 49%, 플로리다에서는 각각 46%와 50%를, 애리조나에서는 46% 대 49%로 초접전 양상을 보였다. 모두 오차범위 ±5%p 안쪽의 숫자들이었다. 이 여론 조사를 의뢰한 로이터 통신은 미국의 여론조사업체 입소스가 진행한 조사 결과를 공개하면서 "북부와 달리 남부의 지지율 격차는 상당히 좁혀졌고, 1%p 차이를 보인 노스캐롤라이나의 경우 사실상 통계학적 동률로 봐도 무방하다"고 설명했다. 진땀 승부가 예상된다는 보도였다. 남부 격전지에서 마지막까지 트럼프가 선전한 건 역설적으로 북부에서 고전한 것과 같이 코로나19 때문이다. 남부의 일명 '선벨트' 지역은 북부 주요 도시에 비해 코로나19 확산세가 주춤했다. 트럼프는 본인까지 코로나19에 감염된 이후에도 남부의 여러 지역에서 이른바 '노마스크 유세'를 벌이며 "재임 기간 중 내가 중국 등을 때려서 국부 유출을 막았다"고 내세웠다. 그리고 트럼프의 이런 주장은 남부 격전지 선거 유세에서 어느 정도 대중들에게 소구했다는 평가가 가능하다.

이런 상황 속에 치러졌던 이번 대선은 그래서 누구도 결과를 예단하기 어려웠다. 다수의 여론 조사에서 당시 후보였던 민주당 바이든이 유리할 것이라는 결과가 나왔지만, 미국의 유력 언론을 비롯해 내외신들은 전망을 삼갔다. 2016년 선거에서 민주당 힐러리 클린턴 후보의 당선을 예측했다 톡톡히 망신을 당했던 과오를 되풀이하지 않기 위해서였다.

하지만 이번에는 달랐다. 이전 대선에서는 민주당의 힐러리 클린턴 후보 당선을 점치다 공화당 트럼프 대통령의 탄생을 지켜보는 촌극이 빚어졌지만, 46대 대통령을 선출한 이번 선거에서 미국인들은 민심의 향배를 명확히 보여주었다. 2020년 기준 미국의 총인구는 약 3억 3500만 명, 여기서 18세 이상 시민권자 2억 4000만 명에게 투표권이 있는데, 이미 1억 명이 우편과 사전 현장 투표를 통해 선거일 전에 표심을 정했다. 6500만 명은 우편으로, 3500만 명은 현장 사전 투표로 차기 대통령을 선택했다. 120년 사이 가장 뜨거운 투표율을 보여준 이번 선거에서 미국인들이 보여준 민심은 '노 모어 트럼프'(더 이상 트럼프 대통령은 안 된다)였다.

사전투표 수만으로 이미 4년 전 총 투표자 수를 넘어선 텍사스주 등 미 전역에서는 투표로 보여주자는 유권자 캠페인이 광범위하게 벌어졌다. 지난 대선 총 투표자 수의 62%에 이르는 엄청난 인원이 사전 투표로 표심을 보여주었고, 장장 닷새에 걸친 개표 끝에 현지 시간으로 7일, 민주당 바이든이 결국 당선인 연설에 나섰다.

바이든의 '상식'에 표를 준 미국인들

대선 레이스 내내 트럼프는 방역이 사실은 지나친 호들갑이며, 셧다운과 사회적 거리두기, 마스크 착용 등 대중이 꺼리는 방역 대응책들을 에둘러 비판했다. 나아가 "정상적인 삶이 다시 시작될 것"이라며 대중들을 선동했다. 즉, 코로나19에 대응하기 위해 방역 전쟁을 벌이고, 학교와 회사, 상점이 문을 닫는 현재의 상황은 불필요한 비정상적 상황이라는 의미다. 방역 최고 책임자인 당시의 대통령이 코로나19 방역 실패에 따른 대증요법을 비난하는 모순적인 상황이 유세 기간 중 심심치 않게 펼쳐졌다. 대표적인 사례가 현지시간 10월 28일 격전지 중 하나인 애리조나주 유세장에서 나온 발언이다. 트럼프는 코로나19 대응 실패라는 약점을 오히려 별난 사람들의 호들갑으로 치환해 버리면서 '언제까지 이렇게 답답하고 불안하게 거리를 두며 살 것이냐'고 속삭였다. 전국적인 봉쇄 조치로 일자리를 잃으면서 극심한 경제난을 겪고 있는 저소득층 군을 공략하는 메시지다. 트럼프는, 당시 후보였던 민주당 바이든 대통령이 코로나19 부실 대응을 문제삼을 때마다 '페이크 뉴스'(가짜 뉴스)라고 잘라 말했다. 마스크를 쓸 필요도 없다고 말하다 뒤늦게 방역 전문가들의 비판을 의식해 턱스크를 걸치기도 했다. 그의 유세장에는 같은 생각을 가진 지지자들이 많았다. 트럼프의 대선 유세 기간 영상과 사진을 보면, 마스크를 쓰고 있는 사람이 많지 않다. 유타주 등 이른바 기독교 원리주의자들이 많이 사는 '바이블 벨트' 지역에서도 '찬양하고 기도할 권리를 달라'면서 집합 금지나 마스크 착용, 사회적 거리두기 조치에 극도의 반감을 드러내고 있다. 이들은 마스크

없이 모여 예배하면서 코로나19에 걸려도 신의 구원이 있을 거라고 말한다. 종교적 색채와 무관하게 이들은 트럼프가 속한 공화당의 낙태 금지와 동성결혼 반대 기조에 적극 찬성해온 집단이다. 인권 존중, 모든 종류의 차별 금지를 주장해온 민주당의 바이든은 설득하기 어려운 지역이었다. 이런 흐름들이 맞물려 미 대선은 말 그대로 끝날 때까지는 끝난 게 아닌 진땀 승부였다. 과학적 근거가 없는 트럼프의 코로나19 관련 발언에 열광하는 군중들이 존재했고, 코로나19는 역설적으로 트럼프의 재선에 아킬레스건이자, 반전의 포인트가 되기도 했다.

이외에 단기간에 극과 극을 오간 성장률 통계도 마지막까지 유권자들의 표심을 흔들리게 한 요인이었다. 당시 대통령이던 트럼프는 코로나19 대유행으로 기록적인 하락폭을 보였던 국내총생산(GDP) 성장률이 2분기 역성장에 따른 기저효과를 믿고 3분기에 플러스로 돌아선 점도 적극적으로 이용했다. 코로나19의 전국적인 확산으로 셧다운 조치가 내려지면서 2020년 2분기 -31.4%까지 폭락했던 미국의 GDP 성장률은 3분기 들어 33.1%(연율)까지 급등했다. 미국 정부가 분기별 성장률 통계를 내기 시작한 1947년 이후 가장 높은 수준의 상승폭이다. 다우존스가 집계한 전문가들의 공통 전망치 32%도 웃돈다. 종전까지 분기 최고 기록이었던 1950년 1분기의 16.7%보다 두 배 가량 높다.

트럼프 캠프는 선거 막판 유세에 이런 수치를 적극 인용하면서 미국 경제가 건재하다고 과시했다. 트럼프 행정부가 코로나19 초기 대응에 완전히 실패하면서 1분기 -5.0%로 6년만에 첫 마이너스 성장을 했다는 점, 셧다운이라는 극약 처방 외에는 방법이 없었던 2분기(-31.4%) 73년만에 최악의 성적표를 받았다는 사실은 완벽히 감추었다. 스스로 망치고 다시 일으켜 세우면서 성장폭을 과시하는 방식은 트럼프가 지난 대통령 취임 이후 거시경제와 금융시장에서 끊임없이 반복해온 정책의 패턴이다. 3분기의 놀라운 성장률 반등은 상점과 학교, 회사가 문을 닫고 통행을 금지했던 2분기 셧다운 사태가 끝나면서 모든 경제활동이 재개돼 나타난 기저효과인데, 트럼프는 숫자라는 사실 뒤에 이런 진실을 감췄다. 하지만 미국 국민들은 더 이상 화려한 수사에 넘어가지 않았다. 여전히 어려운 일자리 상황이나, 1년 전 같은 기간과 비교해 마이너스(-2.9%) 성장을 벗어나지 못하고 있다는 사실을 피부로 체감하고 있어서다.

바이든 "지금은 치유할 시간"

민주당 바이든은 닷새 간의 개표 끝에 대선 승리가 확정되자 자택이 있는 델라웨어주 윌밍턴의 체이스 센터 야외무대에서 "분열이 아닌 통합을 추구하는 대통령이 되겠다", "성경은 수확할 시간, 씨뿌릴 시간, 치유할 시간이 있다는 걸 알려주는데, 지금은 치유할 시간"이라고 강조했다. 당선인으로서 승리 선언의 무대에 선 바이든은 "미국을 악마처럼 만들고자 하는 음울한 시대는 이제 여기서 끝내자"면서 "트럼프 대통령에게 투표한 모든 이들이 오늘밤 실망감을 감추기 어려울 것을 이해하지만, 이제 서로에게 또 다른 기회를 주자"는 말로 반 바이든 진영도 포용하겠다는 의사를 거듭 전했다. 그는 이어 "이제 거친 말들을 뒤로하고, 열기는 낮추고 서로를 다시 바라보며 귀를 기울일 시간"이라면서 "전진을 위해서는 상대방을 적으로 대하는 방식을 멈춰야 한다. 그들(나와 정치적 생각이 다른 사람)은 우리의 적이 아니라 미국인"이라고 강조했다. 바이든은 아울러 "민주당 출신의 대통령이 아니라, 미국의 대통령으로서 통치하겠다"면서 "붉은 주(공화당 지지 지역)와 푸른 주(민주당 지지 지역)를 보지 않고, 오직 미국만을 바라보겠다"고 말했다.

대선 불복, 트럼프

이렇게 오랜 경쟁 끝에 차기 미국 대통령 당선인이 결정됐지만, 재선에 실패한 트럼프의 싸움은 아직 끝나지 않은 상태였다. 그는 선거 직후 본인이 즐겨 사용하는 SNS 트위터를 통해 "크게 이기고 있다(A BIG WIN)"면서 지지층의 결집을 유도했고, 민주당 바이든 당선인을 "거짓 승리자"라고 폄하했다. 우려했던 대로 박빙의 승부에 승복하지 못하고, 여러 주에 개표 중단 소송을 냈다. 각 주의 법원이 개표 지연에 따른 정치적 혼란과 엄청난 사회적 비용, 지지층 간 갈

등에 따른 사회적 비용을 이유로 잇따라 기각 결정을 내렸지만, 트럼프 전 대통령은 끝까지 가고 있다. 트럼프 전 대통령의 사위인 제러드 쿠슈너 백악관 선임 보좌관 등이 선거 결과 승복을 설득한 것으로 알려져 있으나, 트럼프 전 대통령은 상대의 승리 연설과 취임 후에도 여전히 결과를 인정하지 못하고 있다. 일각에서는 그가 일종의 '피해자 프레임'을 통해 부당하게 쫓겨나는 모습을 연출하면서 지지층에게 '나는 계속 싸우고 있다'는 메시지를 주고자 한다는 분석도 내놓았다. 문제는 출구전략인데, 트럼프 전 대통령과 우호적인 관계를 유지해온 보수 성향의 폭스뉴스는 트럼프 측 소식통을 인용해 "트럼프 대통령은 본인이 제기한 모든 선거 관련 소송에서 모두 패소해 선거 결과가 바뀌지 않는다는 걸 확인한 뒤에야 입장을 돌릴 것"이라고 보도했다. 이 매체는 트럼프가 그 뒤에도 "바이든이 승리를 훔쳤다"는 메시지를 내 "민주당 바이든의 재임 기간 내내 '투표 조작' 의혹을 제기하도록 부추길 가능성이 있으며, 트럼프가 2024년 차기 대선에 다시 도전할 가능성도 남아 있다"고 전했다.

일각에서는 민주당 바이든이 탈세와 기밀 유출 의혹 등을 받고 있는 트럼프의 사면을 조건으로 평화로운 정권 교체를 유도할 가능성도 있다고 내다보지만, 불확실성의 아이콘인 트럼프가 어떤 방식으로 백악관을 떠날지는 누구도 장담할 수 없다는 게 일반적인 관측이었다. 한편, 결국 바이든 행정부에 질서 있는 권력 이양을 약속하며 대선 불복 행보에 끝을 보인 가운데서도 트럼프를 향한 탄핵

소추안은 2024년 재출마를 열어둔 트럼프의 발목을 잡고 있다.

바이든은 우리에게 좋은 친구가 될까

미 대선은 이렇게 민주당 바이든의 신승, 그리고 트럼프 전 대통령을 향한 탄핵 시비로 끝이 났다. 문제는 앞으로인데, 미국이 코로나19 확산에 따른 셧다운 조치를 풀고, 본격적인 대선 캠페인을 시작한 이후 방송과 인터뷰에서 가장 많이 받았던 질문이 바로 이것이었다. '한국에는 트럼프가 재선되는 게 유리할까요, 민주당의 바이든이 당선되는 게 유리할까요?' 이 질문에 깔려 있는 근본적인 물음은, 자유무역 질서를 부정하고 '아메리카 퍼스트'를 강조해온 트럼프가 물러날 경우 수출 중심 경제구조를 가진 한국에 좀 더 도움되는 상황이 연출되지 않겠느냐 하는 기대라는 걸 잘 알고 있었다.

트럼프 행정부의 보호무역 기조로 추세적으로 줄어들었던 세계 물동량은 코로나19 팬데믹 상황에 따른 대륙 간, 국가 간 이동 제한 조치에 따라 급속히 감소하고 있다. 2020년 8월까지 세계 10대 주요 컨테이너 항만의 누적 물동량은 이전 해 같은 기간보다 2.2% 줄었다. 이 기간 상하이가 2780만TEU(길이 20피트 컨테이너 박스 1개의 길이를 나타내는 단위)를 처리해 전 세계 1위를 기록했고, 싱가포르는 2403만TEU로 2위, 중국의 닝보 저우산 항이 1863만TEU로 3위를 나타냈다. 부산항은 세계 6위 항만으로 1434만TEU를 처리했다.

시야를 국내로 좁혀보면, 3분기 기준 전국 무역항의 수출입 물동량은 3억 879만 톤으로 1년 전 같은 기간 3억 6176만톤보다 15% 급감했다. 컨테이너 물동량은 지난해 3분기 719만TEU보다 2.0% 줄어든 705만TEU를 나타냈다. 2분기(-4.4%)보다는 감소세가 줄었다는 게 그나마 다행스럽지만, 환적량 감소폭(-1.6TEU)보다 수출입 감소폭(-2.3%)이 크다는 건 우려할 만한 부분이다.

이런 상황을 종합해보면, '구관이 명관'이라는 결론에 이른다. 그나마 '익숙한 악당' 트럼프 체제가 대응하기에 보다 수월할 것이라는 얘기다. 민주당의 바이든 체제에서는 국제무역 질서가 종전처럼 재건되고 글로벌 물동량이 획기적으로 늘어난다거나, 미중 간의 관계 개선으로 양국 모두에 큰 이윤을 남기는 우리 경제가 선전할 것이라는 기대는 섣부르다.

당선 이후 정책 방향을 가늠할 수 있었던 트럼프와 바이든의 주요 대선 공약을 비교해보면 이런 결론에 이른 이유를 좀 더 쉽게 설명할 수 있다. 당초부터 트럼프든, 민주당 바이든이든 미국이 막대한 경기부양책을 사용하리라는 점은 명확했다. 민주당 바이든 대통령은 취임 직후 엄청난 재정을 쏟아부어 경기 부양에 나설 것이다. 트럼프 역시 과거 취임 이후 줄곧 돈을 풀고 금리를 낮추는 통화 완화 정책을 선호해왔으며, 이는 유동성으로 증시를 끌어올리는 요인이 됐다. 이 부분에 있어서는 바이든 대통령도 다르지 않을 것이라 예상했다.

반면 세금 제도에는 차이가 선명하다. 트럼프는 재선에 성공할 경우 추가 감세로 경제에 활력을 불어넣겠다고 공약을 내세웠다. '메이드 인 아메리카' 제품에 대한 세액공제를 늘려 이른바 기업들의 '리쇼어링'(기업의 해외 생산 공장이 본국으로 돌아가는 것)을 촉진하겠다고 했다. 코로나19에 따른 팬데믹 상황 속에서 글로벌 공급망 단절을 경험했던 많은 국가와 기업들이 트럼프 방식의 리쇼어링 흐름에 동참한다면, 세계 경제는 또다시 큰 변화를 겪었을 것이다. 트럼프는 아울러 기업에 대한 법인세율과 개인에 대한 소득세율도 지금처럼 낮은 수준으로 유지하겠다고 말해왔다.

하지만 세금과 규제 완화에 대한 민주당 바이든 대통령의 입장은 완전히 다르다. 바이든 대통령은 현재 21%까지 내린 기업의 법인세율을 28%로 7%p 올리는 동시에 부자들의 개인소득세 최고세율도 현행 37%에서 39.6%로 3%p 가까이 올리겠다고 약속했다. 기업과 개인에 대한 세부담이 늘어나면 코로나19 이후 경제재건 과정에서 생산과 소비 전반에 도움이 되지 않을 것이라는 게 트럼프의 공략 포인트였지만, 바이든은 부자 증세가 사회 정의에 부합하고, 여기서 나오는 재원으로 중산층을 지원하겠다고 강조했다. 중산층의 세금 부담까지 늘어나 구매력이 줄어들지, 아니면 중산층에서 저소득층으로 내몰린 시민들이 정부 주도의 수요 창출을 통해 다시 구매력 있는 집단에 소속될지는 좀 더 지켜봐야 할 부분이다. 여기서 나오는 결과에 따라 한국산을 비롯한 수입 차와 가전에 대한 수요가 늘거나 줄어들 수 있다.

기업을 대하는 태도에서도 트럼프 전 대통령과 바이든 신임 대통령은 근본적으로 다른 입장을 보여왔다. 트럼프는 세금을 깎아주고, 규제를 풀어 월가의 투자은행들을 포함한 제조, IT 기업들에게 우호적인 환경을 만들어가겠다고 했지만, 바이든은 구글과 애플, 아마존, 페이스북 등 일명 'FANG'으로 불리는 IT 공룡들의 시장 독과점에 부정적인 입장이다. 특정 IT 기업들이 시장을 독식하는 상황을 불공정하다고 보고, 극단적인 경우 과거 미국 정부가 시장을 지배하는 통신 회사에 분할 명령을 내린 것처럼 독점적 지위를 가진 IT 기업들의 몸집을 줄여서 시장구조를 개편할 수도 있다는 시나리오까지 상정하고 있다. 바이든은 아울러 은행의 자기자본 충족 요건 등 금융회사의 의무를 강화해 부실 위험을 줄이고, 풍부한 유동성을 바탕으로 수익을 올리고 있는 월가에 대한 규제도 늦추지 않겠다고 했다. 미국의 대형 IT 기업들은 대개 한국 전자, 통신업계의 큰 고객사들이다. 바이든 체제의 기업 규제 정책은 삼성전자나 하이닉스, LG전자 등에 새로운 도전이 될 수도 있다.

미중 관계의 긴장감은 바이든 시대에도 여전할 것으로 보인다. 트럼프가 재선에 성공했다면, 더욱 거칠 것 없는 압박 조치와 한국을 비롯한 경상수지 흑자 국가들에게 대한 비싼 영수증 청구가 이어졌겠지만, 바이든 대통령은 표면적인 무역 장벽은 제거하고 동맹국들을 예우하는 방식을 택할 공산이 크다. 하지만 기술과 구매력

양쪽에서 모두 미국을 위협하는 수준까지 성장한 중국에 대한 견제는 계속될 전망이다. 트럼프 행정부 방식의 전면적인 관세 부과와 고립주의를 택하지는 않더라도 다자무역기구나 동맹국과의 연대를 통해 대중 압박 수위를 높이는 방식으로 중국을 코너에 몰아넣을 가능성이 크다. 바이든 대통령 또한 대선 레이스 중 '바이 아메리카(Buy America)' 정책을 통해 미국 제조업 부흥과 일자리 지키기 정책을 펴겠다고 공약한 만큼 장기적으로 우리의 대미 수출에는 타격이 불가피해 보인다.

환경과 인프라 투자 방향도 우리에게 당장 실익이 크지는 않을 듯하다. 환경 이슈와 건설 문제는 늘 동전의 양면처럼 함께 움직이는데, 이 부분은 트럼프 전 대통령과 바이든 신임 대통령의 입장차가 가장 극명하게 드러나는 분야이다. 트럼프는 기후 변화와 그에 따른 환경의 훼손 가능성을 부인해왔다. 앞서 파리기후협약에서 탈퇴한 건 트럼프가 환경 정책에 어떤 입장을 가지고 있는지 명확히 보여주는 예다. 트럼프는 전 세계가 탈 석유화를 지향하는 2020년에도 원유 시추를 위해 연방정부가 소유한 토지를 개방하는 등 환경 관련 규제를 완화하겠다는 입장을 분명히 해왔으며, 인프라 투자 역시 오래된 항만과 공항, 도로를 정비하는 방식의 전통적인 SOC 투자 형태로 진행하겠다고 공언해왔다. 대형 건설 사업을 중심으로 2조 달러를 투자한다는 계획도 일찌감치 세워뒀지만, 이제는 소용이 없게 됐다. 대선 레이스 와중에는 트럼프가 승리할 경우

자국 내 대형 건설사에 일감을 주고, 대규모로 일용직 근로자들을 고용함으로써 경기 부양 효과를 만들고, 미국 일반 근로자 가정의 가처분 소득이 늘어 가전과 자동차, 휴대폰 등 한국산 제품에 대한 소비 여력이 커질 수 있다는 기대감이 있었다.

반면 민주당 바이든 시대의 한국 수출은 아직 파란불을 말하기 일러 보인다. 바이든은 기후 변화를 미국과 인류가 당면한 과제로 보고, 기후변화에 대응할 수 있는 방식으로 인프라 투자에 나서겠다는 입장이다. 바이든 대통령은 이를 위해 앞으로 임기 내 2조 달러의 투자를 추진할 예정인데, 100% 클린에너지 경제를 위해 파리 기후협약에 다시 가입하고, 온실가스의 감축 목표를 크게 늘리겠다는 계획을 가지고 있다. 환경을 보호해야 하고, 기후 변화에 대응하자는 입장에 한국도 근본적으로 동의하지만, 바이든 대통령이 가지고 있는 단기간 온실가스 감축 목표는 아직 전기차나 수소차 시장에서 크게 점유율을 높이지 못하고 있는 한국 자동차 회사들에게 위협적인 요인이 될 수 있다. 단기적으로는 코로나19 사태 속에서 공유차 이용이 줄고 대중교통을 꺼리는 사람이 늘며 반짝 살아난 한국 완성차 회사들에게 불리하게 작용할 가능성도 있다. 대신 기후 변화에 대응하기 위한 인프라 투자를 늘리겠다고 약속한 만큼 한국 정부가 국책 사업으로 추진해온 '그린 뉴딜', '디지털 뉴딜' 관련 사업자들은 새로운 기회를 맞을 수도 있다. 이런 기대감은 이미 증시에 먼저 반영돼 미 대선 관련 테마주, 환경주, 배터리주 등의 몸값을 상당히 올려놓은 상태다.

이같은 경제적 파급 효과뿐 아니라 북미 관계의 변화 가능성에도 주목해야 한다. 트럼프 전 대통령의 예측 불가능한 '톱다운(Top Down)' 방식 정책 수립 과정은 때로 북미 관계를 냉랭하게 만들기도 했지만, 역사적 북미 정상회담이라는 파격적인 이벤트도 가능하게 했다. 반면 미 정가의 오랜 주류로 성장해온 민주당 바이든 대통령은 스타일이 전혀 다르다. 한반도 비핵화라는 명확한 목표를 원칙으로 두고, 실무자들부터 논의를 거쳐 최종 합의를 이끌어내는 전통적인 '보텀업(Bottom Up)' 방식을 선호하는 만큼 북미 관계의 파격적인 진전은 기대하기 어려울 것으로 보인다. 바이든 대통령은 오바마 정부 당시부터 이어진 대북 강경 기조를 유지하면서 트럼프 전 대통령 재임 중 상대적으로 소원해진 미일 관계를 추스를 가능성이 있다.

바이든 행정부와 트럼프 전 행정부의 온도차를 고려할 때 중간자로서 북미 양국을 조율하고, 한반도 운전자론을 설파해 온 우리 정부의 설 자리는 종전보다 좁아질 가능성이 크다. 단 바이든 대통령의 경우 동맹 강화를 통해 중국의 부상을 견제하고자 하는 의지가 뚜렷한 만큼 트럼프 전 대통령처럼 막대한 방위비를 치르지 않으면 주한미군을 철수한다고 압박하거나, 엄청난 무기 구입을 강요하는 분위기는 조성되지 않을 것으로 보인다. 즉, 트럼프 시대도 고민이 많았지만, 바이든 대통령 시대에는 대북, 북미, 미중, 한일 관계를 풀어가는 방정식이 더욱 복잡해질 것이라는 얘기다. 결국 트럼프의 재선과 이 동력을 바탕으로 한 파격적인 북미 관계 개선 시나리오는 시나리오에 그치게 됐다.

새로운 WTO 수장은?

공교롭게도 과거 트럼프 대통령 취임 이후 큰 변화를 겪었던 국제무역기구(WTO)는 미 대선 직후 새로운 수장을 맞게 됐다. 모든 회원국이 1표씩을 행사해 어떤 나라도 거부권을 행사하지 않는 공통의 의견, 즉 컨센서스(Consensus)를 얻는 대표가 사무총장을 맡게 되는데, 한일 무역 갈등과 미중 대결 구도에서 한국의 유명희 통상교섭본부장이 결선 투표까지 살아남았다. 경쟁자는 세계은행(WB) 등 다수의 국제기구에서 오랜 경험을 쌓은 나이지리아 재무장관 출신의 응고지 오콘조 이웨알라 후보인데, 지난 10월 말까지는 이 나이지리아 후보를 지지한 나라들이 더 많았다는 게 WTO 안팎의 중론이다. 주요 외신들은 사실상 한 몸으로 움직이는 EU 회원국들과 다수 아프리카 국가들, 중남미 여러 나라들이 상대 후보를 지지했으며, 일대일로 정책을 바탕으로 아프리카에 영향력을 확대하고 있는 중국 역시 물밑에서 상대 후보를 지원하고 있다고 보도했다. 일방적인 소재 부품 장비 수출 규제로 한일 무역 전쟁을 시작한 일본 측도 한국 후보를 지지하지 않는다는 입장이다. 이쯤 되면 우리나라의 유명희 후보가 스스로 사퇴 의사를 밝히고 오콘조 이웨알라 후보가 남아 WTO 일반 이사회의 만장일치 투표로 선출되는 게 일반적이다.

하지만 이번 WTO 사무총장 선거 역시 미 대선처럼 마지막까지 결과를 예단하기 어려운 상황이 됐다. 누구보다 WTO 체제를 불신했던 미국이 사무총장 선출 마지막 단계에서 한국 후보를 지지한다고 공식적으로 밝혀서다. 미국은 무역대표부(USTR) 성명을 통해 "나이지리아 후보는 국제 무역 분야에서 일한 경험이 부족하며, 한국의 유명희 후보야 말로 25년간 통상 분야에서만 일해온 진짜 전문가"라고 강조했다. 표면적으로는 두 후보의 전문성에 차이가 있다고 지적하고 있지만, 진짜 속내에는 친중 분위기의 WTO 체제를 재편하고자 하는 의지가 담겨 있다. 막대한 대중 관세, 대 EU관세로 분쟁을 벌이고 있는 미국이 세계 무역 분쟁의 심판자 역할을 해온 WTO를 무력화하고자 하는 셈속이라는 의견도 나온다.

사무총장 선출 과정을 사실상 방관해온 미국이 선거 마지막에 이르러서야 공식적으로 한국 후보를 지지하고 나선 이후 WTO는 사무총장 지명 시점을 새 대통령 취임 이후로 늦췄다. 국제 무역 질서와 국제 기구의 전통을 존중하는 바이든의 스타일을 고려하면, 지명이 뒤로 밀려도 지지표가 적었던 유명희 후보에게 유리한 상황을 기대하기는 쉽지 않을 듯하다. 미국의 뒤늦은 '참견'에 대한 회원국들의 불만도 새 미국 대통령에게 부담이 되는 요인이다. 현지시간으로 지난 10월 28일 WTO의 대사급 회의에서는 10여 개 국가와 국제 기구의 관계자들이 발언 기회를 얻어 미국의 갑작스러운 공개 지지 선언을 비판했다고 미국의 월스트리트 저널이 전했다. 요지는 나이지리아 후보 선출을 반대하려면 진작 입장을 밝혔어야 하는데, 선거전 막바지에 세계 최강국의 비토 선언이 나와 선거판이 말할 수 없이 혼란스러워졌다는 불만이었다. 트럼프 체제 아래에서 미국은 "WTO가 만장일치로 지지받는 후보를 추대하려고 한 시도 자체가 무리였으며, 애초부터 미국이 나이지리아 후보를 지지하지 않는다는 걸 잘 알고 있었다"고 반박했지만, 바이든 시대의 미국은 국제 질서를 존중하는 신사의 이미지를 확립하기 위해서라도 다른 태도를 보일 가능성이 있다.

결국 WTO 사무총장 결선 투표의 결과는 막판 변수가 된 미국의 의중이 얼마나 반영되느냐에 따라 갈릴 전망이다. WTO 측은 당초 대변인을 통해 11월 9일 사무총장 선출을 위한 특별 일반이사회를 진행하겠다고 밝혔으나, 절차와 일정이 모두 복잡하게 꼬인 상태다. 바이든 대통령은 취임일인 2021년 1월 20일 전까지는 미국 행정부를 대표할 자격이 없어서 다자주의 협의체에 대한 존중 여부와 무관하게 미국 정부의 입장을 고쳐내기 어려웠다. 다른 회원국들의 불만을 고려해 우리 정부가 스스로 후보직 사퇴를 선택하도록 하자는 의견이 청와대 내부에서도 나왔지만, 미국과의 의견 조율 없이 움직이기도 애매한 상황이었다. 이런 상황이 연출되자 유명희 본부장이 스스로 후보직에서 물러나기로 했다는 보도가 나오기도 했지만, 우리 정부는 부인했다.

결국 바이든이 대통령직을 수행하기 시작한 이후에야 WTO는 최종적으로 사무총장을 결정할 수 있을 것으로 보인다. 바이든 시대의 미국은 차기 WTO의 사무총장뿐 아니라 국제 무역의 질서도 바꿔놓을 전망이다. 트럼프가 당선되었든 지금처럼 바이든이 대통령이 되든 코로나19로 위축된 경제상황 앞에 각국이 모두 자국의 번영을 위해 뛰겠지만, 글로벌 관세 전쟁과 보호무역 주의의 강도와 지속 기간에는 큰 변화가 있을 것으로 보인다. 이 전쟁이 끝나면 한국 경제엔 더 유리한 상황이 연출될지, 아니면 미국이 끈질기게 중국의 발목을 잡아주던 시절이 나았을지 열심히 계산기 두들겨봐야 할 시간이 다가오고 있다.

2021년
경제는

올해 국내외 경제상황은 코로나19 팬데믹이 덮친 작년 만큼이나 급격한 변화가 있을 것으로 전망된다. 미국에서는 오랜 자유무역의 질서를 무너뜨린 트럼프 전 대통령이 재선에 실패하면서 한동안 급격히 줄어들었던 국제 교역량이 늘어날 것이라는 예상도 나온다. 껑충 뛴 2020년 3분기 미국 양국의 국내총생산(GDP) 성장률에는 2분기까지의 경제상황 악화에 따른 기저 효과도 작용했을 테지만, 해가 바뀌고 관세 장벽을 높이치던 미국의 보호주의 무역 기조가 달라지면, 이후 세계 물동량이 눈에 띄게 늘어날 수 있다는 기대섞인 전망도 있다.

하지만 바이든 체제 역시 결국 미국 경제의 부흥을 위한 정책이 주를 이룰것인데, 한국을 쫓는 중국의 뒷덜미를 잡아 주었던 트럼

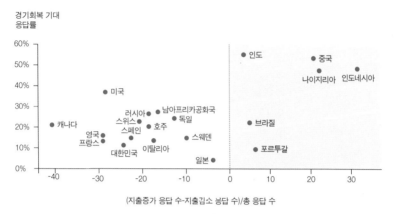

• 국가별 경기 회복 기대심리

경기회복 기대
응답률

자료: 코로나19 이후 경기회복과 정부 역할, KT연구소, Digieco

프 체제가 우리에게 더 나았을지, 포스트 트럼프 시대 교역량 회복이 중장기적으로 우리에게 더 도움이 될지 섣불리 장담하기는 어렵다. 우리의 양대 시장인 중국과 미국의 교역 분위기는 살아나겠지만, 중국 IT기업들의 맹추격을 받고 있는 한국은 자칫 샌드위치 신세가 될 수 있다. 미국의 강화된 환경 규제로 주요 수출 상품인 내연기관차의 판매량이 주는 등 일부는 손실도 예상된다.

미국, 바이드노믹스(Bidenomics)의 서막

초접전 끝에 차기 미국 대통령이 된 민주당 바이든은 대선 승리의 일성으로 '통합'을 이야기했다. 그는 현지시간 2020년 11월 7일 자택이 있는 델라웨어주 윌밍턴의 체이스센터 야외무대에서 승리 연설을 하고 "지금은 치유를 할 시간"이라고 강조했다.

통합과 화해, 치유의 승리 연설 뒤 미중 관계에 새로운 국면이 열릴 것임을 시사하는 신호도 있었다. 홍콩 일간 사우스차이나모닝포스트(SCMP)는 로버트 포든 주중 미국 대사 대행이 지난 11월 5일 베이징에 있는 중국 싱크탱크 차하얼 연구소를 찾아, '미중 관계 및 2020년 대선'을 주제로 토론하면서 "미국은 중국과 공정하고 호혜적인 관계를 추구할 것"이라고 언급했다. 어떤 관계를 '공평한 관계'라고 정의하느냐의 문제는 남아 있지만, 적어도 트럼프 시대의 '장부상의 공정'과 다가온 바이든 시대의 '공정'에는 차이가 있을 것으로 보인다. 트럼프는 상대국과 대차대조표 상의 수입과 수출에 기울기를 가능하면 평평하게 맞추는 것이 공정이라고 봤지만, 바이든은 장부상의 공정이 아니라, 거래 과정의 공정, 동맹국들과의 공감대 형성, 군사적 균형 등을 보다 우위에 둘 가능성이 있다.

따라서 관세로 중국 상품에 수입 장벽을 치거나, 최종 소비자 가격을 높여서 미국 소비자들이 중국 제품을 기피하도록 만들었던 트럼프 전 대통령과 달리 2021년 1월 이후 바이든 시대가 본격적으로 열리면 표면적인 대중 무역 장벽은 상당히 완화될 가능성이 있다. 문제는 겉으로 드러나지 않는 알력인데, 미국은 표면적으로 자유로운 국제 무역 질서의 재건을 지지하고, 중국과의 상호 호혜적인 관계로 공생을 강조하면서도 트럼프 체제에서와 마찬가지로 미국 기

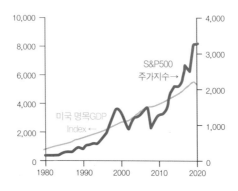

• 미국 GDP와 주가지수추이

S&P500
주가지수→

미국 명목GDP
Index ←

• 국내 기업 실적과 이자보상배율

이자보상배율(배)

매출증가율(%)

2015 2016 2017 2018 2019

자료: 2020년 국내외 경제전망, 코로나19 불확실성으로 국내경기 미진한 회복(경제연구부문),
LG 경제연구원, 2020.8.7.

업들의 리쇼어링(해외에 만든 기업의 생산 기지를 본국으로 되돌리는 일)을
통한 일자리 화보, '바이 아메리카' 정책을 통한 자국 제조업의 부흥
을 꾀할 것이다. 이렇게 생산된 자국 제품이 경쟁력을 갖도록 지원

하면서 파리기후협약 재가입을 통해 환경 이슈를 전면에 부각해 아직까지 국제사회의 규범을 완전히 지키지 못하고 있는 중국 기업들의 친환경적 제품 생산과 소비를 감시할 가능성이 크다. 또 태양광 패널과 2차 전지 생산 등 중국과 한국이 주도하고 있는 클린 에너지 부문 제조업 경쟁력을 키우는 데에 상당한 정책적 노력을 기울일 것으로 보인다. 바이든 대통령은 이미 후보 시절부터 대통령에 당선될 경우 연방정부가 임기 4년 동안 7000억 달러(약 785조 원)를 들여 제조업의 부활을 돕겠다고 공언해왔다. 대규모 재정 정책을 통한 경제 부흥 프로그램의 가동이다.

단 트럼프 체제에서 꾸준히 낮춰온 법인세와 부자들의 소득세 인하 기조에는 제동이 걸릴 전망이다. 천문학적인 나랏빚과 제조업 부흥의 재원을 증세에서 일부 충당하고, 이런 '바이드노믹스'의 조합으로 중산층 재건에 힘쓰겠다는 계획이다. 트럼프 시대 부자 기업을 통한 성장의 '낙수효과'나 중국, EU산 물건의 수입을 제한하면서 얻은 것이 크지 않다고 보는 만큼 일자리를 많이 만들어내지 않으면서 큰 수익을 얻는 IT 공룡들에게 무거운 세금을 물리고, 최저임금을 높이고, 부자들의 소득세를 더 걷어서 중산층 이하에게 흘러들어가게 만들겠다는 게 '바이드노믹스'의 요체다.

내년도 1분기 미국의 성장률은 이런 기대와 변화가 두루 반영된 성적인 만큼 전 세계의 관심이 크다. 아울러 소비를 중심으로 경제를 이끌어온 미국의 수요 회복은 세계 주요 수출국 경제에도 직접적인 영향을 미치는 만큼 우리에게도 상당히 민감한 이슈가 될 것이다. 또 더 이상은 거칠게 패권 전쟁을 벌이지 않겠다는 미국이 화웨이 등 우리 기업들과 경쟁하는 IT 기업들의 성장을 용인할 것인지, 그렇다면 우리는 얼마나 빨리 달아날 수 있을 것인지 향후 우리 경제전망의 퍼즐을 구성하는 요인이 훨씬 다양하고 복잡해진다.

이 모든 요인을 고려하기 이전, 그러니까 미 대선 이전에 나온 국제 기구의 2021년도 미국 성장률 전망치를 살펴보자. 경제협력개발기구(OECD)가 2020년 9월 기준으로 내놓은 내년도 미국의 성장률은 4.0% 수준이다. 코로나19의 대유행으로 전국적인 셧다운을 경험했던 2020년 성장률 전망치가 -3.8%이니, 1년 사이 7.8%p 급성장이 예상된다는 뜻이다. 국제통화기금(IMF)은 작년 10월 13일 발표한 '세계경제전망(World Economic Outlook)'을 통해 미국의 2020년 성장률 전망치를 대폭 올려잡은 만큼(종전 -8.0%에서 -4.3%) 기저효과를 바탕으로 한 2021년도 성장률 상승폭은 종전보다 줄어들 것으로 봤지만, 3.1%의 성장은 가능할 것으로 예상했다.

세계 주요 투자은행(IB)들은 2020 미 대선 결과가 나오기 한참 전인 9월의 OECD 중간 전망보다 2021년도 성장률은 더 올라갈 가능성이 있다고 기대한다. 그간 대선 일정을 앞두고 중단되어온 미국 연방 정부의 재정지출이 바이든 신임 대통령 취임에 맞춰 대대적으로 이뤄지면, 코로나19 팬데믹 선언이 있었던 2020년 1분기와 비교해 올해도 미국의 1분기 성장률이 드라마틱한 상승세를 보일 것이

• 이코노미스트지의 각국 정책 평가

		중국	유럽	미국
요인분석	코로나19 통제 - 10만 명당 사망자 수	★★★ 3.0	★★ 독(11.4)/영(62.3)/ 프(49.0)	★ 62.6
	기존 산업 구조 - 제조업 비중	★★★ 28.8%	★ 독(20.8%)/영(8.6%)/ 프(10.4%)	★ 11.3%
	정책 대응	★★☆ 경제발전 5개년 계획 방향성은 국가자본 주의와 자력 갱생 올해는 가구 소득 향상보다는 기업 부 양과 인프라 투자에 초점	★ 전체 노동자의 5%가 노동 시간 감축 상태 정부는 고용 유지 조건으로 기 업 자금 지원	☆★★ 실직자 보상을 확대하며, 경기 부양책 강력하게 추진 노동 시장이 변화된 현실에 적응·이동할 수 있도록 유연성 부여 적응에 실패한 기업 부채탕감은 유럽보다 적게 시행
	종합평가	★★☆ 현재 가장 선방 통계 정확성, 창의적 혁신 지속성 등에 대 한 대외적 의구심은 극복해야 할 과제	★ 가장 지체 전 대륙에 걸친 '파산 중단 조치'로 좀비기업 증가 고용 유지와 자체 경쟁력 없는 기존 기업 생존에 초점을 맞춘 다면 경기침체 가속화	☆★★ 대체로 현명하고 옳은 정책 결정 유럽과 달리 새로운 직 업 생겨나고 있음 최근 실직률 하락은 기 존 직장 복귀보다는 신 규 취업에서 발생
GDP 성장률 전망* - 2020년 - 2021년		1.9% 8.2%	독(-6.0%)/영(-9.8%)/ 프(-9.8%) 독(4.2%)/영(5.9%)/ 프(6.0%)	- 4.3% 3.1

* IMF, 2020.10.

자료:코로나19 이후 경기회복과 정부 역할, KT연구소, Digieco

라고 내다보고 있다. 이렇게 되면, 미국을 중심으로 한 글로벌 수요
가 촉진돼 수출로 성장률을 떠받쳐온 여러 나라가 수혜를 입을 것
이라는 게 IB들의 의견이다.

반면 우리의 수출상품 가운데 내연 기관 자동차 등은 보다 강화
될 것으로 보이는 미국의 환경 규제에 따라 판매에 어려움을 겪을
가능성이 있다. 애플과 구글, 아마존과 페이스북 등 우리 기업의 반
도체와 통신장비를 구매하는 IT 공룡 기업들에 대해 규제가 강화될
거라는 우려도 있는 게 현실이다.

빠른 회복, 중국은

코로나19의 진앙지라는 오명을 썼지만, 2020년 2분기까지 완전히
무너졌던 중국 경제는 예상을 뛰어넘는 속도로 회복됐다. 여기에
는 중국 정치·경제제도의 특수성이 상당히 작용했다고 볼 수 있다.
경제제도는 철저히 자본주의 방식을 따르는 듯 보이지만, 정치적으
로는 공산당을 중심으로 한 일사불란한 시스템을 가동하고 있어서
민주주의 국가들은 시도하기 어려운 다양한 방식의 봉쇄와 동원이
가능했다. 코로나19가 시작된 지역으로 꼽히는 '우한'과 수도 '베이
징'을 비롯해 중국 내 주요 도시에 대한 감시와 봉쇄, 언론에 대한 통
제가 가능하다는 점은 중국 사회의 비민주성을 드러내기도 했지만,
한편으로는 생각보다 빠른 속도로 코로나19 패닉에서 벗어나 내수

중심으로 성장세를 되찾게 만드는 요인이 되기도 했다.

OECD는 이런 전 국가적 총동원령 속에서 중국 경제가 거의 유일하게 2020년 플러스 성장을 이룰 것으로 전망했다. 1분기의 패닉 상황에서 생각보다 빠르게 탈출한 중국이 연간 1.8%의 성장률을 사수하면서 마이너스 기록을 남기지 않을 것이며, 2021년에는 무려 8.0%의 성장률을 보일 것이라고 예상했다. 2020년 성장률 전망치가 -10.2%까지 하락할 것으로 본 인도(2021년 성장률 전망치는 10.7%)를 제외하면, 주요국 가운데 2021년도 성장폭이 가장 클 것이라는 게 OECD의 경제전망이다. (2020년 9월 기준) 비교적 최근에 세계 경제상황을 전망한 IMF는 보다 낙관적인 의견을 내놓았다. IMF는 중국 경제가 2020년 1.9%, 2021년 8.2%까지 성장할 것으로 전망했다. 인도와의 2021년도 성장률 전망치 격차도 OECD보다 낮게 잡았다. IMF가 본 2021년도 인도의 성장률 전망치는 8.8%로, OECD의 전망치(10.7%)보다 상대적으로 낮다.

여기까지는 미 대선의 차기 승리자가 결정되기 이전의 전망치이므로, 바이든 체제가 개막한 이후 중국의 무역 환경은 보다 개선될 것이라는 게 일반론이다. 국부와 일자리를 앗아가는 공통의 적을 만들어서 소득 감소와 실업 문제의 책임을 덜고자 했던 트럼프 체제와 달리 새로 출범한 바이든 정부는 자유무역의 전통과 규범을 준수하는 모습을 보이려 할 가능성이 크다. 작년 말 이어 올 초에 나올 국내외 기관들의 포스트 트럼프 시대 세계 경제성장률 전망치도 전반적으로 상향 조정될 것으로 보인다. 세계무역기구(WTO) 체제를 부정했던 트럼프 행정부 시절보다 나은 환경에서 중국이 가성비를 앞세워 IT 시장을 넓혀가고, 기술력도 높일 시간을 벌 수 있다는 분석에서다.

다만 바이든 신임 대통령 역시 미국의 제조업 부활과 일자리 회복 문제에 총력을 기울이고 있는 만큼, 대중 무역 압박은 관세 전쟁 같은 거친 방식 대신 동맹국의 연대 보이콧 등 보다 교묘한 방식으로 진화할 가능성이 남아 있다. 특히 지적재산권 도용이나 중국 정부가 막대한 보조금을 지원해 특정 산업을 키워온 방식에 대해 미국이 법적 대응과 국제 기구를 통한 중재, 동맹국들의 지원을 바탕으로 한 보이콧을 전면 선언한다면, 오히려 장부상의 대차대조표만을 보던 트럼프 체제에서보다 중국이 고려해야 할 요인이 훨씬 더 다양해질 가능성이 있다. 클린에너지 100% 시대를 열겠다고 공약한 바이든 대통령이 중국산 제품의 제조 공정을 문제삼으며, 겉으로는 자유무역을 수면 아래에서는 사실상 보호무역을 부추길 가능성도 있다. 화웨이 등 미국의 IT 업체들을 위협하는 중국의 기술 기업들에 대한 직접적 금수 조치나 보이콧보다는, 과정과 절차의 정의를 묻는 방식의 압박이 거세질 것으로 보인다. 중국으로서는 손에 잡히지 않는 압력과의 싸움이 숫자와 트위터 글로 남는 트럼프 방식의 위협보다 훨씬 골치 아픈 문제가 될 수도 있다.

또다시 멈춘 EU는

유럽의 2021년도 경제전망은 암울하다. 전시에나 있을 법한 프랑스의 이동명령서 발급은 코로나19 재유행으로 유럽이 어느 정도의 공포에 빠져 있는지 단적으로 보여준다. 자국 내에서는 중환자를 더 이상 수용할 수 없어서 환자 수용용 헬기에 코로나19 감염자를 태우고 독일로 향하는 벨기에의 모습은 민주적 전통과 고도화된 시스템, 보편적 복지의 전범으로 일컬어졌던 유럽의 민낯을 고스란히 드러낸다. 코로나19 확산 초기에도 유럽은 초기 방역에 실패하면서 국경과 가게 문을 걸어 잠갔다. 그러나 이런 물리적 봉쇄에도 올해 성장률은 끝없이 하락하는 중이다.

2020년 9월 유럽 회원국들이 주축을 이루고 있는 OECD는 유로존의 올해 성장률 전망치를 -7.9%로 예상했다. 그나마 봉쇄 조치가 풀린 뒤 3분기 들어 경제활동이 조금 나아졌다는 가정 아래 내놓은 수치다. 석 달 이전 전망에서는 올해 유로존의 평균 경제성장률 전망치가 -9.1%까지 추락할 수도 있다는 비관적 전망이 나왔다. OECD는 국가별로 코로나19 사망자가 폭증하고 있는 이탈리아는 -10.5%, 영국은 -10.1%, 프랑스는 -9.5% 수준의 역성장을 피해하기 어려울 것으로 내다봤다. 그나마 의료 자원을 확충하고 있는 독일의 성장률도 -5.4%까지 하락할 것으로 예상했다. 모두 주요 20개국(G20)의 예상 성장률 평균치인 -4.1%를 한참 밑돌 것이라는 관측이다. OECD는 이들 국가가 2021년에 4.6%~7.6% 사이의 성장률 반

등을 보일 것으로 전망했지만, 작년 성장률이 워낙 크게 떨어진 데 따른 기저효과에다 백신 개발 이후 관광 수요가 살아날 것이라는 기대감이 반영된 숫자여서 올해 유로존의 성장세가 어느 정도로 빠를지는 예단하기 어렵다.

IMF의 전망도 크게 다르지 않다. IMF는 2020년 10월 전망에서 유로존이 2020년 -8.3%의 역성장을 피하기 어렵고, 올해에는 5.2%까지 성장률이 회복될 것으로 전망했다. 인명과 관광 산업의 피해가 컸던 나라를 중심으로 스페인은 2020년 -12.8%에서 7.2%로, 이탈리아는 -10.6%에서 올해 5.2%로, 프랑스는 -9.8%에서 6.0%로, 독일은 -6.0%에서 4.2%로 성장률이 반전될 것으로 내다봤다. 그나마 독일은 유로존의 여러 국가들 가운데 사정이 좀 나은 편이지만, 경제공동체를 강조했던 유럽 각국의 이동이 연말까지 사실상 봉쇄되면서 유로존의 경제상황이 나아지는 데에는 상당한 시간이 필요할 것으로 보인다.

선방한 한국, 올해는

바이든 대통령 체제는 한국에 위기이자 기회가 될 것이다. '구관이 명관'이라는 말처럼, 대차대조표 상의 이윤이 남으면 친구로 삼던 트럼프 체제의 단순명료성이 글로벌 시장의 자영업자 역할을 하는 한국의 입장에는 더 나을 수도 있다고 보지만, 이제는 달라질 국제 질서에 따른 모드 전환이 필요하다.

2020년 3분기 한국 경제는 예상보다 선전했다. 역대 최장 기간의 장마에 8.15 광복절 집회 이후 코로나19가 재확산하면서 부정적인 전망이 우세했지만, 전 분기와 비교한 3분기 국내총생산(GDP) 성장률 전망치는 1.9% 상승해 시장의 기대를 앞섰다. 당초 3분기 한국은행의 GDP 통계가 발표되기 이전 주요 증권사 이코노미스트 등의 의견을 종합한 국내 기관들은 대개 1.4%, 해외 주요 투자은행(IB)들은 1.3%를 예측했으나, 실제 성적표는 이런 전망치를 웃돌았다. 전 세계 코로나19 확산세 속에도 반도체와 자동차 수요가 늘면서 수출이 15.6% 증가한 덕이다. 수입은 원유와 화학을 중심으로 4.9% 증가하는 데 그쳤다.

한국은행은 순수출의 성장기여도가 종전 마이너스에서 플러스로 돌아선 게 3분기 성장률 반등의 가장 큰 힘이라고 설명했다. 아울러 민간의 내수 성장 기여도가 오른 것도 GDP 회복에 영향을 미쳤다. 소비는 의류와 같은 준내구재 등이 줄면서 0.1% 감소했지만, 설비투자가 6.7% 늘어나는 등 민간의 성장기여도가 전분기 -3.0%에서 2.4%로 올라서면서 GDP 반등에 영향을 줬다.

문제는 4분기 이후 2021년의 상황이다. 2020년 3분기 GDP 성장에는 1분기(-1.3%)와 2분기(-3.1%)의 마이너스 성장에 따른 기저효과도 분명히 영향을 미쳤다는 점을 고려할 때, 4분기까지 플러스 성장을 유지할 수 있을지 예단하기 어렵다. 또 코로나19 이후 전 세계

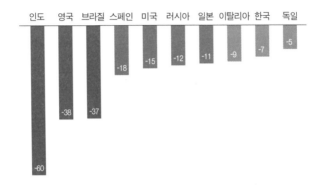

• 구글 이동 지수(Google Mobility Index)

인도 영국 브라질 스페인 미국 러시아 일본 이탈리아 한국 독일

-60 -38 -37 -18 -15 -12 -11 -9 -7 -5

* 2020. 7. 1~25. 평균
  구글 이동 지수는 코로나19 확산 직전(1. 3.~2. 6.) 대비 ▲소매점포 ▲식료품 ▲공원 ▲대중교통 ▲직장
  ▲거주지 등 6개 부문의 동선 변화를 국가별로 추적하여 지수화

자료: 2020년 국내외 경제전망, 코로나19 불확실성으로 국내경기 미진한 회복(경제연구부문),
LG 경제연구원, 2020.8.7.

시장에서 대형 가전과 노트북, 태블릿 수요가 늘어나고, 미국의 중
국 IT 기업 제재 조치에 따라 3분기 말 삼성전자 등이 메모리 반도
체를 대량 수출할 수 있었던 특수한 상황이 4분기에는 재연되기 어
렵다는 점도 한계다.

프랑스와 벨기에, 독일 등 유럽 여러 나라들이 코로나19 재확산
에 따라 이동명령서 발급 등으로 사실상 통행을 규제할 정도로 코
로나19 상황이 다시 악화된 만큼 4분기 제조업 생산에는 다시 경고
등이 들어올 가능성이 있다. 실제로 지난 2분기 코로나19가 전 세
계로 확산할 당시 수출이 직격탄을 맞으면서 제조업 생산이 4월과

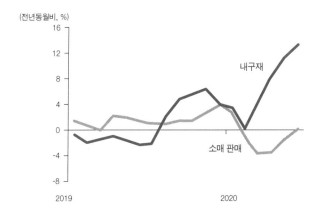

● 소매 판매, 내구재 판매 증가율

(전년동월비, %)

내구재

소매 판매

2019　　　　　　　　2020

* 3개월 이동 평균

자료: 2020년 국내외 경제전망, 코로나19 불확실성으로 국내경기 미진한 회복(경제연구부문),
LG 경제연구원, 2020.8.7.

5월 각각 -7.0%씩 감소한 전례가 있다. 수출이 3분기 성장률 회복
세를 이끌었다는 점을 고려하면, 4분기 역시 수출 상황에 따라 전반
적인 경제상황이 달라질 수 있다. 결국 코로나19 확산세가 얼마나
잡히느냐에 따라 전 세계 수요 회복 속도가 결정될 것이고, 한국 경
제 역시 이런 속도에 발맞춰 회복 속도를 결정하게 될 것이다.

수출 기대 고조

코로나19 확산 여부와 불투명한 백신 보급, 상용화 일정 등에도 불구하고 일각에서는 2021년도 한국 경제의 전망을 상당히 긍정적으로 내다보고 있다. 산술적으로 2020년, 수년 만의 마이너스를 기록한 모든 나라들이 어김없이 올해에는 플러스 반전이 가능할 것으로 보이는데, 특히 셧다운 없이 코로나19 방역을 이어가고 있는 한국의 선전이 기대된다는 것이다.

현대경제연구원의 경우 2020년 한국의 경제성장률이 -0.8% 수준으로 한국은행이 예상한 -1.3%보다는 0.5%p 높을 것으로 내다봤다. 올해에는 경제회복세가 더욱 뚜렷해질 것으로 예상했다. 추세적으로 제조업을 중심으로 수출 상황이 나아지고, 민간 소비도 늘어날 것이라는 기대 때문이다. 이 연구원은 "각국이 경기 회복을 위해 엄청난 경기 부양책을 펴고 있는 만큼 수출 시장의 수요가 증가할 것"이라면서 2021년도 한국의 수출이 10.1% 늘어날 것이라고 전망했다. 시중에 풀리는 막대한 저리 자금이 민간의 수요를 자극해 제조업 경기를 살릴 것이라는 설명이다. 우리의 최대 교역국인 중국이 예상보다 빠른 경기 회복세를 보이고 있다는 점도 수출 시장전망에 긍정적이다. 더불어 내수 회복세도 예상보다 빨라 연 4.0%대의 회복세를 보일 것이라는 의견을 덧붙였다. 현대경제연구원의 3% 성장 전망은 기술적 반등 가능성을 고려해도 다소 낙관적이라는 게 개인적인 의견이지만, 2020년 한 해 내내 코로나19 상황의 개선을 바라며 미뤄두었던 소비 수요가 분출하면서 이른바 '펜트업(Pent-Up) 수요'가 나타날 것이라는 예상은 충분히 해볼 수 있다. 지난 2020년 연초부터 코로나19의 창궐로 거의 1년 내내 집에 발이 묶인 상태에서는 의류와 신발, 가방 등 준내구재 소비 수요가 줄어들 수밖에 없다. 입학과 졸업식, 소풍과 운동회, 꽃놀이와 가을 단풍구경 등 주요 소비 사이클이 훼손되면서 시즌별로 나타났던 반복적 구매 패턴도 무너졌다. 하지만 백신이 개발돼 상용화되고, 전 세계 개인과 기업, 국가 등 모든 경제 주체들이 코로나19의 상수화에 적응하는 2021년에는 사라졌던 시즌별 소비 수요가 되살아날 것으로 전망된다. 이에 힘입어 각국의 수요가 자극되면 수출입이 보다 활발해지면서 적어도 2020년보다는 물동량이 늘고, 소비 의지도 살아나는 한 해가 되리라 짐작한다.

정부도 이런 가능성에 한 표를 던지는 분위기다. 홍남기 경제부총리는 기저효과를 고려하더라도 3분기 GDP가 전기대비 1.9% 성장한 건 상당히 고무적이라는 입장을 밝혔다. 홍 부총리는 2020년 3분기 GDP 발표 직후 "지난 8월 코로나19의 재확산 없이 재난지원금이 지급된 2분기 수준의 소비회복세가 지속되었더라면 3분기 중 2%대 중반 수준의 성장도 가능했을 것"이라고 언급했다. 홍 부총리는 또 "수출을 중심으로 성장세가 상당히 커지면서 경제 정상화를 위한 회복 궤도에 진입했다는 점에서 위기 극복에 대한 기대감을 더한다"면서 "4분기에도 내수 중심으로 경기 개선 흐름이 이어질 것"이라고 덧붙였다. 세 분기 가운데 3분기가 되어서야 간신히 플러스로 돌아선 성장률을 두고 다소 이른 기대감을 나타내고 있다는 생각도 들지만, 미국 대선이 끝나고 코로나19 백신이 개발되는 등 올 한 해 전 세계를 뒤흔들던 여러 변수가 제거된 이후의 경제상황이 적어도 2020년보다 더 나빠지지는 않을 것이라는 점에 동의한다. 미 대선의 승자가 결정된 이후 약 일주일 만에 발표된 국책연구기관 한국개발연구원(KDI)의 2020년과 올해 국내외 경제성장률 전망치에도 이런 기대감이 일부 반영될 것으로 보인다.

한국 경제, 급반등?

해외 기관들의 반응도 긍정적이다. OECD는 사회주의 체제의 특성과 엄청난 내수 시장을 바탕으로 일어선 중국을 제외하면, 한국의 2020년 성장률 전망치가 주요국 가운데 가장 높을 것(-1.0%)으로 전망했다. 한국의 K-방역 성공이 셧다운 없는 경제상황을 유지하게 함으로써 경제상황의 급격한 악화를 막았다고 평가했다. 올해도 성장 전망도 어둡지 않다고 했다. 코로나가 창궐한 해 거의 모든 나라가 심각한 역성장을 할 것으로 보이는 만큼 대다수 국가들이 비교적 큰 폭의 성장세를 보이겠지만 한국은 2020년 성장률의 감소폭이 적은 데 비해 2021년도 성장률은 비교적 큰 폭으로 상승할 것(3.1%)이라는 게 OECD의 예상이다. 중국을 제외한 대부분의 국가에 대해서는 대개 2020년의 성장률 감소폭을 간신히 상쇄하는 수준의 성장을 점쳤지만, 한국은 작년의 역성장을 만회하고도 남는 수준의 성장이 가능할 것으로 봤다. IMF의 예상 수준도 크게 벗어나지 않는다. IMF는 한국이 2020년 -1.9% 성장한 뒤 2021년에는 2.9%까지 성장률을 높일 것으로 전망했다. IMF는 한국이 작년 역성장 규모를 뛰어넘는 수준으로 올해도 성장률을 보일 것으로 예상한 이유에 대해 "대외적인 수요가 줄어 수출이 타격을 입으면서 2020년 2분기 한국의 GDP 성장률이 예상보다 부진했지만, 코로나19 팬데믹 상황에서도 미국과 중국 등의 경제활동이 빠르게 정상화되고 있어서 글로벌 교역이 서서히 살아나고 있다"는 점을 꼽았다.

IMF는 다만 "한국의 3분기 성장률이 부분적으로 강한 회복세를 보여도 4분기 회복 모멘텀이 약화될 수 있다"고 지적했다. 지난 3분기 미국의 중국 규제로 나타났던 단기적 반도체 수요 폭증 상황과 재택근무 및 온라인 학습 증가로 나타난 대형 가전 교체 수요, 태블릿과 노트북, 고성능 휴대폰의 반짝 특수가 4분기에도 계속될지는 알 수 없다는 의미다. 메모리 반도체의 수요는 데이터 센터나 모바일 디바이스용 반도체 물량이 달릴 때 늘어나지만, 지난 3분기 화웨이 등은 미국의 대중 규제 마지막 날까지 전세기를 동원해 반도체를 실어나른 상태다. 본격적인 금수 조치가 3분기 이후 시작된 만큼 재고 소진에는 일정한 시간이 필요할 것이고, 대형 TV나 태블릿, 노트북 등의 내구재는 장기간 사용하는 제품인 만큼 3분기 정도의 펜트 업 소비 분위기가 조성될지 의문이라는 뜻이기도 하다.

'골디락스 전망'도

경제뉴스를 주로 다루는 글로벌 통신사 블룸버그 통신은 올해 한국 경제의 전망을 낙관했다. "2021년도 한국의 경제상황이 수출 회복과 대규모 경기 부양책, 비교적 성공적인 코로나19 확산세 통제에 힘입어서 선진 7개국(G7)보다 강한 경기 회복세를 보일 것"으로 전망했다. 특히 블룸버그 이코노믹스는 "한국 경제가 2021년 1분기에 코로나19 창궐 이전 수준으로 회복돼 이웃나라인 일본보다 훨씬 빠른 회복세를 보일 것"이라고 예상했다.

세계적인 투자은행(IB) 모건스탠리는 한 발 더 나아가 2021년도 한국 경제의 '골디락스'를 예상하기로 했다. 모건스탠리는 작년 10월 말 내놓은 보고서에서 "2021년 1분기 한국의 GDP 성장률

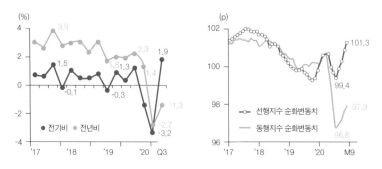

자료: 새로운 경제시스템 창출을 위한 경제주평(Weekly Economic Review), 2021년 한국 경제 전망(3% 성장률로 회귀), 현대경제연구원, 2020.10.30.

이 코로나19 사태 이전 수준까지 회복될 것"이라면서 "한국이 내년에는 '골디락스' 국면으로 전환될 것"이라고 강조했다. '골디락스(Goldilocks)' 경제란, 경기 과열에 따른 인플레이션도 없고, 경기 침체에 따른 부작용과 실업도 없는 최적의 경제상황을 일컫는다. 개인적으로는 코로나19가 당긴 자영업 구조조정의 흐름이 2021년까지 이어져 여전히 서비스업과 음식, 숙박업의 회복에는 시간이 필요할 것으로 예상하고 있으나, 국제 기구와 해외 기관들이 한국의 비교적 빠른 회복세를 점치는 분위기는 국가신인도나 기업들의 회사채 발행 등에서 유리한 환경을 조성할 수 있는 만큼 다행스러운 부분이다. 어찌되었든 적어도 코로나 창궐의 해보다는 나은 경제환경이 펼쳐지리라는 것만은 분명해 보이니 말이다.

코로나19는 우리의 삶을 송두리째 바꿔 놓았다. 이른 새벽부터 밤 늦게까지 초등학생 아들과 출퇴근을 함께한 지 1년여. 미국 항공 학교를 졸업하고 조종사로 하늘을 날던 동창은 기약이 없는 무급휴 직에 시간제 아르바이트로 생계를 꾸리며, 영화에서나 보던 화상회 의 시스템을 날마다 일상적으로 사용하고 있다.

그 사이 삶의 무대는 회사나 학교가 아닌 집이 되었다. 그저 잠깐 잠을 자고 씻고, 옷을 갈아입는 일상의 정류장 역할을 했던 집이 이 제는 회사이자, 학교이자, 레스토랑이자 카페이면서 여가와 헬스를 위한 공간이 되었다. 그리고 우리는 이 새롭게 발견한 공간에서 삶 의 또 다른 의미를 찾아내기 위해 안간힘을 쓰고 있다. 아직은 국무 총리가 할로윈 파티 금지를 당부하는 시대를 살고 있지만, 개발된 백신도 머잖아 충분히 보급될 것이고 신종 플루와 메르스를 극복했듯 코로나19를 상수로 여기는 시대를 곧 맞이할 것이라 기대한다.

코로나19가 바꿔놓은 삶의 방식은 좀체 되돌리기 어려울 것이나 빼앗긴 들에 봄이 오듯 마스크 뒤의 얼굴에도 미소가 번지는 순간들은 온다. 지는 산업과 뜨는 산업, 문 닫은 가게와 돈 버는 사업이 교차하지만 한 가지 분명한 건 우리 모두 이 엄혹한 시대를 함께 이겨낸 전우이며, 코로나 이후의 세상을 함께 준비해 나가야 할 팀원이라는 점이다.

겪어보지 못한 상황을 슬기롭게 이겨내려면 우리는 잃어버린 2020년을 뒤로하고, 새로운 목표를 향해 뛰어야 한다. 코로나19 이후의 시대에서 앞선 제조, IT 기술로 미래 시장을 선점해야 한다는 의미다. 높은 제조 경쟁력과 앞선 IT 기술은 지난 50여년 동안 우리나라의 경제, 사회 발전을 이끄는 원동력이 되었다. 빛과 그림자가 있지만, 정부 주도의 공공 수요 창출을 바탕으로 한 기술 드라이브 정책은 전자와 자동차, 반도체 등 우리 수출 산업의 근간이 되었고, 이런 경쟁력을 바탕으로 한국은 세계 최초로 5세대(5G) 이동통신을 상용화하는 국가로 올라섰다.

아울러 높은 시민의식과 세계 최고 수준의 의료 서비스, 촘촘한 통신망은 K-방역의 바탕이 되었고, 전면적인 경제봉쇄(셧다운) 없이 코로나19 상황을 훌륭하게 관리하고 있는 한국의 힘은 이제 4차 산업혁명 시대를 준비하는 경쟁력으로 꼽힌다. 그렇다면, 앞으로의 과제는 코로나19 상황을 상수로 받아들이면서 그린 에너지 사업을 키우고, 중국 통신장비 회사들이 미국의 견제를 받는 지금 5G 시장을 선점해 나가는 일일 것이다. 그러자면, 산업의 디지털 전환과 미래의 일자리 수요에 맞는 인재를 길러내고, 기술 외교를 통해 세계 표준을 선도하려는 노력 또한 게을리해서는 안 된다. 그린 뉴딜과 디지털 뉴딜은 그런 측면에서 차세대 먹을거리를 발굴할 수 있는 계기가 될 것이다.

마지막으로 이 책이 나오기까지 모든 자료 수집과 영감의 원천이 되어준 가족들과 늘 따뜻한 방송국의 동료들, 멋진 한 팀이었던 출판사 스태프들, 무엇보다 글 쓰는 엄마를 참아준 아들 율이에게 깊은 감사를 전한다.

부록

| 코로나 이후 중점 유망 기술 |

❶ 헬스케어(4개)

1. 디지털 치료제

정신질환 치료, 만성질환 관리, 의료기기 보조에 활용되는 질병 예방, 관리, 치료 목적 콘텐츠

2. 디지털 헬스케어

시간, 장소에 구애받지 않고 개인 생체 정보를 수집, 분석하여 건강 상태 관리 및 질병을 진단하는 기술

3. 미생물 활용 의료 기술

인간 공생미생물, 바이러스, 세균 등을 건강 개선, 질병 치료, 치료물질 생산 등에 활용하는 기술

4. 의료용 로봇

수술, 시설 관리, 간호 등 의료업 종사자가 제공하던 다양한 의료 서비스를 제공/보조하는 로봇

❷ 제조(4개)

5. 인간 보조 로봇

인간 근로자와 협동하거나 사람의 인식, 운동기능을 보조하여 노동 부담을 완화하는 로봇

6. 제조전주기 지능화

설계, 생산, 유지보수 등 제조업 전 과정에 SCT 기술을 접목하여 운영을 효율화하는 기술

7. 제조 정보 통합 플랫폼

설계, 공정, 제품가동 등에서 발생하는 다양한 데이터를 수집, 분석, 활용하는 기술

8. 3D프린팅 원격 제조

수요자와 공급자가 제조 데이터를 실시간 공유하여 3D프린터를 활용하는 원격 제조 기술

❸ 교육·문화(4개)

9. 비대면 지능형 교육

사용자에게 실감형 콘텐츠를 제공하고 AI가 학습 데이터를 분석해 맞춤형으로 교육하는 기술

10. 소셜 로봇

인간과 상호작용이 가능하고 요구 사항에 적절한 피드백을 줄 수 있는 개인 서비스 로봇

11. 실감형 콘텐츠 전달 기기

시각, 청각, 촉각 등 다양한 실감형 콘텐츠 구성요소를 전달하며 사용자 반응을 인식하는 기기

12. 실감형 콘텐츠 제작 중계

가상 환경과 실제 사물을 융합한 3D콘텐츠를 제작, 가공하고 관객 반응을 실시간 공유하는 기술

❹ 정보 보호(4개)

13. 데이터 보호 기술

데이터를 안전하게 보호하기 위한 암호 기술, 정보 변환 기술 및 인증 기술

14. 양자암호통신

관측 시 변하는 양자의 성질을 활용해 네트워크 송·수신 과정에서 발생할 수 있는 정보 유출을 방지하는 기술

15. AI 보안기술

인공지능을 활용하여 기존 보안 기술을 개선하거나 인공지능 시스템의 보안성을 높이는 기술

16. 블록체인

네트워크 참여자가 공동으로 정보를 기록, 검증, 보관하여 정보의 신뢰를 확보하는 기술

⑤ 교통·물류(3개)

17. 목적형 자율주행 이동 수단

배송, 판매, 위험 대응 등 다양한 목적에 특화된 자율주행, 무인 이동 수단

18. 스마트 물류센터

물류센터에서 화물의 입고, 보관, 출고 등 화물처리 전 과정을 지능화, 자동화하는 기술

19. 물류 정보 통합 플랫폼

디지털화된 물류정보를 활용하여 계약, 배송, 재고 등을 종합 관리하는 기술

⑥ 방역(3개)

20. 실내방역 시스템

실내공간에 존재하는 병원체를 실시간으로 검출하고 확산을 방지하는 기술

21. 인수공통감염병 방역

사람과 동물 간 상호 전파되는 병원체의 확산을 효과적으로 감지, 차단하는 기술

22. RNA 바이러스 백신 플랫폼

신변종 RNA 바이러스 백신을 단시간 내에 개발, 생산, 활용하는 플랫폼 기술

⑦ 에너지·환경(4개)

23. 지능형 신재생 발전

태양광, 풍력 등 신재생 발전 시설의 운영, 유지보수를 자동으로 수행하는 시스템

24. 지능형 전력망 관리

전기에너지의 생산, 유통, 소비 전 과정을 지능화하여 운영 효율을 높이는 기술

25. 폐자원 순환 기술

다양한 폐자원을 유용한 자원으로 바꾸거나 폐자원에서 유용 자원을 추출하는 기술

26. 플라스틱 순환 기술

기존 플라스틱을 재활용하거나 자연분해가 가능한 플라스틱을 제작하는 기술

⑧ 디지털 기반(4개)

27. 디지털 트윈

디지털 환경에서 현실을 똑같이 재현하고 이를 바탕으로 현실을 제어, 예측하는 기술

28. 자율형 사물인터넷

각 사물이 데이터 측정, 지능적 판단, 사물 간 협업 등을 수행하는 차세대 사물인터넷

29. 대용량 전송

대용량의 정보를 빠르게 전송하기 위한 분산전송, 망간연계 및 차세대 통신 기술

30. 차세대 배터리

기존 배터리에 비해 성능이 우수하며 다양한 형태, 다양한 용도로 활용이 가능한 배터리

자료: 코로나 이후 새로운 미래, 과학기술로 준비한다, '코로나 이후, 새로운 미래 준비를 위한 과학기술 정책방향' 마련, 과학기술정보통신부 보도자료, 2020.8.5.

| 바이든 주요 10대 공약 |

1. 통화 정책과 MMT	· 재정확대 정책에 용이한 저금리 선호 · MMT 추종하는 스테파니 캘튼 교수의 테스크 포스팀 참여
2. 조세 정책	· 법인세율, 21%에서 28%로 인상 · 개인소득세 최고세율, 37%에서 39.6%로 인상
3. 외교 및 대중 정책	· 다자조약 참여 등 동맹 강화 우선 · 중국의 불공정무역 관행에는 강경하나 관세 정책에는 비판적
4. 기업과 금융	· 테크기업의 독점적 시장구조 개편 · 은행 자본 요건 강화 등 월가 규제
5. 클린에너지, 환경, 기후	· 100% 클린에너지 경제 지향 · 파리기후협약 재가입 및 온실가스 감축 목표 획기적 상향
6. 인프라투자	· 기후변화 대응 중심의 인프라 투자 · 4년 2조 달러 투자 추진
7. 공급망 확충과 제조업 부흥	· 'Buy America' 통해 제조업 부흥 제조업 공급망 확충에 4년간 7000억 딜러 예산 투입
8. 헬스케어, 복지	· 오바마케어 강화 및 메디케어 확대 · 처방약 가격 인하 위해 예외조항 폐지
9. 중산층 복원과 최저임금 인상	· 최저임금, 시간당 15달러로 인상 · 양질의 일자리 통해 중산층 복원
10. 한반도 정책	· 대북 정책, Bottom-Up 방식 선호 · 주한미군 철수 및 방위비 인상 반대
종합	· 중산층 회복 통한 안정적 성장

자료: 바이든이 美 대통령이 된다면, 유진투자증권 리서치센터, 2020.10.06.

| 코로나19와 글로벌 금융위기 당시 경제성장률 비교 |

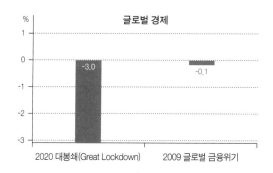

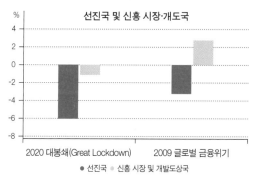

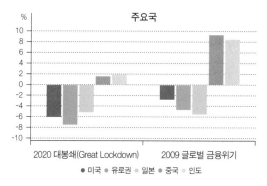

자료: 코로나19 대응을 위한 주요국의 경제·산업 정책 현황과 시사점, KIAT 한국산업기술진흥원, 2020.5.

| 주요국 및 경제권역별 경제성장률 추이 |

(%)

구분	2018년	2019년					2020년		
		1/4	2/4	3/4	4/4	연간	1/4	2/4	3/4
세계 경제성장률	3.5	-	-	-	-	-	-	-	-
선진국	2.2	-	-	-	-	-	-	-	-
미국	3.0	2.9	1.5	2.6	2.4	2.2	-5.0	-31.4	33.1
유로지역	1.8	-	-	-	-	1.3	-	-	-
일본	0.3	0.7	0.4	0.0	-1.8	0.7	-0.6	-7.9	-
신흥개도국	4.5	-	-	-	-	3.7	-	-	-
중국	6.8	6.4	6.2	6.0	6.0	6.1	-6.8	3.2	4.9
인도	6.1	5.6	5.2	4.4	4.1	4.2	3.1	-23.9	-
브라질	1.3	0.6	1.1	1.2	1.7	1.1	-0.3	-11.4	-
러시아	2.5	0.4	1.1	1.5	2.1	1.3	1.6	8.0	-
ASEAN-5	5.3	-	-	-	-	4.9	-	-	-
세계 교역증가율	3.9	-	-	-	-	2.2	-	-	-

* 분기성장률(미국: 전기대비연율 ; 일본: 전기대비 ; 유로존: 전기대비 ; 중국: 전년동기대비 ; 인도: 전년동기대비 ; 브라질: 전년동기대비 ; 러시아: 전년동기대비).
** ASEAN-5는 인도네시아, 말레이시아, 필리핀, 태국, 베트남이 포함됨.
*** 세계 교역은 상품 및 서비스의 교역량 기준.

자료: 새로운 경제시스템 창출을 위한 경제주평(Weekly Economic Review), 2021년 한국 경제 전망(3% 성장률로 회귀), 현대경제연구원, 2020.10.30.

｜ WTI 및 Dubai 유가 추이 및 전망 ｜

(달러/배럴)

구분	2018년	2019년	2019년			2020년(E)		
			상반	하반(E)	연간(E)	상반	하반	연간
WTI	64.9	57.0	37.0	39.9	38.5	42.7	49.5	46.1
Dubai	69.7	63.5	40.7	42.4	41.6	44.7	51.4	48.1

* 2020년 상반기까지는 한국석유공사의 유가 실적치.
** 2020년 하반기부터는 IHS Markit의 유가 전망치.

자료: 새로운 경제시스템 창출을 위한 경제주평(Weekly Economic Review), 2021년 한국 경제 전망(3% 성장
률로 회귀), 현대경제연구원, 2020.10.30.

｜ 국제 금 가격, 달러인덱스 추이 ｜

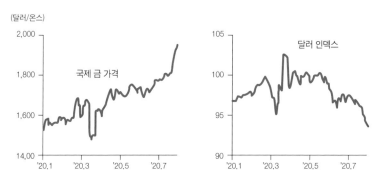

자료: 2020년 국내외 경제전망, 코로나19 불확실성으로 국내경기 미진한 회복(경제연구부문),
LG경제연구원, 2020.8.7.

| 2035년 5G 관련 글로벌 매출 및 산업별 매출 전망 |

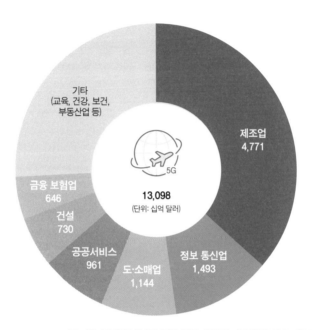

자료: 과학기술정보통신부 정보통신기획평가원(IITP) 기술정책단 ICT Brief(2020-44호)